수학교육에서 역사 활용하기 (하)

Victor J. Katz 지음

계영희 · 김경화 · 김선희 · 김성숙 · 박창균 · 신경희 · 신은주
이종희 · 장혜원 · 정해남 · 한정순 · 허 민 · 홍진곤 옮김

Using History to Teach Mathematics

KYOWOO CO. Publishing 敎友社

USING HISTORY TO TEACH MATHEMATICS
by Victor J. Katz

서 문

이 책은 수학의 역사가 오랫 동안 전통적으로 수학교육과 밀접하게 연결되어 있음을 강조하고 있다. 20세기가 지나는 동안, 수학교육에 종사해온 다양한 계층의 교육자들은 수학교육에서 효과적인 동기부여 혹은 흥미유발에 대한 수학사의 역할을 옹호해왔다. 지금도 교육에 수학사를 효과적으로 이용할 수 있는 방법에 대한 활발한 논의가 계속되고 있다. 20세기 후반에는 모든 학년의 수학교육에서 실제로 수학의 역사가 이용되어 왔다. 1972년 국제수학교육위원회(International Commission on Mathematics Instruction: ICMI)는 수학사와 수학교육 연구단체(International Study Group on the Relations Between History and Pedagogy of Mathmatics: HPM)의 창립을 정식으로 승인했다. 이 단체는 현재 국제수학교육대회(International Congress on Mathematical Education: ICME)와 연계하여 4년마다 정기적인 모임을 가지며, 다른 단체와 마찬가지로 미국 뿐 아니라 세계 여러 나라에서 회의를 개최하고 있다. HPM 활동과 관련하여, ICMI는 수학교육에서 수학사의 역할에 관한 연구부분을 HPM에 위임했다. 그동안 연구된 논문들은 2000년 8월 ICMI 연구 시리즈의 분책으로 출판되었다. 수학교육에 수학사를 이용하는 것에 대한 많은 관심의 징후 중에 우리는 미국과학재단이 중등교육과 대학교육에 수학사를 이용하는 몇 개의 프로젝트에 투자해왔다는 사실에 주목한다. 이 프로젝트의 결과로 교사가 수학교실에서 수학의 역사를 활용하는 방법과 효과를 검증한 책들이 출판될 것이다.

수학의 역사와 이를 교육에서 어떻게 활용할 수 있는가에 대한 내용을 담고 있는 이 책은 스페인의 세빌리아에서 열린 ICME와 포르투갈의 브라가(Braga)에서 열린 HPM 국제회의에서 발표된 논문에 기반한 것으로 두 대회는 1996년 같은 해 여름에 개최되었다. HPM대회에는 수학사와 수학교육에 관심이 있고 이를 수업에 직접 활용해본 경험이 있는 500여명의 교사들이 전 세계에서 모여 성황을 이루었다. 국제적인 회의의 성격이 그러하듯이, 참여하고 서로의 의견을 나눔으로써 생각과 아이디어를 공유하였고, 각자 나라와 학교로 돌아가 그들의 동료에게도 역사를 이용한다는 것이 수학교육의 대세임을 확신시키는 계기가 되었다. 이 책의 각 논문에서는 그 대회의 성과 이상의 것을 기대할 수 있을 것이다. 기술적인 수준이나 교육수준, 보편성의 수준에서도 다양하다. 이차방정식이나 행렬의 계수(rank) 같은 특정 주제의 교육에 어떻게 역사를 이용할 수 있는가를 특별히 다루는 논문도 있고, 수학수업에 역사가 왜 유용한지 보편적인 새로운 시각에서의 관점을 논하는 논문도 발견할 수 있다. 때로는 수학의 특정 영역의 역사를 다루고 있는데 이는 학생들에게 그 분야의 수학적 아이디어를 가르치는데 그 역사 내용을 구체화하는 방법을 제안할 수도 있을 것이다.

이 책의 1부는 교육에서 역사의 이용에 관한 일반적인 관점을 조망하는 세 편의 논문이 실려 있다. Man-Kaeung Siu는 역사를 이용하는 ABCD에서 4개의 카테고리를 제시하고 그 안에서 역사를 어떻게 이용해왔고 어떻게 이용할 수 있는가를 설명하고 있다. Frank Swetz는 예전의 수학교재의 교육법이 오늘날의 수업에 어떻게 도움이 될 수 있는가를 보여주고 있다. 그리고 Anne Michel Pajus는 프랑스의 대학수업에서 역사가 이용되고 있는 몇 가지 예를 보여준다.

제 2부에서는 교수법에 영향을 줄 수 있는 역사적 아이디어를 논하는 네 편의 논문으로 이루어져 있다. Lucia Grugnetti는 카발리에리의 연구를 중심으로 몇 가지 보편적인 예를 보여준다. Wann-Sheng Horng는 여러 가지 기하 주제를 통하여 유클리드와 Lie Hui의 결과를 비교함으로써 양쪽의 아이디어가 이용될 수 있는 방법에 대해 재미있는 결론을 이끌어 내었다. Fulvia Furinghetti는 고등학교 교사를 위한 오래된 이탈리아 잡지에서 오늘날의 교육에 잡지의 기사를 유용하게 쓸 수 있는 방법을 보여주고 있다. Frank Swetz는 흥미 있는 역사적인 문제를 제공하였는데 이는 숙련된 교사의 레퍼토리에 의미 있는 보탬이 될 수 있다.

3부는 특정한 주제의 교육에서 역사의 이용을 매우 구체적으로 다루는 다섯 개의 논문으로 구성되어 있다. Luis Radford와 Guerette는 바빌론과 이슬람 수학자들이 기하를 이용하여 이차식을 가르치는 방법에 대한 구체적인 진술을 하고 있다. Janet Barnett은 현대수학에서 많이 다루어지는 주제들의 교육에 이용될 수 있는 몇 가지 중요한 내용의 역사적 분석을 하고 있다. Evelyne Barbin은 한 개념이 "자명"하게 되기까지 세기를 거치면서 변화하는 과정을 보여주는 기하교육으로의 여행을 제안한다. Jean-Luc Dorier는 오일러 고유의 아이디어에 대해 현대 학생들이 직면하고 있는 개념에 대한 어려움을 지적하면서 선형대수 교육의 연구 결과를 보여주고 있다. 그리고 Constantinos Tzanakis는 물리학과 수학의 상호 역사에 주목하면서 물리학과 고등수학교육을 연관시키고 있다.

4부에서는 교사 교육에 수학사가 어떻게 성공적으로 이용될 수 있는지를 볼 수 있다. Greisy Winicki가 이스라엘의 예비 중등교사와 함께 1차방정식의 이해를 증진시키기 위한 임시 위치법(the rule of false position)의 사용을 설명하는 반면에, Ian Isaac, V. Mohan Ram과 Ann Richards는 호주의 예비 초등 교사를 대상으로 역사에 기반한 교수과정을 소개하고 있다. Maxim Bruckheimer와 Abraham Arcavi는 이스라엘에서 시행되고 있는 여러 분야의 교수 자료 개발에 대한 장기 프로젝트에 대해 설명한다. 이는 원전과 안내된 사료의 적절한 이용을 권장하고 있다.

이 책의 5부와 마지막 장은 실제 수학 교육에 역사가 어떻게 적용되고 있는가에 대한 수많은 제안이 포함되어 있다. Man-Keung Siu가 고대 중국 수학에 관해 간단한 개괄적 설명을 한데 비하여 Eleaner Robson은 대부분의 기존 역사책에도 빠져 있는 메소포타미안 수학의 배경을 언급하고 있다. George Heine은 독자를 중세 이슬람으로 안내하여 수학의 가치에 관한 질문들에 주목하게 한다. 중세 이슬람 해법은 현대의 그것과 비교된다. 우리는 또한 Uwe Gellert가 이끄는 대로 르네상스시대의 이탈리아로 인도되어 성당 건축물을 보면서 당시의 수학 지식이 어떻게 반영되어 있는지 알아보고 또한 휴머니즘으로의 점진적인 변화를 느낄 수도 있다. Luis Moreno와 Guillermina Waldegg는 다양한 수준의 학생들에게 전달해야 하는 세대를 통한 '수'개념의 역사를 설명하고 있다. Robin Wilson은 간결하지만 이해하기 쉽게 순열 조합론 역사를 설명하고 학생들이 해결할 수 있는 많은 역사적 문제를 제공하고 있다. Torkil Heiede는 비유클리드 기하학의 역사를 기술하고 현재 중학교 기하를 가르치는 교사들에게 역사지식이 왜 필요한가에 대한 질문에 답하기 위해 노력했다. Livia Giacardi의 논문은 비 유클리드 기하학의 이해를 위한 Beltrami의 공헌을 역사적으로 자세히 다루면서 자신의 의견을 첨가하였다. 반면에 Gavin Hitchcock은 수학 연극이라는 설정을 통해 Augustus DeMorgan의 세계를 묘사한다. 이 책은 아직 잘 알려지지 않은 세계의 지역에 관한 두 편의 수학사 예비 연구논문으로 끝을 맺고 있다. Jaime Carvalho, Antonio Duarte와 Joao Queiro는 포르투갈 수학사를 논하고

Ubiratan D'Ambrosio는 남아메리카와 중앙아메리카의 수학사를 소개하고 있다. 두 경우에서 20세기에도 수학에 대한 연구가 사회적, 정치적 상황에 많은 영향을 받는다는 것을 알 수 있다.

이 책이 완성되기까지 실질적인 도움을 준 사람들 뿐 아니라, 논문을 심사하거나 소중한 충고를 해준 많은 다른 사람들에게도 감사의 마음을 전하고 싶다. 논문을 심사한 Tom Archibald, Marcia Ascher, Janet Barnett, Al Buccino, Ronald Calinger, Louis Charbonneau, Dan Curtin, Florence Fasanelli, John Fauvel, Alejandro Garciadiego, Fernando Gouvea, Judith Grabiner, Charles Jones, Herb Kasube, Israel Kleiner, Stacy Langton, Karen Michalowicz, Daniel Otero, David Pengelly, Kim Plofker, Eleanor Robson, Amy Rocha, Ed Sandifer, Man-Keung Siu, Frank Swets, Jim Tattersall, Erica Voolich와 Robin Wilson에게 감사한다. 또한 이 책이 승인될 수 있게 도와주고 구체적인 작업들을 해준 MAA Notes Committee의 회원인 Dan Curtin, Phil Straffin, Tina Straley, Anita Solow와 Barbara Reynold에게도 감사의 말을 전하고 싶다. 마지막으로 책을 출판하는데 성심성의껏 도와준 MAA의 직원, Elaine Pedreira의 Beverly Ruedi에게도 감사를 전하고 싶다.

Victor J. Katz
2000년 5월
워싱턴에서

역자 서문

수학은 오랜 세월 동안 수많은 사람들의 피나는 노력으로 발전한 학문이며, 다른 학문과 달리 수천 년 전에 창조된 수학도 여전히 유효하다. 수학의 장구한 역사는 그 자체로도 이미 수학의 존재 가치와 중요성을 대변한다. 그리고 수학사는 수학의 기원과 발전 과정을 보여주고 수학 개념의 발생과 진화에 대한 통찰력을 제공한다. 더욱이, 수학의 사회적이고 인간적인 면까지 보여준다. 이런 점 때문에 오래 전부터 수학 교육에서 수학사의 역할이 강조되었다.

수학사와 수학 교육은 아주 오래 전부터 밀접한 관계를 유지하고 있으며, 수학사를 활용한 수학 교육과 수학 교육에서 수학사의 가치에 대한 논의는 매우 활발한 연구 주제였다.

이 책의 편집자 카츠(Victor J. Katz)의 서문에서 밝힌대로, 1972년에 ICMI는 HPM(수학의 역사와 교육 사이의 관계에 관한 국제 연구 집단)의 설립을 인정했다. 준비 기간을 거친 뒤 HPM은 제5차(1984년) ICME에서 공식적인 기구(associate)로서 ICME의 네 가지 연구 집단의 하나가 되었다. 그 뒤 제6차(1988년), 제7차(1992년), 제8차(1996년) ICME와 함께 4년마다 열린 HPM의 정기모임에서 발표된 논문들은 각각 별도의 논문집으로 다음과 같이 MAA(미국 수학 협의회)를 통해 발간되었다.

Learn from the Masters, edited by F. Swetz, J. Feuvel, O. Bekken, B. Johansson, V. Katz, MAA, 1995.

Vita Mathematica, edited by R. Calinger, MAA, 1996.

Using History to Teach Mathematics － An International Perspective, edited by V. Katz, MAA, 1996.

이 <수학 교육에서 역사 활용하기>는 위에서 마지막 책을 번역한 것이다. 다른 두 권과 마찬가지로, 이 책에서도 수학사를 수학 교육에 활용하는 일반적인 원리와 방법에 관한 논문들과 특정한 수학 주제를 역사적 자료를 이용해서 지도한 경험과 효과에 관한 논문들이 주를 이루고 있다.

이에 따라, 수학사를 활용해서 수학에 대한 학생들의 관심을 유도하고 흥미를 유발시키며, 좀 더 유익하고 탐구적인 수학 수업을 시행할 수 있는 이론적인 배경과 실천적인 방법을 이 책에서 얻을 수 있다. 특히, 이 책에서는 동아시아의 전통 수학을 소재로 한 논문이 몇 편 포함되어 있기 때문에 학생들에게 우리의 문화에 대한 긍지도 심어줄 수 있는 내용을 확인할 수 있다.

이 책은 한국수학사학회 회원들이 중심이 되어 번역되었다.

논문별로 주제와 소재가 판이하고 서술 방식도 매우 다르며 저자의 국적도 매우 다양하기 때문에 번역에 통일을 기하기 어려웠다. 독자의 양해를 바란다.

여러 가지 어려움 속에서도 출판을 맡아준 교우사 오판근 사장님과 책을 멋지게 만들어준 편집부 여러분께 감사의 말씀을 드린다.

2006년 9월
옮긴이

차 례 (하)

PART Ⅳ 수학사를 활용한 교사교육

PART V 수학사의 토픽들

차 례 (상)

PART I 수학사 활용의 일반적 개념

PART Ⅱ 수학사의 교육적 관련성

PART Ⅲ 수학사를 활용한 지도사례

PART Ⅳ

수학사를 활용한 교사교육

1학년 초등예비교사들이 수학의 문화적 의의를 발전시킬 수 있는 역사적 접근

Ian Isaacs, V. Mohan Ram, Ann Richards

Northern Territory University, Australia

수학의 문화적 기원이라는 강좌가 1학년 초등예비교사에게 개설되었다. 이 강좌는 예비교사들의 수학관을 바꾸고자 한 것이다. 초등 수학의 역사적 발전에 영향을 준 사회적, 문화적 요인을 강조하여 학생들이 수학의 문화적 의의를 깨닫고 발전시킬 수 있기를 기대했다.

서 론

초등교사가 되기 위해 Northern Territory University(NTU)의 3년 과정에 들어오는 학생들 대부분은 중등학교 수학 내용에 대한 배경이 약하고, 수학에 대해 기계적이고 실용적 관점을 갖고 있다. 약 40%의 학생들은 성인이지만, 나머지는 Northern Territory 중등학교를 갓 졸업한 학생들이다. 이들은 수학이란 일반적으로 (i) 물건을 사고파는데 유용한 것과 주로 관련되어 있고, (ii) 정답을 얻는 가장 좋은 방법이 있으며, (iii) 일상생활에서는 잘 쓰지 않는 대수와 기하를 포함하는 것이라 생각하고 있었다.

1995년에 3년간의 학사 과정을 24개의 강좌로 구성하면서, NTU의 3명의 수학교육자들에게 수학의 문화적 기원이라는 제목의 두 학기짜리 강좌를 담당하도록 하였다.

우리는 이 강좌를 통해 학생들이 지난 5000여 년간 여러 사회의 문화 속에서 수학의 위상에 대해 생각해 보길 바랬다. 그리고 수학이 오늘날 알려져 있는 학문의 발전을 이끈 물리적, 지적 문제에 대답을 제공하는 역할을 해 왔음을 학생들이 인식하길 기대했다.

강좌 - 수학의 문화적 기원

이 강좌의 목적은 수학의 본질과 학교수학의 목적에 대한 예비 교사들의 신념과 인식을 바꾸는 것이다. 우리는 첫 학기에 계획한 기하적 아이디어를 위한 장면을 설정하기 위해, 중국, 인도, 이집트, 그리스의 여러 사회가 실용적이고 지적인 생활에서 기하적 개념을 어떻게 다루었는지에 초점을 두었다. 학생들은 다음과 같은 활동을 탐색하였다.

(i) 실제 문제를 해결하는데 사용되는 실용적인 과학으로서의 기하
(ii) 패턴, 변환, 기하학적 관계가 지배적인 구성적이고 미적인 매체로서의 기하
(iii) 종교적 의식(ritual)에서 정확한 작도에 대한 요구
(iv) 무리수 도입으로서의 측정
(v) 기하에서의 논리적 정당화

고대 이집트, 그리스, 인도, 중국 수학자들이 특정한 크기와 모양을 가진 다각형을 작도하고 길이와 넓이를 구하는 문제를 어떻게 해결하려 했는지를 조사하여, 학생들이 기하를 공간 문제를 해결하는 도구로 생각하도록 했다. 학생들은 그 당시 수학자들이 제안한 문제와 유사한 문제를 해결하면서, 의식적 기능에 적절한 도형을 디자인하거나 그 상황을 조사하고, 이를 통해 고대 수학자들과 유사한 사고 과정을 경험할 수 있었다.

고대 중국, 인도, 이집트, 그리스의 수학 에피소드는 학생들에게 수학자들이 직면

한 양적 문제를 보여주고 알려주는데 사용되었다. 하지만 우리는 학생들이 더 쉽게 접근할 수 있도록 문제를 수정하였다. 학생들이 현대적 도구와 용어를 사용할 수 있게 하였다. 강사들은 학생들 대다수가 약간만 생각하면 성공적으로 풀 수 있게 문제가 구조화되어야 한다는 것을 명심하고 있었다. [강좌가 기초한 기본 가정은 "성공이 자신감을 낳고 자신감은 다시 성공을 낳는다."는 것이었다.]

예를 들어, 메논에서 소크라테스가 제시한 문제인 어떤 정사각형 넓이의 두 배가 되는 정사각형을 작도하라는 문제를 해결하기보다는, 넓이가 4cm^{2}의 반이 되는 정사각형을 작도하는 것으로 문제를 수정하였다[그림 1]. 대부분의 학생들에게는 넓이가 8cm^{2}인 정사각형을 작도하라는 것이 훨씬 더 쉬웠다.

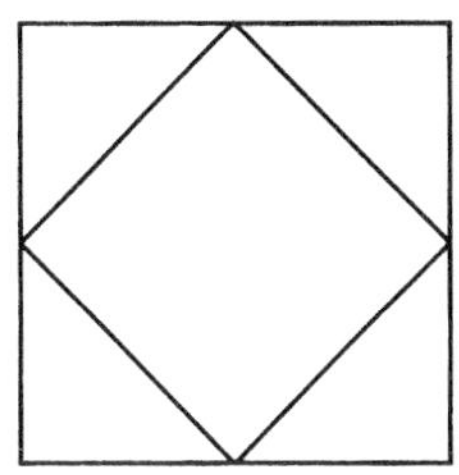

[그림 1] 넓이가 4cm^{2}인 정사각형이 주어졌을 때 넓이가 2cm^{2}인 정사각형을 작도하기

활동 1

4개 이상의 변으로 둘러싸인 영역을 조사하시오. 이 영역은 직사각형이나 아래 그림과 같은 도형이어서는 안 됩니다.

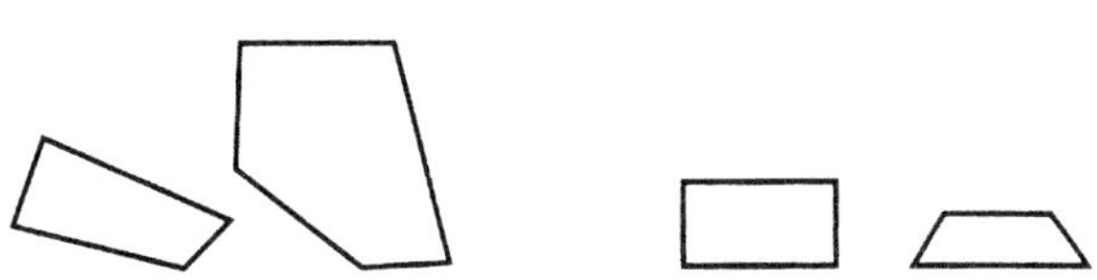

<되는 것> <안 되는 것>

처음에 측정할 수 있는 단위는 걸음입니다. 정확하게 하려면 보폭이 일정하게 유지되어야 합니다. 그룹에서 기록할 사람과 직접 걸을 사람을 정하시오. 그 측정 결과를 다른 사람이 걸어보아 확인하시오.

여러분이 할 일은 다음과 같습니다.

(1) 영역을 확인하시오. 너무 작아서는 안 됩니다 – 모든 변이 30걸음에서 60걸음 정도가 되도록 하시오.
(2) 점에 이름을 붙여서 그 영역을 종이 위에 대강 그리시오.
(3) 걸음으로 모든 거리를 측정하시오.
** 삼각법을 기억하시오 – 즉, 삼각형으로 만들어 측정가능하도록 다각형 안에 대각선을 그리고 길이를 재시오.
(4) 종이 위에 그려놓은 것에 측정값을 모두 기록하시오.
(5) 20m는 몇 걸음정도 되는지 알아보기 위해 20m 표시된 곳까지 걸으시오.
(6) 모든 측정값을 미터로 바꾸어 기록하시오.
(7) 평면도를 그리기 위해 모눈을 이용하여 측정한 값을 일정한 비율로 다른 값으로 바꾸시오.
(8) 도구를 사용해서 종이나 책에 영역의 정확한 평면도를 작도하시오. 넓이 계산은 나중에 할 것입니다.

확장–3/4주 동안

영역의 넓이를 계산하는데 평면도를 사용하시오. 마지막 값은 제곱미터(m^2)로 실제 넓이가 되어야 합니다.

(1) 영역을 삼각형으로 나누어 보고, 각 삼각형의 넓이와 이 넓이의 합을 구하시오.
(2) 눈금을 사용해서 다각형의 변의 수를 축소시켜서 같은 넓이를 가진 삼각형을 작도하시오(3주).

그 삼각형의 넓이를 찾으시오.

[그림 2] 사각형과 오각형 넓이를 어림하는 과제

방 법

여기서는 첫 학기에 학생들이 탐색한 5가지 주제를 간단하게 소개한다.

주제 1. 실제 문제를 해결하는데 사용된 실용 과학으로서의 기하

학생들은 이집트인들과 중국인들이 임의의 다각형의 넓이를 구할 때 직면한 문제들을 알게 되었다. 학생들은 강의실 가까이에 있는 잔디에서 임의의 사각형이나 오각형의 변을 걷기만 해서 변의 길이를 어림하는 과제를 했다[그림 2]. 걸음을 표준 척도로 바꾸어 그룹 동료들의 다른 어림값을 확인했다. 모눈종이에 그리기와 다각형의 넓이와 관련된 역사적 방법은 나중에 넓이 계산에 사용되었다. 한 가지 고려된 방법은 임의의 다각형을 똑같은 넓이의 직사각형이나 삼각형으로 바꾸는 작도 문제였다(이것은 중국과 그리스에서 사용되었던 방법이다). 이런 연습을 하면서 학생들은 중국과 중세 서구에서 땅을 측정하는데 사용한 더 세련된 테크닉을 자연스럽게 알게 되었다.

주제 2. 패턴, 변환, 기하학적 관계가 지배적인 구성적이고 미적 매체로서의 기하

우리는 연역적 증명을 도입한 전통적 접근보다 이슬람 예술에서 El-Said와 Parman의 기하 개념과 파키스탄의 V. Mohan-Ram의 미끄러짐 장식의 기하 패턴에 초점을 두었다. 학생들은 이 패턴에 기초한 디자인[그림 3]을 작도하게 되었다.

이런 방법으로 학생들은 자신의 패턴을 디자인하는 것뿐 아니라, 주변에서 대칭 패턴을 확인했다. 학생들은 단순한 정다각형의 등장 변형환(isometric transformation)과 대칭의 특성들을 반성하게 되었다. 이 활동은 다음 학기 후반부에 군(group) 구조를 공부하기 위한 예비 내용으로 다루어졌다.

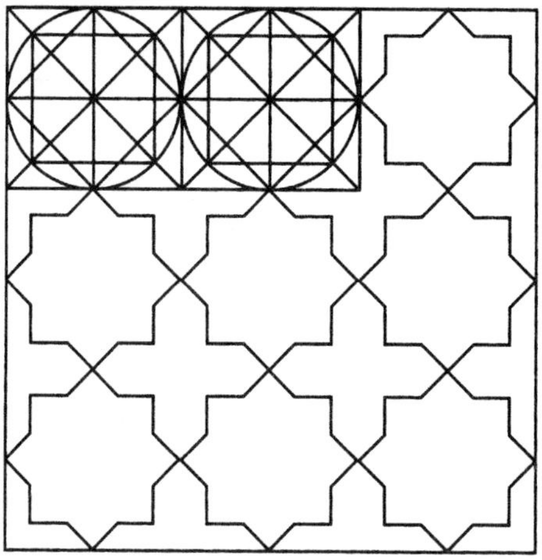

[그림 3] 이란의 바스탄 박물관에 있는 Tiling Pattern 디자인

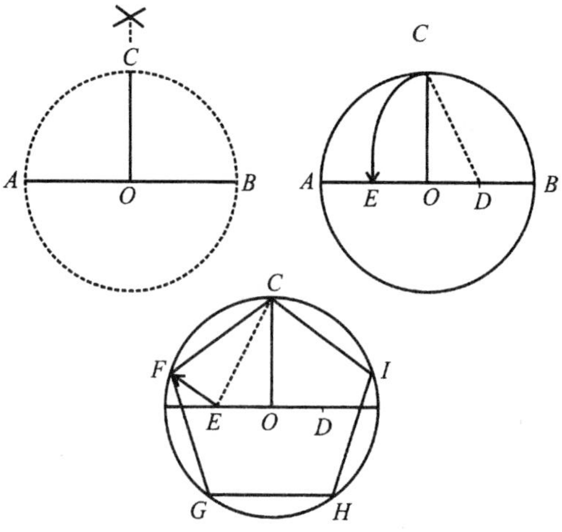

[그림 4] 정오각형의 작도

주제 3. 종교적 의식(ritual)에서 정확한 작도에 대한 요구

학생들은 강사의 안내에 따라 오각형[그림 4]과 같은 종교적인 의식에 사용될 여러 모양을 작도하였다. 강사는 인도 제단에 사용된 사다리꼴 모양에서 각 변의 길이가 어떻게 결정되었는지에 대해 설명하였다[그림 5].

사람들은 대부분 의식이 중요하기 때문에, 구조의 크기가 정확해야 한다고 믿었다. 정확하지 않은 것은 완벽하지 않은 것이고, 이것은 결과적으로 의식이 불순하다는 것을 의미하는 것이었다. 완벽을 추구하는 것은 인도와 중국 수학자가 기본 다각형의 정확한 작도를 위한 알고리즘을 발전시키는 동기가 되었다. 그러나 어떤 수학자들은 종교의 의식적 요구를 만족시키는 것에서 한걸음 더 나아가 즉각 실행할 가치가 없는 작도 문제를 해결하는 알고리즘을 개발하였다.

예를 들어, 인도 수학자들은 두 정사각형을 합친 것과 똑같은 넓이의 정사각형을 작도하는 방법의 문제를 만들고 해결했다. 학생들에게 두 정사각형의 넓이가 각각 $2cm^2$, $9cm^2$이라면 어떻게 해야 할지 추측하도록 하였다. 이 문제는 Joseph(1990, p. 231)이 The Crest of the Peacock에서 말한 것과 비슷하다. 이 문제는 중국과 인도 수학자의 실용적인 알고리즘식 문제해결을 그리스 수학자들의 이론적인 연역적 접근과 대조하기 위한 예의 하나로 사용되었다.

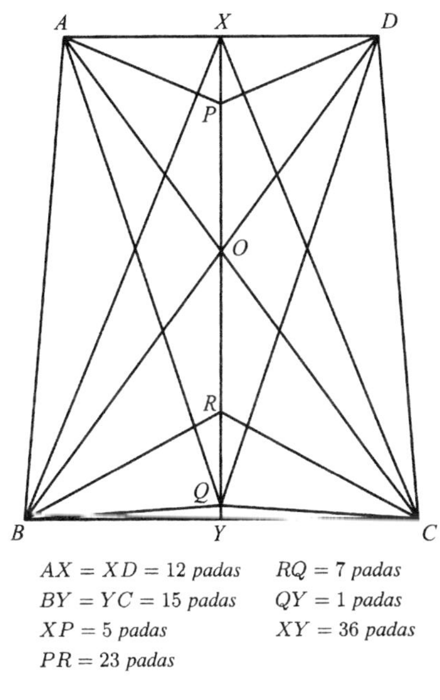

[그림 5] Samassana sacrificial 제단의 설계

주제 4. 무리수 도입으로서의 측정

변의 길이가 무리수인 정사각형 작도는 대부분의 학생들에게 도전이 되는 과제였다. 주어진 정사각형 넓이의 두 배를 갖는 정사각형을 작도하는 메논의 소크라테스 문제는 넓이가 $4cm^2$의 반이 되는 정사각형을 작도하는 것으로 수정되었다(그림 1을 보라). 대부분의 학생들에게는 넓이가 $8cm^2$을 작도하는 것이 훨씬 더 쉬운 일이었

다. 이것은 자연스럽게 2와 8 같은 수의 제곱근을 결정하도록 하였다. 학생들은 3가지 방법으로 이것을 시도했다: (i) 넓이가 $2cm^2$인 정사각형의 한 변의 길이 재기, (ii) 그림을 그려 술바수트라(Sulbasutra)에서 Apastamba의 기하적 접근을 사용하기 [Joseph(1990), pp. 234 - 236], (iii) 계산기로 시행착오 전략 사용하기. 이러한 탐색으로 무리수 개념을 생각하게 되었다. 이번에는 무리수가 완전히 탐색되지는 않았다. 하지만 '수' 연구의 일부로 다음 학기에 다시 조사될 것이다.

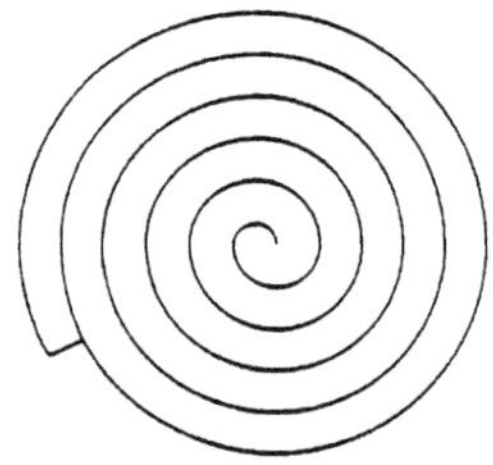

[그림 6] 뱀모양 곡선

다각형의 넓이로 정다각형 넓이와 원의 넓이를 연구하게 되었다. 뱀모양 곡선에 관한 Gerdes(1985)의 추측이 도입되었다(그림 6). 줄을 사용해서 뱀 곡선을 작도하는 것은 이집트에서 $\pi[=4(8/9)^2]$의 근사값을 구하는 과제였다.

학생들은 지름이 3.5cm, 7.0cm, 10.5cm, 14.0cm인 원의 지름과 원주의 비를 계산해서 π의 값을 결정하려고 했다. 그리고 나서 원에 내접한 정육각형과 정십이각형의 둘레를 원의 둘레로 어림한 것으로 보면서, 아르키메데스의 실진법을 고찰하게 되었다. Tsu가 정한 중국의 π값$(=355/11)$도 언급되었다(Joseph(1990), p. 195). 다시 한번 우리는 무리수를 생각하게 되었다. 여기서 질문이 생겼다. 이것이 2의 제곱근과 같은 종류의 수인가? 아니면 새로운 종류의 수인가? 이 질문에 답하려는 시도는 없었지만 다음 학기에 다시 생각하기로 약속했다.

주제 5. 기하에서의 논리적 정당화

필요하다고 느낄 때 강사는 일반적인 증명을 일부러 피하려 하지 않았다. 예를 들어, 한 변이 $(a+b)$인 정사각형을 분해하는 중국에서의 증명[그림 7]이 피타고라스 정리의 증명으로[그림 8] 수정되었다[Joseph(1990), pp. 180 - 181을 보아라].

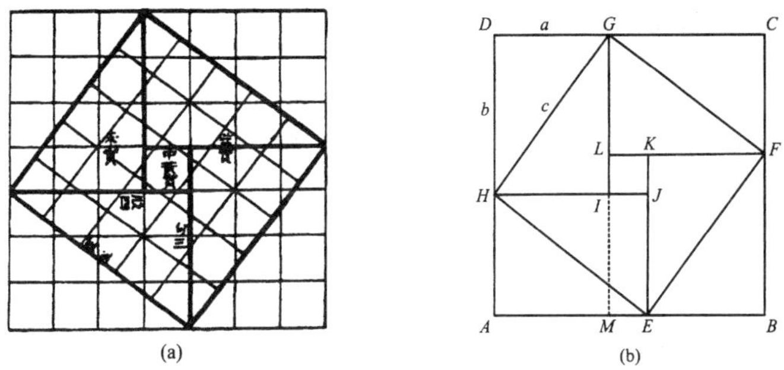

[그림 7] Kon Ku 이론

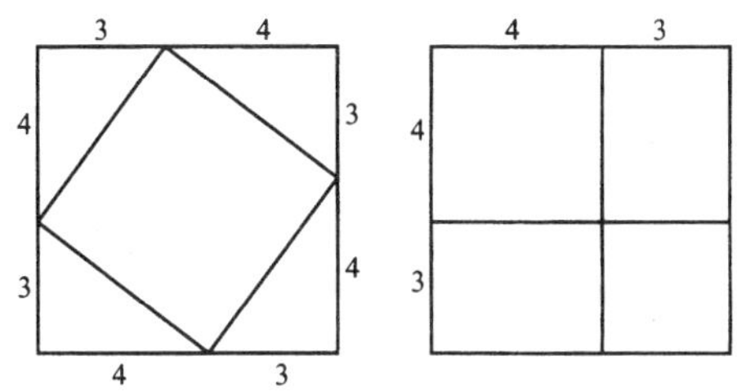

[그림 8] 학생들에 의해 논의된 Kon Ku 이론의 수정

강좌의 평가

학생들은 이 강좌에서 세 가지 활동으로 평가받았다: (ⅰ) 강좌의 어떤 측면과 관련된 전문적인 아티클에 기초한 구두 발표, (ⅱ) 강좌에 대한 반성과 반응으로 구성된 '일지' 목록과 강사가 정한 과제를 완성해 나간 과정을 보여주는 '작업일지', (ⅲ) 호주교육부(1994)의 *수학－호주의 학교를 위한 교육과정 프로파일*에서 '수학적으로 실행하기', '측정', '공간' 영역에서 학습 결과에 기초한 연습문제. 학생들이 대학 도서관에서 구할 수 있는 잡지에서 기하의 역사를 다룬 글을 찾는데 어려워하는 것과 같이 구두 발표가 강좌의 어떤 측면과 관련되어야 한다는 요구는 완화될 필요가 있었다. 학습 결과에 기초한 연습문제에서는 학생들이 각 영역에서부터 그들이 하기 원하는 만큼 예제의 수를 선택할 수 있게 하였다. 통과(pass)를 받기위해서는 세 영역 각각에서 한 두 개의 연습문제를 해결해야 하지만, 높은 점수를 받으려는 학생들은 각 영역에서 최소 4개의 연습문제에서 뛰어난 결과를 보여야 했다.

학생들의 반응

학생들에게 일지에 (i) 활동으로 정해진 과제와 그 확장의 시도, (ii) 강좌와 과제에 대한 인식과 반응, (iii) 수학의 본질에 대한 반성과 그에 대한 적절성을 기록하도록 하였다.

학기말에 우리는 리커트 척도 질문지(Likert style questionnaire)를 사용해서 강좌에 대한 학생들의 의견을 조사하였다. 특히 (i) 이 강좌 초반에 갖고 있었던 생각과 비교하여 수학의 본질에 대한 학생들의 최근 신념, (ii) 고대 사회에서 양적인 문제를 해결하는데 있어 수학의 의의에 대한 학생들의 견해에 관심을 두었다.

강좌 시작과 중간에(학생들이 의견을 표현하는데 더 자신감이 있을 때), 많은 학생들은(약 1/3) 일지에 초등 교사로서 앞으로의 역할과 관련하여 적절한 수학 내용과 활동에서 부족함을 일지에 표현했다. 처음 4주 동안 다음과 같은 일지 내용이 학생들에게 전형적으로 나타났다:

> 흥미 있는 정보/역사를 알게 되었지만 이게 나를 혼란스럽게 한다. 현재 수학과 이것을 연결하는 것이 어려웠다. 이것이 초등학교 수학과 어떻게 관련된다는 것인가?

다른 사람들은 현재의 수학과 과거에 학교에서 배웠던 수학의 차이를 말했다. 한 학생이 말하기를,

> 난 전에 이런 방법으로 수학을 배우지 않았다. 오히려 항상 문제가 주어지고 그것을 풀라고 했고, 그래서 수학은 따분한 과목이었다. 그러나 문제, 답, 그 뒤에 숨겨진 역사를 만나게 되었을 때 문제는 더 쉬워지고 기억도 더 잘 되었다.

나머지 학생들 약 33%는 이 강좌를 통해 탐색된 수학의 본질에 대하여 직접적으로 말하지 않았다. 확실한 의견을 말하지 않거나 '흥미로웠다', '혼란스럽다'와 같은 모호하고 짧은 말을 하였다.

학기말에 35%의 학생들은 '이 강좌가 초등학교에서 가르치는데 필요한 수학과 관련 없어 보였다'는데 동의했고, 42%는 동의하지 않았고, 23%는 동의도, 동의하지 않은 것도 아니었다. 대다수(57%)는 이 강좌가 수학에 대한 태도를 바꾸는데 도움이 되었다고 느꼈다. 그러나 상당수 학생들이(25%) 응답하지 않았고, 나머지(18%)는 동의하지 않았다.

결 론

오직 한 학생만이 (그 중에서 매우 우수한 학생) 강사와 동일한 견해를 표현하였다.

> 이 강좌는 학생들이 수학적 기능을 향상시킬 기회를 주었다고 생각한다. 그리고 전통적으로 천재성을 요구한다고 믿었던 과목을 가르치는데 더 반성적인 태도를 가질 수 있게 해 주었다.
> 수학과 관련된 세 가지 잘못된 신념이 있는데, 이것은 천재성과 관련된다. 수학은 실제와 관련이 없다는 것, 마음 속으로 모든 것을 빨리 해야 한다는 것, 할 수 없다면 당신은 수학적이 아니라는 것이 그것이다. 이 강좌는 이런 신념을 없애게 했다. … 또 수학은 순수하게 서양의 현상이라는 신념도 떨쳐버릴 수 있었다. 생활 유형에 의해 자극되어 개념이 나오게 된 문화에 관심을 주어야 한다.
> 이 강좌의 또 다른 기여는 학생들에게 자신의 문제를 만드는 경험을 주었다는 것이다. … 그것에 맞는 문제를 받아쓸 때 많은 학생들이 성공을 경험할 기회를 가지게 된다. 대학에서의 학업을 시작하면서, 활동 수학의 "아름다움"을 알게 된 것이 기쁘다.

이 강좌가 대다수의 학생들에게 여전히 설득력이 있다는 결론을 내렸다. 우리는 두 번째 학기를 시작할 때는 학생들보다 교사들이 더 폭넓고 깊은 수학관을 가질 필요가 있음을 강조해야 할 것을 알았다. 강사들은 강좌의 후반기에 '수와 명수법(Numeration)'이라는 주제를 초등학교 산술에 연결시키고자 하였다. 또한 다음 해에 강좌가 다시 열리면, 초등학교 교육과정에서 '공간'이라는 주제와 기하학적 아이디어를 명료하게 관련시키려 한다.

▮참고문헌▮

[1] Australian Education Council, 1994: *Mathematics—a Curriculum Profile for Australian Schools*, Melbourne: Curriculum Corporation.

[2] El-Said, Issam and Ayse Parman, 1976: *Geometric Concepts in Islamic Art,* Palo Alto, CA: Dale Seymour Publications,

[3] Gerdes, Paulus, 1985: "Three alternate methods of obtaining the ancient Egyptian

formula for the area of a circle," *Historia mathematica* 12, 261 – 268.

[4] Joseph, George C., 1990: *The Crest of the Peacock: Non-European Roots of Mathematics*, London: Penguin Books.

[5] Jowett, B., 1953: *The Dialogues of Plato: The Meno*, Oxford: The Clarendon Press.

초등학교 교사들의 전문성 개발을 위한 예로서 Regula Falsi의 분석

Greisy Winicki

Oranim-School of Education of the Kibbutz Movement ISRAEL

학교 교육과정에서는 수학 교사들에게 수학 자체를 위해 수학사를 가르치도록 하지 않는다. 그런데 왜 점점 더 많은 대학들은 예비교사들에게 수학사 강좌를 제공하는 것일까? "만약 수학사 강좌가 없었다면 교육자들은 학생들이 수학을 좋아하거나, 인정하거나 이해하도록 가르칠 수 없다."(Tymoczko, 1993, p. 14). 난 이런 강좌가 미래 수학교사로서 대학생 뿐 아니라 교사의 전문성 발달에도 큰 영향을 줄 수 있을 것이라고 믿는다. 이 글의 목적은 a) 교사 연수 프로그램에 수학사를 도입하는 구체적인 접근을 말하고, b) 이런 도입에서부터 수학교사의 전문성 개발에 이르기까지 몇 가지 이점을 제시하는 것이다.

아래 기술된 활동은 수학사의 몇 가지 주제(Some chapters in the history of mathematics)라는 제목의 워크숍 중 하나이다. 이 강좌는 전문적인 초등 수학 교사를 양성하려는 기본 목적을 가진 대규모 프로그램의 일부이다. 이스라엘에서 초등교사들은 일반적으로 수학교육을 전공하지 않는다. 수학을 가르치려는 사람들은 전문적인 개발 프로그램에 참여해야 한다. 이스라엘 주변의 몇몇 교육대학이 이런 프로그램을 채택하고 있다. 이런 강좌 중 하나는 위에서 말한 것이다. 강좌에 대한 일반적인 강의요목이 있지만 모든 강사들은 자기만의 활동을 설계하였다. 18명의 교사들이 여기에 참여했다. 그들 모두는 초등교사들이며, 수학을 가르친 경험이 적어도 5년은 된다. 강좌가 끝난 후 참가자들에게 어떤 수학 주제를 선택하여 그것의 역사를 가르치는 것과 통합하는 교수 활동을 만들도록 하였다.

이 글에서 설명된 워크숍 주제는 방정식 특히, Regula Falsi 또는 임시위치법(Rule of False Position)으로 알려진 방법이었다(Ofir와 Arcavi, 1992; Eaton, 1967; Eves, 1958). 초등교사들은 학생들에게 일차방정식이나 일차함수를 가르치지 않지만, 비와 비율을 가르치기 때문에 그것에 숨겨진 수학적 원리를 이해해야 하며 비율 상황을 다루는 방법을 가르쳐야 한다.

교사들을 2명씩 짝을 지었다. 교사들 각각은 카드를 받아(부록 A와 B) 혼자서 20분 동안 공부하면서 그 과제를 완성했다. 각 카드는 다음과 같이 세 부분으로 나누어졌다.

a. 자료 읽기: 짧은 역사적 배경, 문제 형식화, 문제를 해결하는 방법의 서술.
b. 해결할 문제: (a)에서 서술된 방법을 사용해서 해결된 방정식으로 번역될 수 있는 역사적인 문장제와, 같은 방법을 사용해서 해결될 다른 일차방정식.
c. 반성하는 질문: 방법에 대한 문제 5개

교사들이 카드로 공부하는 동안, 그들의 추측, 답, 질문, 증명을 모두 적게 하였고 예와 반례도 적게 하였다. 개인적으로 공부를 20분 한 후에 공부한 방법을 짝에게 설명하도록 하였다. 교사들은 거의 20분동안 짝과 함께 공부했다.

카드에서 주어진 과제에 따라 매우 '격렬한' 토론이 시작되었다. 그런 활기찬 토론은 나중에 분석할 것이다. 분석에서 주요 질문은:

1. 교사들은 방정식을 해결하는데 사용된 고대 방법에서 적절한 요인을 찾는가?
2. 상징 표기가 일반적으로는 수학을 발달시켰고, 특별하게는 방정식 해결을 이끌었다는 것을 교사들은 깨닫는가?

교사들에게 다음의 질문을 토론하도록 하였다:

• 위의 모든 방정식에 대해 그 방법이 적당한가?
• 마지막 답은 추측에 의존하는가?
• 그 방법은 어떤 일차방정식에 적합할까?

- 그 방법은 어떤 방정식에 적합할까?
- 그런 방법이 왜 고안되었다고 생각하는가?

처음 4가지 질문에 대해 참여자들은 정확하게 답했다. 그러나 거의 모든 사람들은 왜 임시위치법이 이용되는지, 이중임시위치법이 왜 그러한지 정당화할 수 없었다. 이것은 비율(proportionality), 일차함수, 일차방정식, 3수법(the rule of three)과 같은 수학적 개념을 토론하는데 적절했다. 이런 의미에서, 역사적 자료로 교사들은 당황하지않고 수학 내용을 검토할 수 있었다. 검토하는 동안, 나는 참가자들이 비례 추론에 관련된 절차적 기능보다 개념적 이해에 더 의존했을 것이라 믿는다.

처음 4개의 질문에 대한 답은 일치가 되었으나 마지막 질문에 대한 답은 어려워하는 것으로 나타났다. 왜냐하면 참가자들은 그것들이 이런 종류의 질문에 사용되지 않았다고 느꼈기 때문이다. 몇 가지 답변은 이랬다:

- 매우 직관적이니까
- 분수를 좋아하지 않아서
- 나누는 것을 좋아하지 않아서
- 0을 갖지 않아서

아무도 상징 표기나 대수와 관련된 것을 언급하지 않았다. 이것은 이집트의 수사적 대수, 그리스식 기하학적 대수, 디오판토스의 상징체계 도입, 바빌로니아와 그리스 대수를 확장한 이슬람과 그들의 기하 증명, 양을 표현하는데 비에트가 생략이나 말을 사용한 것, 기지의 것을 표현하는 문자와 미지수를 표현하는 문자의 채택 등과 같이 역사적 내용을 도입하는데 적절했다.

또한 참가자들에게 이 방법에 대한 일반적인 의견에 대해 질문하였다. 몇몇은 자신의 말로 다음과 같이 이 방법을 선호하고 있었다.

> 우리가 학생들에게 그런 방법을 가르치지 않더라도, 적어도 누군가가 그것에 대하여 생각했다는 것이 역사적인 사실이다. 그래서 우리가 수학 문제를 해결해야 할 때, 그 문제는 꽤 기본적인 도구로 해결될 수 있다.
> Regula Falsi 방법은 나에게 매우 직관적이었고, 다른 사람에게도 직관적일 것이라고 본다. 나는 그 정확성을 어떻게 정당화할 수 있는지가 궁금하다.
> 나는 추측을 좋아하지만, 학생들이 어떻게 반응할지 궁금하다.

그러나 몇몇 사람들은 그 방법과 그 방법을 알게 된 것이 그렇게 가치있다고 생각하지 않았다:

> 교실에 이 방법을 소개하는 것은 적절하지 않다고 생각한다. 그것은 매우 명료하지 않으며 주로 추측에 의존한다. 수학에서 추측은 적절하지 않다고 생각한다.
> 추측이 '좋은' 것임을 어떻게 확신할 수 있을까? 아마 그렇다면 운이 좋겠지만 일반적인 방법을 발전시켜야하며 운에 의존해서는 안 된다.
> 요즘에는 일차방정식을 해결할 더 좋은 방법이 있다. 그 방법을 학생들에게 가르치는 유용성이 무엇인가?

이러한 경험을 하면서, 참가자들은 수학이 무엇에 관한 것인지, 어떻게 발전하는지, 어떻게 배우는지, 어떻게 효과적으로 가르쳐질 수 있는지를 명확하게 알 수 있었다. 워크숍 끝에 했던 토론은 중요한 교수학적 문제들을 분석할 기회가 되었다. 그런 의미에서, 이 워크숍에서 역사적 문제를 가지고 교사들은 수학 내용 뿐 아니라 교수학적 문제들을 토론할 수 있음을 알 수 있었다. 한 예로, 여기에서 설명한 워크숍에서는 다음과 같은 교수학적 문제에 초점을 두었다.

1. 읽기에 의한 학습
2. 예로부터의 학습
3. 예를 통해 아이디어 설명하기
4. 같은 개념을 다양하게 표현하기
5. 증명하기와 증명의 역할
6. 의미 있는 토론을 유발하기위해 역사적인 자료(역사적 문제)를 사용하기
7. 내용에 인간적 관점을 제공하기 위해 배운 내용과 직접 연결된 역사적 자료 사용하기

예를 들어, 참가자들은 임시위치법을 정당화하면서 몇몇은 전통적인 비율 알고리즘(엇갈려 곱하고 나누는)을 사용했다. 몇몇 사람은 m이 두 양 x와 y를 연결하는 상수인 $y=mx$의 형식을 가지고 규칙을 찾으려 했다. 몇몇은 언어적 접근을 사용했다. 이중임시위치법을 정당화하도록 했을 때, 교사들은 표, 순서쌍, 그래프, 방정식 등 함수의 여러 표현을 사용했다. 교사들은 두 개의 다른 점에서 유일한 직선이 그려질 수 있다고 생각한다면 이 방법의 근거가 잘 이해될 수 있다는 것을 발견하였다. 교

사들은 그 방법이 정확한지 증명을 요구했다. 대수 언어에 매우 친숙한 한 교사가 다음의 설명을 했다:

> 방정식 $ax+b=0$을 해결해야 한다면, 함수 $y=ax+b$를 생각해서 그 해를 찾으려 할 수 있다. 우리는 그것이 $-b/a$라는 것을 알고 있고, 여러분이 그 지시(이중 입시위치법)를 따른다면 이것을 얻을 수 있음을 보여줄 수 있다. p가 첫 번째 추측이라면, 함수에 대입해서 $ap+b$를 얻는다. 그래서 점 $(p,\ ap+b)$는 일차함수의 그래프에 속한다. $(q,\ aq+b)$는 다른 점이라 하자. 지시에 따르면 $\dfrac{(ap+b)q-(aq+b)p}{(ap+b)-(aq+b)}$를 계산해야 한다. 간단히 하면, 그 해는 정말로 $-b/a$가 된다.

이 설명을 들은 후 참가자들은 이 설명이 무슨 방법으로 증명을 구성했는지, 그것을 이해하는데 필수조건이 무엇인지를 토론했다.

수학의 실용적 측면은 널리 인정되었기 때문에 이 워크숍 동안에 참가자들은 수학의 또다른 측면, 즉 인간적인 측면, 수학이 우리 문화의 핵심부분임을 보여주는 측면을 알게 되었다. 수학의 이런 측면은 학생들에게 전달되어야 하고, 교사가 수학을 가르치는 방법에 영향을 주어야 한다. 수학이 우리 문화에서 어떠한 역할을 했는지를 알려야 하며, 교사들은 그것을 할 책임이 있다.

또한, 참가자들에게 메타수학적 지식의 발달에 대한 필수적인 경험인 수학에 대해 생각하고 말하고 토론하도록 격려하였다(Vollarath, 1992). 그들은 이 워크숍이 수학사에서의 주제와 관련된 의미 있는 경험이라고 생각했다. 또 이런 종류의 활동은 수학, 수학 교수, 수학 학습에 대한 교사 자신의 신념을 드러내고 토론할 기회를 제공할 수 있는 아이디어를 제공했다.

▌참고문헌▐

[1] Easton, J. B.: 1967, "The Rule of Double False Position," *The Mathematics Teacher* 60 (1) pp. 56 – 58.

[2] Eves, H.: 1958, "On the Practicability of the Rule of False Position," reprinted in Swetz, F. J. (ed.) *From Five Fingers to Infinity: A Journey through the History of Mathematics*, Chicago: Open Court, pp. 149 – 150.

[3] Ofir, R. and Arcavi, A.: 1992, "Word problems and equations: an historical activity for the algebra classroom." *The Mathematical Gazette* 76 (March) 69 – 84.

[4] Tymoczko, T.: 1993, "Humanistic and Utilitarian Aspects of Mathematics," in White, A. W. (ed.), *Essays in Humanistic Mathematics*, Washington, DC: The Mathematical Association of America, pp. 11 – 14.

[5] Vollrath, H. J.: 1992, "About the appreciation of theorems by students and teachers," *Selected Lectures from the 7th International Conference on mathematics Education*, Quebec: University of Laval, pp. 353 – 363.

부 록

부록 A

Card Ⅰ. Regula Falsi 방법

주제: 방정식의 풀이

다음 문제는 고대 이집트에서 나온 문제입니다(Rhina Papyrus, 2000 BC):
어떤 수와 그 수의 1/7의 합이 16과 같다. 그 수를 계산하시오.

그 해는 파피루스에 말로 설명됩니다:
그 수가 7이면 7의 1/7은 1이고 7에 1을 더하면 8이 되어 답은 8입니다. 2에 8을 곱하면 16이 되고 그래서 해는 2(조정인수)와 7(추측)을 곱한 값입니다.
이것이 Regula Falsi 방법입니다.

과제:

1. a. 이집트인의 방정식을 적으시오.
   b. 주어진 답이 옳은지 확인하시오.

2. 방정식을 푸는 이 방법은 중세에도 사용되었고 피보나치(12세기)의 Liber Abaci라는 책에도 있습니다. 그 책에는 다음과 같은 문제가 있습니다.

어떤 상인이 사과 7개당 1dinar씩 지불하고 얼마만큼의 사과를 샀다. 그는 다음날 사과 5개당 1dinar씩 받고 사과 모두를 팔았다. 상인의 순이익은 12dinar이었다. 이 상인은 처음에 사과의 값을 모두 얼마 지불했는가?

a. 우리는 x를 구할 양으로 사용해서 방정식 __________을 해결해야 합니다.
b. 위에서 말한 방법을 사용해서 방금 쓴 방정식을 푸시오.
   추측 :
   결과 :
   이 방법에 따른 해 :

확인 :

3. 같은 방법을 사용해서 다음의 방정식을 푸시오:

a. $x+\frac{x}{3}=24$

추측 :

결과 :

이 방법에 따른 해 :

확인 :

b. $2x+\frac{5x}{3}=33$

추측 :

결과 :

이 방법에 따른 해 :

확인 :

c. $x+4x=12$

추측 :

결과 :

이 방법에 따른 해 :

확인 :

4. a. 위의 모든 방정식에 대해 그 방법이 적당합니까?

b. 답은 추측에 의존합니까?

c. 이 방법은 어떤 일차방정식에 적합합니까?

d. 이 방법은 어떤 방정식에 적합합니까?

e. 이 방법이 왜 고안되었다고 생각합니까?

▌부록 B

Card II: 이중 임시위치법

주제: 방정식의 풀이

방정식을 푸는 다음의 방법은 중세에 사용된 것입니다. 이것은 이중 임시위치법이라 불립니다. $5x+10=22$와 같은 방정식을 풀기 위해서는 먼저 식을 $ax+b=0$의 형태로 바꾸어야 합니다. 이 경우에는 $5x-12=0$입니다.

• $x=1$이라고 추측한다면, 0이 아니라 -7을 얻게 됩니다(-7은 $5x-12$에 1을 대입해서 나온 것입니다).

• x에 5를 대입하면, 0 대신 13을 얻게 됩니다.

이중 임시위치법을 사용할 때, 방정식 $5x-12=0$의 해는 $x=\dfrac{1\cdot 13-5\cdot(-7)}{13-(-7)}$입니다.

과제:

1. 해가 옳은지 확인하시오.
2. 고대의 수학문제는 많이 있습니다. 1484년 Chuquet가 쓴 문제 모음에는 다음의 문제가 있습니다.

어떤 상인이 3개의 시장에서 장사를 했다. 첫 번째 시장에서 돈을 두 배로 벌고 30프랑을 썼다. 두 번째 시장에서 그는 돈을 세 배로 벌고 54프랑을 썼다. 세 번째 시장에서는 돈을 4배로 벌고 72프랑을 썼다. 결국 그는 48프랑이 남았다. 그는 처음에 얼마의 돈으로 장사를 했을까?

a. 처음에 가진 돈을 x라 하고 방정식 ______________을 풀어야 합니다.

b. 위에서의 방법을 사용해서 방정식을 푸시오.

추측 #1 :

결과 :

추측 #2 :

결과 :

이 방법에 따른 해 :

확인 :

3. 같은 방법을 사용해서 다음의 방정식을 푸시오.

a. $x+\frac{x}{3}=24$

추측 #1 :

결과 :

추측 #2 :

결과 :

이 방법에 따른 해 :

확인 :

b. $x+4x=12$

추측 #1 :

결과 :

추측 #2 :

결과 :

이 방법에 따른 해 :

확인 :

4. a. 위의 모든 방정식에 대해 이 방법이 적당합니까?

b. 답은 추측에 의존합니까?

c. 이 방법은 어떤 일차방정식에 적합합니까?

d. 이 방법은 어떤 방정식에 적합합니까?

e. 이 방법이 왜 고안되었다고 생각합니까?

수학과 수학사: 교육적 협력

Maxim Bruckheimer & Abraham Arcavi
Weizmann Institute of Science Rehovot, Israel

서 론

우리는 약 25년 전 (Popp(1975)의 도입부에서) "우리는 어떤 수준에서든 평소에 가르칠 때 수학사를 거의 사용하지 않는다. 그러나 수학사를 효과적으로 활용할 수 있기 전에, 기초 '사실'에 대한 폭넓은 지식이 있어야 한다. 그리고 나서 수학사를 수학 교수-학습의 일반적인 과정으로 통합·사용하는 다음 단계로 나아갈 수 있다."고 썼다.

그때 우리에게 수학사는 수학 교육에서 그럴만한 가치 있는 위상을 차지하지 않았던 것 같다. 따라서 우리는 학교 교육과정 상의 주제 중 일부에 대한 역사의 기본적인 것을 제공하는 짧은 문단으로 시작하는 것이 적절하다고 생각하였다. 그것이 다음에서 설명할 장기간에 걸쳐 진행 중인 프로그램의 첫 단계였다.

우리의 연구는 지원을 받는 대규모 수학 교육과정 개발 프로젝트의 무지원의 동반자로서, 제몫을 하는 프로그램이라기보다 낮은 지위에 처하게 하는 몇 가지 객관적인 제약으로 어려움을 겪었다. 그럼에도 불구하고 다음의 이유에서 하나의 프로그램이라 불릴 수 있다:

• 수학 교육에서 수학사의 활용에 대한 근거에 기초한다.

- 내적 일관성이 있다.
- 상당한 양의 자료를 산출하였다.
- 그 내용이 진행 중인 대규모 교육과정 개발 프로젝트와 밀접하게 관련된다.
- 이스라엘의 공식 교수요목을 공부하는 중학생(7~9학년)이라는 특정 대상을 목표로 한다.
- 교사와 학생, 양자의 필요와 관심에 역점을 둔다.
- 산출물을 교사 교육 및 교실에서 시행·배포하는 것을 포함한다.
- 지속되고 있다.

다음 설명은 전체 프로그램에 대한 개관이며, 이미 특정 주제의 세부 사항에 대해서는 이미 출간된 보고서를 참조할 수 있다. 교사를 위한 수학사와 학생을 위한 수학사의 두 주요 부분으로 나누어 설명하겠다.

교사를 위한 수학사

우리의 출발점은 교사가 수학사를 연구함으로써 이점을 얻을 수 있다는 문헌상의 주장과 일치하는 직관적인 가정에 기초하였다. (예컨대 MAA 보고서(1935), 영국 교육부 보고서(1958), Barwell(1913), Jones(1969), Shevchenko(1975), Grattan-Guinness(1978), Rogers(1980), Struik(1980), Arcavi 외(1982) 같은 다수의 개인 논문을 보라.) 나중에, 몇 가지 초기 주장과 직관을 경험적으로 확인하였고, 또한 아래에서 보듯이 목표 중 일부를 세분화하고 재정의하였다. 교사와 함께 한 우리 연구의 주요 특징은 연구에 앞서 수립한대로 다음과 같다.

활동적 참여

포프(Popp)의 책(1975)은 그 자체가 주로 교사를 위한 것이고 "기초 사실에 대한 폭넓은 지식"을 창출하기 위해 읽도록 고안되었다. 그러나 (학생과 뿐만 아니라) 교사와의 역사적 연구에 대한 우리의 개념은 좀 더 "워크숍"에 가까운 것이었다. 거기서 교사는 읽고 활동한다. 그러므로 읽기는 그 자체로 끝이 아니라, 오히려 수학을

"하기" 위한, 그리고 말과 글로 토론하기 위한 기초 자료이다. 우리의 목표는 "해보고" "의사소통"함으로써 학습이 이루어져야 한다는 것이었고 지금도 그렇다.

"개념적" 역사

우리는 가능한 한 수학적 주제의 발달사에 중점을 두기로 결정하였다. 다시 말해 어떤 개념이나 아이디어의 발달과 수학자들이 과거에 그것에 접근한 여러 가지 방법, 어려움, 기호화와 형식화의 점진적 과정 등을 (적어도 개괄적으로) 추적하기로 하였다. 시대, 전기적인 정보, 수학사적 맥락, 일화와 같은 사실들이 포함되었지만, 역사적 문헌 개발에 그 자체로 중요하고 "개념" 발달에 필요한 배경으로서이지 주요 목적으로서는 아니다. 이러한 사항은 나중에 음수 활동지의 내용을 설명할 때 예시될 것이다.

적절성

우리가 대상으로 삼은 교사 집단(국가 교수요목에 따라 가르치는 7~9학년 교사)이 설정된 후, 우리는 그 교사들이 가르치는 교수요목에 중심이 되는 수학 주제에 초점을 맞춘다면 수학사 연구가 적절하고 동기화시키는 경험이 될 것이라고 생각하였다. 더욱이 그들이 연구하는 것은 교실에서의 활동에 잠재적으로 적용가능해야 한다. 따라서 우리는 엄격하게 수학적 목표를 추구할 수 있었다—어떤 주제의 세부 사항에 대한 교사의 이해를 깊게 하고 심지어 잘못 이해할 수 있는 부분을 언급하는 것. 우리가 보기에 적절성은 교수학적 목표와도 관련된다—주제에 대한 다양한 접근을 논하고 학생이 겪을만한 어려움(이는 어떤 경우에는 그 주제의 역사에서 발견되는 것들과 유사할지 모른다.)을 교사가 인식하는 것.

우리가 적절성을 필요 조건으로 삼았다할지라도 충분조건은 아니었다. 적절한 주제 중에서 우리가 선택한 주제는 읽을만한 사료(아래를 보라.)를 발견한 것과 그 역사가 위에 서술한 수학적·교육적 목표에 잘 부합되는 동시에 너무 복잡하지 않은 것이다.

1차 사료

우리는 1차 사료를 중심으로 워크숍을 계획하기로 결정하였다. 1차 사료의 기호와 언어 및 접근법은 과거의 참된 풍미를 제공할 뿐만 아니라 역사, 바로 그 자료와의 중재되지 않은 만남의 기회를 제공한다. 더욱이 많은 경우에 2차 사료는 문제점을 지닌다[예를 들어, May(1975), Bruckheimer & Arcavi(1995a)].

그러나 1차 사료는 종종 해독이 어렵다. 따라서 길이와 내용 복잡성을 고려하여 선택하는 데 만전을 기하였다. 게다가 다음에서 설명하는 대로, 이 사료를 읽을 수 있도록 하기 위해 활동지를 고안할 때 상당한 노력을 기울였다.

1차 사료는 우리가 익숙한 것과 다른 수학적 사고와 의사소통 방법에 대한 이해를 강화하기 위해 이용될 수 있다는 점에서, 1차 사료를 공부하는 것으로부터 상당한 교수학적 이점을 얻을 수 있다. 선택된 수학 주제는 교사들이 알고 있는 것이고 (위의 적절성), 교사들은 옳고 타당하지만 다른 접근을 당면하고 있음을 알기 때문에, 의미있는 문장을 이해하기 위해 그들 자신의 관점을 잠시 접어두어야 한다. 우리는 이런 종류의 활동이 종종 충분히 연습된다면 교사로 하여금 학생들이 말하는 것 중 많은 것에 있는 일관성, 구조, 심지어 "올바른" 개념화를 찾는 데 민감하게 할 수 있다고 믿는다.

교사로서 우리는 학생이 우리가 기대하는 노선을 정확하게 따르지 않을 때 매우 종종, 그리고 매우 성급하게 학생의 주장을 염두에 두지 않는 경향이 있다. 학생들이 말하는 것에 귀기울이는 것을 배우려면 사료를 읽고 이해하려 노력하는 것을 통해 연습할 수 있는 일종의 탈중심화를 필요로 한다.

활동지

세 가지 계열의 활동지를 만들었다. 음수(Arcavi et al., 1982), 무리수(Arcavi et al., 1987), 일·이차방정식(Arcavi, 1985)이다.

몇 가지 예외가 있지만 각 활동지는 장면을 세우고 역사적인 정보를 제공하기 위한 도입에 이어 나오는 1차 사료에서 인용한 하나 이상의 짧은 인용문에 기초한다. 인용문에 이어 읽는 데 초석이 되는 안내 질문이 뒤따른다. 익숙하지 않은 (또는 모호하기조차 한) 언어와 기호에 대한 어려움을 극복하는 것을 돕기 위한 질문이 있고, 그 다음, 수학을 그 인용문의 예나 다른 예에 적용하기 위한 질문이 있으며, 마지막으로 오늘날 그것에 대해 우리가 "아는" 것과 비교할 때 관련된 수학에 대한 질문이 있다[예를 들어, Arcavi & Bruckheimer(1991)].

활동의 정렬된 기록, 활동지에 있는 아이디어에 대한 광범한 종합 토론, 부가적인 역사적 정보를 제공하기 위해 우리는 자세한 답지를 마련하였다.

음수의 역사에 대한 활동지 사례를 부록에 실었다: "비에트(François Viète)". 세 가지 계열의 활동지의 내용은 다음과 같다(각각은 답지를 수반한다).

음수

1. 도입
2. 비에트(부록 참조)
3. 데카르트(René Descartes)
4. 음수를 사용할 때 생기는 모순
5. 손더슨(Nicholas Saunderson)
6. 오일러(Leonhard Euler)
7. 프렌드(William Frend)
8. 피코크(George Peacock; Arcavi 외(1982)에 소개)
9. 수학에 음수의 형식적 도입
10. 정리

무리수

1. 피타고라스학파
2. 유클리드와 원론
3. 16, 17세기의 무리수
4. 봄벨리(Rafael Bombelli; Arcavi & Bruckheimer(1991)에서 자세히 논의됨)
5. 손더슨
6. 데데킨트(Dedekind)와 무리수의 정의

일차방정식과 이차방정식

1. 린드파피루스
2. 가정법
3. 바빌로니아 수학
4. 유클리드(Euclid)와 원론(Elements)
5. 알콰리즈미(Al-Khwarizmi)

음수 계열에 대한 다음 설명은 이 계열상의 개념적 이야기를 예시한다. 음수의 개념은 적용 맥락에서 필요로부터(예: "도입"에서 다루어지는 대로 빚 등을 위한 모델로서), 또는 이전 아이디어의 확장에 의해(예: 활동지 "데카르트"에서도 다루었듯이 방정식 해법에서의 일반화) 생겨났다. 그 과정에서, 다음과 같은 시도가 있었다. ⅰ) 음수와 비 개념 사이에 드러나는 모순을 처리 (활동지 "음수를 사용할 때 생기는 모순"에서 다룬 대로), ⅱ) 연산 법칙을 확장하고 정당화 (활동지 "오일러"와 "손더슨"에서처럼), ⅲ) 모든 음의 것과 결과적으로 그것을 적절하게 정의하려는 시도를 거부(활동지 "프렌드"와 "피코크"에서처럼). 형식적인 정의는 수학화하고 "느슨한 종말을 확고히 할" 필요에서 생겨난다(활동지 "수학에 음수의 형식적 도입"에서 다룬 대로).

실행

일련의 활동지는 먼저 예비교사 워크숍에서 사용되었다. 간단한 소개 후(이때 우리는 그들에게 설문지를 완성할 것을 요구하였고 때로는 참여자들과 역사에 관한 자신의 이전 경험에 대해 대화를 나누었다.) 첫 번째 활동지를 배부하고 교사들로 하여금 소집단 활동을 하도록 하였다. 그들이 하는 동안 우리는 경우에 따라 끼어들어 부가적인 질문을 하거나 필요하다면 도움이 될만한 힌트를 제공하며 그룹 사이를 순회하였다. 교사 대부분이 끝마쳤을 때 전체적인 논의를 위해 소집하였고, 이어 답지를 배부하여 다음 활동지로 넘어가기 전에 읽도록 하였다. 그 계열이 끝날 때 일반적인 요약을 하고 다른 설문지를 완성할 것을 요구하였다.

이 첫 경험에 이어 이 자료를 사범대의 예비 교사 과정 및 수학과 학부생을 위한 과정으로 확장하였다. 자료의 형식(질문, 활동 문제 및 답지)을 고려할 때 그 자료들이 원거리 학습에도 적합하다는 것을 깨달았다. 따라서 통신 수업을 하여, 참여자들이 우리에게 보낸 답과 풀이에 코멘트를 써주었을 뿐 아니라 우리가 마련한 답지를 참여자들에게 보냈다. 최근에는 음수 계열이 또 다른 원거리 학습 장치인 인터넷용으로 채택되고 있다. 이 환경의 이점 중 하나는 하이퍼텍스트로, 참여자들이 자신의 필요와 시간에 따라 역사적 정보와 수학적 정보에 접근할 수 있다는 것이다. 첫 번째 시도가 순탄하게 진행 중이다.

몇 가지 결과

이 경험에 대한 교사들의 반응은 호의적이었다. 모든 워크숍과 수업이 성황을 이루었고(30 내지 50명의 참석자), 자료는 이스라엘의 여러 사범대에서 사용되고 있다. 또한 비형식적인 피이드백과 함께 외국에서 요청도 받았다.

위에서 말한 대로 우리는 수업 전후에 설문지 형태로 교사의 견해와 지식에 대한 몇 가지 자료를 수집하였다. 이 자료의 요약은 Arcavi 외(1982, 1987) 등에 실려있다. 여기서는 특히 시사하는 바 있는 몇 가지 사항만을 보도록 한다.

음수에 대한 수업을 시작하기에 앞서 참여자들에게 주어진 질문 중 두 가지이다:

Ⅰ. 음수가 형식적으로 정의된 것은 언제인가?
- a) 기원전(바빌로니아, 그리스 등)
- b) 중세 초기(인도, 아랍)
- c) 1300~1600(유럽)
- d) 1600~1800(유럽)
- e) 1800~1900(유럽)

Ⅱ. 수학자들이 음수를 자유롭게 사용하기 시작한 것은 언제인가?
- a) 기원전(바빌로니아, 그리스 등)
- b) 중세 초기(인도, 아랍)
- c) 1300~1600(유럽)
- d) 1600~1800(유럽)
- e) 1800~1900(유럽)

일반적으로 두 질문에 대한 처음 반응은 “잘 모르겠다” 아니면 “확실치 않다”였다. 우리는 참여자들에게 추측해보도록 격려하였다. 많은 참여자들이 음수의 출현을 실제보다 훨씬 더 이른 시기에 대응시켰다. 그러나 매우 흥미로운 것은 많은 참여자들이 ‘자유로운 사용’보다 형식적인 수학적 정의에 더 이른 시기를 대응시켰다는 점이다. 우리는 이 사실을 교사들이 수학과 수학적 아이디어의 발달을 대부분 교수 실제 및 교육과정 체계라는 렌즈를 통해서 보고 있음을 지적하는 것으로 해석하였다. 다음은 그들의 관점의 근간을 이루는 평범한 가정으로 간주될 수 있다:

a) "초등학교 주제는 역사상 일찍이 나타났다 — 중등과 대학 주제는 훨씬 최근에 나타났다." 음수는 보통 초등학교 (또는 중학교 초기)에 지도된다. 학생들이 계산상 어려움을 겪을 수 있지만 음수는 실제로 초등 주제이다. 따라서 역사상 꽤 일찍 나타났을 것이다.

b) "먼저 개념을 정의하고 나서 그것을 활용한다." 많은 교실 관행 상 개념은 일반적으로 소개되거나 정의되거나 설명되고 나서야 연습된다. 이 '시기적 전후관계'를 개념 발달에 적용하면 음수의 형식적인 정의가 그것을 자유롭게 사용하는 것보다 앞선다는 것을 제안할 것이다.

실제로 다른 설명이 가능하다. 어떤 교사들은 형식적 정의가 무엇인지 충분히 알지 못한다든가, 질문이 주어진 순서가 답을 편향시켰다는 등이다. 그럼에도 불구하고 우리의 해석이 적어도 일부 참여자들에게는 타당하다고 생각하며, 워크숍 후에 실시된 설문에 대한 답에서 이를 확인하였다. 여기서는 "(a) 수학사 (b) 교수학 (c) 수학의 관점에서 볼 때 워크숍에서 무엇을 배웠는가?"라는 질문에 대한 답변 중 일부를 인용한다.

> 많은 경우에 개념의 사용이 그 개념을 정확하게 정의하기 위한 인간의 사고 가능성을 훨씬 앞선다는 사실에 대한 흥미로운 예
> 수학교육과 순수수학을 구분해야한다는 것이 분명해졌다.
> 공식에 대한 비형식적 설명은 매우 직관적이고 상식에 호소한다.
> 음수의 정의
> 나는 자연수로부터 정수로의 발달에 대해 알고 있었다. 그러나 확장의 필요성이 인식되었을 때조차 논쟁이 있었다는 것은 상상하지 못하였다.

이러한 발견으로 인해 우리는 수학과 수학적 활동에 대한 보다 적절한 관점을 제공하기 위한 방법으로서의 수학사의 목적을 추출할 수 있었다.

우리가 워크숍 경험의 결과로 재정립한 다른 목적은 교사로 하여금 수학을 하는 다른 방법을 알도록 하는 것과 관련된다. 설문지에 대한 반응에서 다음도 발견하였다. "나는 학생의 답이 소홀히 다루어져서는 안되며 학생의 답 모두를 결부시켜 설명해야 하고, 그에 대해 생각해보아야 하고, 그 이유를 찾아내야 한다는 것을 지지하게 되었다." 일부 교사는 기호와 정당화 방식이 오늘날과 매우 다른 1차 사료를 읽고 이해해야 함으로써, 수학을 하고 표현하는 특이한 방법에 대해 보다 민감하고 개방적이 된 것 같다.

마지막으로 수학적 성질에 대한 언어적 설명은 교수학적 호소력을 지니며 필요할 때 사용되어야 할 교사의 설명력을 강화시킬 수 있다.

이해와 덜 관련된 개발

일련의 활동지와 더불어 수학사는 분명하게 주요 요소는 아닐지라도 배경으로서 종종 많은 교사 재교육의 요소이다. 이 역할로서 우리는 수학사를 두 가지 방법으로 이용하였다:

1) 정리(또는 개념)의 이름 및 "오래된" 이슈 이면에 있는 인물 및 삶에 대한 정보로서 "수학사"
2) 수학적 발달과 교육적 발달을 고취하는 자료로서 "수학사"

1)의 사례는 다음과 같다. 컴퓨터 탐색을 통합하는 유클리드 기하에 대한 2주의 교사 워크숍이 끝날 무렵, 우리는 두 시간을 오일러 직선과 포이어바흐(Feuerbach) 구점원(nine-point circle)에 할당하였다. 도입과 결말에서 두 주제에 관한 역사를 논의했고 아래에 간단하게 설명한대로 오일러와 포이어바흐의 가족에 대한 일화적 자료를 포함하였다. 구점원의 중심은 구점원이 아직 밝혀지지 않았다는 이유 때문만이라도 오일러 직선 위에 있지 않았다. 포이어바흐 원은 그 위에 단지 6개의 점만을 가졌다.[1] 나머지 3개는 몇 년 앞서 이미 밝혀졌지만, 포이어바흐는 분명히 그에 대해 알지 못했다. 그럼에도 불구하고 우리는 포이어바흐의 아름다운 정리(삼각형의 포이어바흐 원은 그 삼각형의 내접원과 세 개의 방접원에 접한다.) 때문에 구점원을 포이어바흐 원이라 부르는 것(유럽 대륙에서 보통 알려진대로)에 찬성하였다. 포이어바흐 가문의 천재적이고 성공적인 가족들에 대한 약간의 것이, 칠판에 쓴 문제를 풀지 못하는 학생들을 참수하겠다고 위협하면서 칼을 뽑아든 교사 포이어바흐의 마지막 모습에 대한 이야기를 포함하여 그의 짧고 슬픈 삶에 대한 비애감을 부가한다. (예컨대 Guggenbuhl(1955)를 보라.) 이 주제에 대한 우아한 수학은 따라서 훨씬 더 매력적이고 생생하게 된다.

2)의 예는 분수, 특히 단위 분수에 관한 우리의 오래된 로망스와, $\frac{a}{b} \oplus \frac{c}{d} = \frac{a+c}{b+d}$ 로 정의되는 분수의 결합이다. 이것은 분명히 유리수(즉 분수의 동치류)에서 잘 정의된 연산이 아니다. 왜냐하면 같은 유리수에 대한 다른 표현(분수)이 다른 결과를

초래하기 때문이다(예를 들어 $\frac{1}{2} \oplus \frac{4}{7} = \frac{5}{9}$와 $\frac{1}{2} \oplus \frac{8}{14} = \frac{9}{16}$). 그러나 각각의 분수(여기서 $\frac{4}{7} \neq \frac{8}{14}$)에서는 잘 정의되고, "실제" 상황을 모델링한다. 예를 들어 하나는 희고 하나는 빨간 2개의 똑같은 정육면체가 있는 오른쪽 주머니에서 흰 정육면체를 꺼낼 확률은 $\frac{1}{2}$이다. 8개는 하얗고 6개는 빨간 14개의 똑같은 정육면체가 있는 왼쪽 주머니에서 흰 정육면체를 꺼낼 확률은 $\frac{8}{14}$이다. 그리고 하나의 모자에 모든 정육면체를 넣을 때 흰 정육면체를 꺼낼 확률은 $\frac{1}{2} \oplus \frac{8}{14} = \frac{9}{16}$가 된다.

연산 ⊕는 또한 ⊕로 결합된 두 분수 사이에 있는 수를 찾기 위한 유용한 기법이다. 슈케트(Chuquet)는 *Triparty*(2)에서 방정식의 근사해를 위해 ⊕의 이 성질을 이용하였다. 이 주제는 고대 이집트로부터 현대까지의 역사를 섭렵하도록 하며, 우리는 수학을 두루 포괄하였다.

이집트의 단위 분수와 린드 파피루스에 적힌 $\frac{2}{n}$의 표에 관해 교사와의 몇 가지 활동으로 시작하였다. 이는 Gillings(1972)와 Bruckheimer & Salomon(1977)을 거쳐 주어진 임의의 분수에 대한 무한개의 단위 분수 식 및 그러한 식을 얻기 위한 피보나치－실베스터(Fibonacci-Sylverster)(3) 알고리즘까지 이끌었다. 이 알고리즘은 직접적이고 "분명하다". 그러나 파레이(Farey) 수열 알고리즘은 훨씬 더 놀랍다. n차의 파레이 수열(4)은 분모가 n을 넘지 않고 정렬된 0과 1 사이의 기약 분수로 이루어진다.(5) 이 수열은 두 가지 기본 성질을 갖는다. 하나는 두 개의 인접한 분수의 차가 단위 분수라는 것으로, 바로 위의 알고리즘에서 필요로 하는 성질이다. 또 하나는 $\frac{a}{b}$, $\frac{c}{d}$, $\frac{e}{f}$가 파레이 수열에 있는 연이은 분수라면 $\frac{c}{d} = \frac{a+e}{b+f}$, 즉 위에서 정의된 분수의 결합이라는 것이다. 파레이와 이 수열에 대한 몇 가지 역사적인 배경을 제공하려고 노력하면서 우리는 한번 더 기원의 얽힌 이야기 뿐만 아니라(Bruckheimer & Arcavi(1995a)) 피크의 (넓이) 정리 및 파레이 수열의 성질에 대한 기하학적 증명을 포함하는 피크(Georg Pick: 1859～1943)의 뛰어난 논문을 알아냈다. 우리는 빠진 증명 중 일부를 첨가하였고 따라서 간단한 유클리드 기하를 대수에 흥미롭게 적용하였다(Bruckheimer & Arcavi(1995b)).

이것은 역사의 "메타 사용"이었다. 즉 자료 준비에 대한 배경으로 수행한 역사적 연구로 인해 자료 자체가 훨씬 더 흥미롭게 제시되었을 뿐만 아니라 그로부터 수학의 내적 연결이 고취되었다.

우리는 분수의 결합을 역사적인 π의 근사값(Bruckheimer & Markovits, 1986) 및 통계에서 심슨(Simpson)의 역설(Lord, 1990)과도 관련지었다.

이중 어느 것도 아직까지 앞서 묘사한 형태의 일련의 활동지로 작성되지 못했다. 그리고 다음 절에서 설명하는 대로 교실 수업을 위한 자료의 형태로도 작성되지 못했다. 그러나 양자를 위한 목표, 그리고 7~9학년 수준에서조차도 적절한 방식으로 볼 때 수학의 내적 연결성이라는 적어도 또 하나의 목표에 매우 공헌할 수 있을 것이 분명하다. 또한 많은 사람들이 학생들의 흔한 오류로만 간주하는(보통 그 오류에 대한 부적절하고 (비우호적인) 반응은 그것이 우리가 덧셈으로 기대하는 것과 모순됨을 보이는 예를 들면서 "그것은 덧셈 방법이 아니다"와 같은 것이다.) 분수의 결합과 같은 것이 역사적, 수학적으로 그렇게 풍부한 주제라는 사실이 주목할만하고 많은 교사들을 놀라게 했다.

교실에서의 수학사

우리는 오랫동안 교실 수업을 위한 수학사 자료의 형식과 씨름하였다. 이 분야에 관한 우리의 연구는 더 최근의 일이다. 정규 수학 교재에서 역사적 여담은 무시할 수 없는 흥미의 가치를 지니며 아마도 동기를 부여할 것이다. 수학 교실에서 동기부여와 흥미는 모두 그 자체로 언급될만 하지만 우리는 수학사가 그 이상을 제공한다고 생각한다.

달리 극단적으로, 전체 교육과정에 대한 통합된 역사적 접근이 많은 사람들에게 호소력을 지닐지라도 전체적인 것이라면 현 시점에서 실제적이지도 적합하지도 효율적이지도 않을 것이다. 따라서 우리는 비교적 짧은 (기껏해야 2~3교시) 역사적 "사례"를 교육과정과 밀접하게 연결지어 개발하기로 하였다. 그 하나가 Ofir & Arcavi(1992)에 개발 중의 형식으로 소개되었는데, "최종" 형식과 크게 다르지 않다.

이 역사적 사례는 교사와의 연구에서 매우 중요하였던 요소인 1차 사료의 활용(가능하다면)이나 "학습자"의 활동적 참여를 제거하지 않지만, 두 가지 요소 중 일부가 7~9학년의 요구 및 능력과 일치한다. 1차 사료는 매우 짧다. 종종 하나의 질문이나 서너 줄의 인용문이 전부이다. 전체란 교사 "주도적"임을 뜻하지만 직접 가르치지는 않는다. 오히려 교사는 거기서 장면을 연출하고 학급, 그러나 널리 퍼져있는 학생 활동과 더불어 아이디어와 문제를 논한다. 우리는 교사에게 활동 및 그 배경의 세부적인 글과 모든 예시적 자료를 OHP 필름으로 제공한다. 예시적 자료란 우리가 "벽보"(원문의 복제나 수학자의 사진과 같은 것)라 부르는 것이거나 활동의 중요한 부분(인용문, 문제와 그 답, 토론을 위한 주제)이다. 각 사건은 교육과정에 있거나 또는 관련된 아주 작은 주제에 초점을 맞추고 있다. 교사가 받은 꾸러미는 그것이 활동 자체뿐만 아니라 역사적, 교수학적 배경도 포함한다는 의미에서 "일체 완비된 것"이다.

교실 자료의 총체적인 목표는 수학 교육과정 상의 수학을 풍부하게 하고, 수학을 발달 과정 중의 역동적인 활동으로 소개하고, 교육과정 상의 주제를 이전 형식의 동일하거나 유사한 주제와 비교·대조함으로써 이해를 강화하고, 교육과정 자체를 역동적인 실체로 보는 것이다. 대부분의 학생들은 자신이 배우고 있는 수학이 항상 그러했고 앞으로도 그러할 것이라는 인상을 지니고 있다. 이러한 견해는 자신의 자녀들의 과제를 대면하게 될 한 세대 후에야 수정될 것이다.

지금까지 우리는 다음과 같은 다섯 가지 사례를 개발하였다:

- 고대 숫자와 수 체계
- 고대 이집트의 산술
- π와 원주율
- 문장제와 방정식
- 법 9를 이용한 검산법(casting out nines)

처음 두 사례는 우리와 매우 다른 수 체계 및 그 체계에서 수행된 연산 방법을 소개하고 논하며, 앞 절에서 설명한 분수 이야기의 초기도 다룬다. 여기서 구체적인 목표 중 하나는 우리의 십진 체계를 바빌론, 이집트, 로마, 마야와 같은 다른 수 체계에 비추어 (교육과정 자체도 다른 수 체계를 다루고 있지만 그보다 한층 심도 있게) 고찰하는 것이다. 장점을 지니지만 단점도 있을 수 있는 우리 십진 체계의 특성은 다른 체계와 비교할 때 더 명료해진다. 지금까지, 우리는 이 처음 두 사례에 대해 실행한 일화적 증거만 확보한 상태이지만 한 학생을 인용할 만하다. 그 학생은 이집트 곱셈 체계(우리의 십진 체계에도 적용될 수 있다.)—2배하고, 적절한 "2배들"을 선택하고, 더하기—에 대해 왜 전에 이 방법을 배우지 않았는지에 대한 논의로 교사를 끌어들일 정도로 놀랐다. 이 경우에 수학사는 동기 유발이나 흥미 이상이었다. 역사는 학생이 수학에 대해 말하고, 어떤 기수 체계의 특성과 편리함 및 산술 연산을 시행하기 위한 그것의 심오한 함의에 도전할 중요한 기회를 얻는 배경이었다.

수 π는 우리의 교육과정에서 불충분하게 취급되고 때로 잘못 이해된다. [예를 들어, Arcavi 외(1987)를 보라.] 그래서 "π와 원주율"은 그 외의 무엇보다 결함을 메운다. 우리는 바빌론, 그리스, 중국의 근사값을 고찰한다. 피타고라스의 정리가 종종 유용하게 적용되고 무리성은 비형식적인 토론을 위한 주제가 된다. 이 사례는 히브리 사료를 논하는 마지막 수업에서 특별한 지엽적인 흥미를 자아낸다. 예를 들어 성경에서 π는 분명히 3으로 간주되지만 다른 이론들이 있다. 그밖에 마이모니드(Maimonides)(6)의 12세기 문헌으로부터 인용문을 이용하면 그는 π가 무리수임을 분명히 "알고" 있었던 듯 하다.

"문장제와 방정식"은 Ofir & Arcavi(1992)에서 상세히 진술된다. 본질적으로 대수에서 $ax=b$를 푸는 것과 동치인 대수 이전의 문제에 대해 논의한다. 또 과거에 사용된 방법과 학생들이 최근에 배운 방법을 비교·대조함으로써 자신이 배운 방법을 명료하게 하고 보다 의미를 부여하도록 고안된다. 특히 "그 작은 x" 속에 들어 있는 거대한 힘이 무엇인지 보임으로써 대수 학습을 다른 관점에서 보는 것이 목표이다.

"법 9를 이용한 검산법"은 얼핏 보기에 놀라운 선택인 것 같다. 결국 교육과정에서 탈락된 많은 주제가 있고 이것은 단지 그 하나인 것 같다. 그러나 우리가 그 주제에 대해 연구하기 시작했을 때 그 풍부함과 교육과정과의 관련성에 놀라지 않을 수 없었다. 그것은 "여러분[학생]이 60여년 전에[아니면 더 일찍] 태어났더라면 어떻게 계산을 하고 있을지에 대한 이야기"라는 언급과 함께 활동을 시작한다. 그래서 그것은 시대에 뒤졌다는 의미에서만이 아니라 더 이상 사용하지 않는 방법이라는 점에서 "역사"이다. 활동은 이 경우에 1차 사료인 과거의 교재를 중심으로 조직되며, 교재는 뚜렷하게 변했고 변화하고 있음을 분명히 보여준다.

이 주제에는 많은 "좋은" 수학이 있고 또한 7~9학년의 한계 내에서 지도될 만큼 충분히 초보적이기도 하다. 그 내용에 대한 몇 가지 아이디어를 제공하기 위해 우리는 여기서 그에 대해 간단히 어느 정도 추상적인 설명을 할 것이다. (보다 자세한 것은 Bruckheimer 외(1995)에서 볼 수 있다.)

먼저, 주제 $a \pmod 9 \cdot b \pmod 9 = ab \pmod 9$ 및 ab의 계산을 검산하기 위한 그

활용을 중심으로 질문을 만든다. 다음 단계는 a (mod 9)를 찾기 위해 9로 나눌 필요가 없다는 것을 보이는 것이다.—그것은 a(필요하다면 mod 9)의 자릿수를 더함으로써 찾을 수 있다. 그래서 이름이 "법 9를 이용한 검산법(casting out nines)"이다. 우리는 전적으로 보다 앞선 세기로부터 문헌을 인용한다. 인용문은 보통 학생들로 하여금 시험, 토론, 정당화하거나 반대할 것이 요구되는 명제이다. (종종 원문에 없는 것도 있다.)

일단 방법이 이해되고 정당화되고 나면 그 신뢰성에 대해 의문을 갖는다. 이 방법은 정확성을 검사하기 위한 필요 조건이긴 하지만 충분 조건은 아니다. 우리는 이를 증명하기 위해 틀렸지만 이 방법에 의해 옳다고 판정되는 계산을 제시하는 분명한 방법을 이용한다. 이것은 어떤 종류의 오류가 감지되지 않고 남아 있는지에 대한 질문으로 이끈다.—예를 들어, 두 자릿수를 서로 바꾸는 베끼기 오류나 긴 곱셈을 할 때 행의 잘못된 위치 잡기 등. 이 활동에서 우리는 법 9를 이용한 검산법이 단순함의 장점을 지니지만 완전히 신뢰할 수는 없다고 결론 내리게 된다. 그리고 나서 새로운 문제를 제기한다. 아마도 9 외의 다른 수로 같은 아이디어를 이용하면 단순성에 있어 크게 뒤지지 않으면서 보다 신뢰할만한 검사 방법을 제공할 것이다. 토론을 이끌기 위해 해톤(Hatton)의 *Intire System of Arithmetic* (1731, p. 54)에서 적절한 1차 사료를 발견하였다.

> 내가 다른 곳에서 증명하였듯이 법 9를 이용한 검산법에 의해 곱셈을 검산하려는 것은 잘못이다. 왜 그 작용까지도 입증하는 2나 그 밖의 숫자보다 큰 9로 나누는가? 그러나 가장 쉬운 방법은 인수들을 10으로, 나머지들의 곱을 10으로 나누는 것이다. 이는 곱을 10으로 나눌 때와 같은 나머지를 남길 것이다.

2와 10으로 검사하는 것이 실제로 간단하다. 그러나 그것이 얼마나 신뢰할만한가? 여기에 풍부한 교실 자료가 있다. 특히 마지막 수업은 7(이는 간단하지는 않지만 어떤 의미에서 더 신뢰할만하다.)과 11(이는 간단하고 9 이상은 아닐지라도 적어도 9 만큼은 신뢰할만하다.)을 이용한 검사를 고려한다. 그런데도 11은 결코 주목받지 못하였다. 활동에 대한 부록은 9나 11로 나눌 때의 나머지만이 아니라 나누지 않고 몫을 찾는 방법에 대한 훌륭한 1차 사료—도지슨(Rev. C. L. Dodgson)이 *Nature*에 보낸 편지—를 제공한다.(7) 흥미로운 역사적인 단편이다.

후 기

우리는 정보와 지식에 대한 접근이 중요하고 신속한 변화를 겪고 있는 시대에 살고 있다. 우리가 처리할 필요가 있는 지식의 양은 그리 멀지 않은 과거에 비해 훨씬 많다. 결과적으로, 일반적으로는 교육, 특히 수학교육은 특정 내용보다는 발전적인 주제를 다루는 전략, 도구, 발견술, 태도 쪽에 더 초점이 맞춰지고 있다.

이러한 경향은 *Professional Standards for Teaching Mathematics* (NCTM, 1991)에 명시되어 있다. 그에 따르면 수학 교육에서 주요 변화 중 일부는

- 기계적으로 답을 찾는 것
- 단순히 절차를 암기하는 것
- 수학을 고립된 개념 및 절차로 다루는 것
- 정답에 대한 유일한 권위로서의 교사

로부터

- 추측, 발명 및 문제해결
- 수학적 추론
- 수학과 그 아이디어를 연결
- 정당화로서의 수학적 증거

로의 이동이다.

*Standards*는 교실에서 합법적으로 제기되어야 할 뿐만 아니라 일상적인 관행이 되어야 하는 질문으로써 이 이동을 진행시킨다. 예를 들어, "너는 동의하니?", "같은 답을 얻었지만 그것을 다른 방법으로 설명해볼 사람?", "네 풀이법과 제 풀이법이 뭐가 같고 뭐가 다르지?", "그들이 말하고 있는 것을 이해하니?", "그것은 의미 있는가?", "그것은 항상 성립하니?", "반례를 들 수 있니?", "어떤 가정을 하고 있지?", "이것이 저것과 어떻게 관련되지?" 등등.

우리가 개발한 역사적 자료는 이러한 정신을 공유한다. 이런 유형의 질문은 학생 및 교사를 위한 자료 모두에서 풍부하다. 그러므로 우리는 역사가 이제 아마도 이전에 그러했던 것보다 훨씬 많이, 위의 목표를 추구하는 교육 자료를 지속적으로 개발하기 위한 풍부한 자료임을 굳게 믿는다.

활동지: 비에트

비에트(François Viète, 또는 라틴어로 Franciscus Vieta)는 프랑스인으로, 1540년에 태어나서 1603년에 죽었다. 법학을 공부했으며 생애 대부분을 공공사업에서 일했고, 여가 시간은 수학에 투자했는데 수학으로 인해 명성을 얻었다. 그는 대수와 기하에 대한 책을 썼으며 중요한 저서로 1591년에 출간된 *In Artem Analyticem Isagoge*(해석학 입문)가 있다.

비에트의 개혁 중 하나는 변수뿐만 아니라 계수를 위한 문자의 사용이다. 따라서 일반적인 대수적 형태를 다루는 것이 가능해졌다. 그의 저서에 나오는 표기는 오늘날 사용하는 것보다 더 복잡하지만, 대수의 진보에 대한 그의 기여는 높이 살 만하며 따라서 "현대 대수의 아버지"라 불린다.

다음은 위 책에서 인용한 것이다. 클라인(J. Klein)의 영역판 *Greek Mathematical Thought and the Origin of Algebra*(MIT press, 1968)에서 인용하였으며, 이 책에서는 비에트 및 수학에 대한 그의 기여에 대해 세부적인 것까지도 좀 더 알 수 있다.

법칙 Ⅱ

두 수의 뺄셈

두 수 A와 B가 있어, A가 B보다 크다고 하자. 큰 수에서 작은 수를 뺀다고 하자. …뺄셈은 더 큰 수에서 작은 수를 분리하거나 제거하는 부호에 의해 적절히 실행될 수 있다. 그렇게 분리되면 A "빼기" B일 것이다.…

빼는 수 자체가 어떤 수와 더해져 있어도 달리 될 것은 없을 것이다. 왜냐하면 전체와 부분이 별도의 법칙으로 판단되지는 않기 때문이다. 따라서 "B '더하기' D"를 A에서 빼면, 나머지는 "A '빼기' B, '빼기' D"로, B와 D를 하나씩 빼면 된다.

그러나 D가 이미 B에서 빼져 있고 "B '빼기' D"를 A에서 빼야한다면 그 결과는 "A '빼기' B '더하기' D"일 것이다. 왜냐하면 전체 수를 뺄 때 빼는 수 B는 원래 빼야 했던 수보다 D만큼 크기 때문이다. 그러므로 그 수 D를 더함으로써 보상되어야 한다. 하지만 해석학자들은 기호 −를 이용하여 제거의 수행을 나타내는 데 익숙하다…

그러나 어느 수가 더 큰지 작은지 언급되지 않을 때, 즉 더 작은 것이 결정되지 않을 때 뺄셈을 해야한다면 차의 부호는 =이다. 만약 "A 제곱"과 "B 평면"이 주어진 두 수라면 그 차는 "A 제곱=B 평면" 또는 "B 평면=A 제곱"이다.

법칙 II

두 수의 곱셈

두 수 A와 B가 있어, 두 수를 곱한다고 하자. … 그 곱은 예컨대 "B씩 A(A in B)"와 같이 단어 "씩(in)"이나 "부(sub)"로 적절히 표시될 것이다. 이것으로 하나의 수가 다른 수로 곱해진 것을 의미할 것이다.

그러나 곱해야 하는 두 수나 그 중 하나가 둘 또는 그 이상의 부호를 지닌다해도 연산에서 달라지는 것은 아무것도 없다. 전체는 그 부분들과 같기 때문에 따라서 어떤 수를 부분들로 곱한 것이나 전체로 곱한 것이나 같다. 그리고 어떤 수의 양의 부호가 다른 수의 양의 부호와 곱해질 때 그 곱은 양일 것이고, 음의 부호가 곱해질 때 그 곱은 음일 것이다.

법칙으로부터 또한 "$A=B$"에 "$D=G$"를 곱할 때처럼 음의 부호를 서로 곱하면 양의 곱이 나온다는 것이 뒤따른다…

…양의 A와 음의 G의 곱은 음이고, 이는 A가 부정확하게 곱해지는 양으로 제시되는 한 너무 많이 빼진 것을 의미하기 때문에…

…그리고 유사하게 음의 B와 양의 D의 곱은 음이고, 이는 다시 D가 부정확하게 곱해지는 양으로 제시되는 한 너무 많이 빼진 것을 의미하기 때문에… …그러므로 보상에 의해 음의 B를 음의 G와 곱하면 그 곱은 양이다.

질문

1. 법칙 II와 법칙 III의 공식을 모두 현대적 표기로 번역하시오.
2. 비에트는 공식 중 일부를 설명하고 있다. 이 설명을 당신(또는 당신이 사용하는 교재)이 하는 설명과 비교하시오.
3. 이 글에 따르면 비에트는 음수를 어떻게 간주합니까?
4. 그리스인들의 주요한 수학적 선입견은 기하적이었습니다. 그들은 법칙 III을 어떻게 증명(또는 정당화)하였을까요?

답지: 비에트

1. 법칙 Ⅱ

비에트	현대적 표기
"두 수 *A*와 *B*가 있어	$A,\ B$
*A*가 *B*보다 크다고 하자"	$A>B$
"…그리고 "*A* '빼기' *B*"일 것이다.."	$A-B$
""*B* '더하기' *D*"를 *A*에서 빼면 나머지는 "*A* '빼기' *B*, '빼기' *D*"…"	$A-(B+D)=A-B-D$
"그러나 *D*가 이미 *B*에서 빼져있고 "*B* '빼기' *D*"를 A에서 빼야한다면, 그 결과는 "*A* '빼기' *B* '더하기' *D*" 일 것이다…"	$A-(B-D)=A-B+D$
"*A* 제곱=*B* 평면" 또는 "*B* 평면=*A* 제곱"	$\|A^2-B\|$

법칙 Ⅲ

비에트	현대적 표기
"*B*씩 *A*"	$AB,\ A\cdot B,\ A\times B$
"그러나 곱해야하는 두 수나 그 중 하나가 둘	$A(B+C)$ 또는
또는 그 이상의 부호를 지닌다해도 … 어떤 수의	$(A+B)(C+D)$
양의 부호가 다른 수의 양의 부호와 곱해질 때	$\underline{A}(B\underline{+C})=AB\underline{+AC}$
그 곱은 양일 것이고 음의 부호가 곱해질 때	$\underline{A}(B\underline{-C})=AB\underline{-AC}$
그 곱은 음일 것이다."	

(참고: 법칙 Ⅱ의 문장으로부터, 이 문단에서 비에트는 자체로 독립적인 $-C$가 아

니라 $B-C$(또는 $B=C$)를 의미하는 것이 분명하다. 여기서 그는 "$-C$"를 이하에서 처럼 "음의 C"라고 부를 것이다.)

"$A=B$"에 "$D=G$"를 곱할 때처럼 $(A-B)(D-G)$

양의 A와 음의 G의 곱은 음이고… $\underline{A}(D\underline{-G})=AD\underline{-AG}$

음의 B와 양의 D의 곱은 음이기 때문에…" $(A\underline{-B)D}=AD\underline{-BD}$

(참고: "A가 부정확하게, 곱해지는 양으로 제시되는 한…"으로 비에트는 우리가 A가 아니라 A보다 작은 $A-B$로 곱해야 함을 뜻한다. 따라서 곱 $A(D-G)$는 "너무 많이 빼진다.")

"그러므로 보상에 의해 음의 B에 음의 G를 곱하면 그 곱은 양이다." $(A\underline{-B})(D\underline{-G})=AD-BD-AG\underline{+BG}$

(참고: 비에트의 정당화는 비록 크기에 대한 주장에 근거할지라도 양적이기 보다는 질적인 것 같다: 우리는 너무 많이 두 번 뺐고 그래서 뭔가 계속 더해야 한다. 그러나 그 "보상"이 정확하다는 분명한 정당화는 없다.)

2. 설명은 교재와 학생 수준에 달려 있을 것이다. 따라서 $A-(B+D)=A-B-D$는 예컨대 수직선에서의 이동이나 괄호 앞의 '−'를 −1을 곱하는 것과 같은 것으로 보아 분배법칙을 이용함으로써 정당화될 수 있다. 이 질문의 중요성은 여러 가지 접근에 대한 논의에 있다.

3. 질문 1의 답에 적힌 참고에 관한 것이지만, 여기서 다시 자세하게 다룰 것이다. 비에트의 인용문을 피상적으로 읽는다면 그가 음수를 다루고 있고 법칙 Ⅲ에서 부호 법칙을 "연역"하기까지 한다는 인상을 얻을지 모른다. 그러나 비에트는 다음에서 볼 수 있듯이 어떤 의미에서든 음수를 인정하지 않았다.

ⅰ) 뺄셈 "A '빼기' B"를 하기 위해 전자는 후자보다 커야 한다.

ⅱ) 어느 것이 큰 수인지 알지 못한다면 비에트는 두 수 중 더 작은 수로 뺀다는 것을 나타내기 위해, 즉 음의 결과를 얻는 것을 피하기 위해 특별한 기호 =를 사용

한다.

iii) 부호 법칙을 언급한다고 해서 음수를 인정하는 것을 뜻하지는 않는다.

그리스인들은 확장된 분배법칙(질문 4의 답을 보라.)을 알았고 두 빼는 수(음수와 대조적으로)의 곱의 결과가 빼는 것이 아니라 더해져야 한다는 것을 알았다. 따라서 부호 법칙의 사용이 음수의 수용을 의미하지는 않는다. 우리는 역사적인 1차 사료를 읽으면서 우리가 읽은 것에 정당화되지 않은 현대적인 의미를 첨가하지 않도록 주의해야 한다. 현대적인 기호의 강력함은 그 일반성이다. 그러나 비에트의 법칙 III이 $(A-B)(D-G)=AD-BD-AG+BG$의 형태로 쓰여진다는 것을 추론할 때 $A>B$, $D>G$라는 제약이 부과됨을 기억해야 한다.

4. 이 질문에 대한 답으로, 역사적으로 신뢰할만한 증명(다음 쪽을 보라.)이 아닌 오히려 오늘날 학교 교재에서도 볼 수 있는 다음과 같은 것이 기대된다.

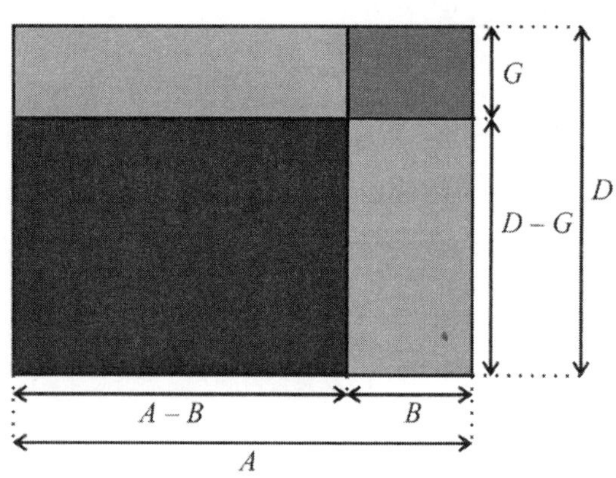

두 변의 길이가 $A-B$와 $D-G$인 직사각형의 넓이는 $(A-B)(D-G)$이다. 그러나 그림으로부터 이 넓이는 큰 직사각형의 넓이 $(A\times D)$에서 두 개의 직사각형 띠 $(A\times G$와 $B\times D)$의 넓이를 빼되 작은 직사각형 $(B\times G)$를 두 번 뺐으므로 그것을 한 번 다시 더하여 얻을 수 있다.

비에트는 디오판투스(Diophantus)(8)의 영향을 받았기 때문에 그리스인들이 그림으로 그렸던 것을 말과 "기초적인" 기호로 나타냈으며 따라서 기하로부터 분리된 대수의 위상을 마련하는 과정에 기여했다고 제안하는 것은 합리적일 듯하다.

오늘날 우리가 대수적인 결과로 간주하는 것에 대한 원래 증명을 음미하기 위해

유클리드의 원론 제2권 명제 7을 *Chales' Euclid*의 영역판 제7판(London, 1726, p. 106)에 나타난 대로 제시한다.

결과는 $a^2+b^2=2ab+(a-b)^2$(이때 a는 전체 선분이고 b는 첫 부분이다.)과 대수적으로 동치이다.

명제 VII

문제:

한 선분이 분할된다면, 전체 선분의 정사각형과 그 부분 중 하나의 정사각형의 합은 전체 선분과 그 한 부분으로 만들어진 직사각형 둘과 다른 부분의 정사각형의 합과 같다.

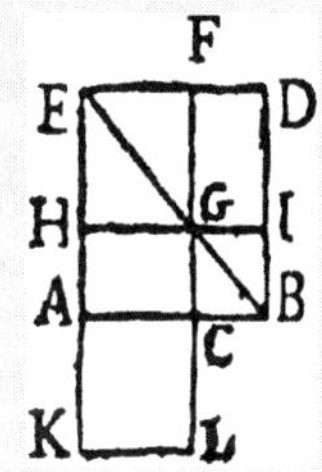

선분 AB를 임의로 C에서 나눈다고 하자. 선분 AB의 정사각형 AD와 정사각형 AL은 AB와 AC로 만들어진 직사각형 두 개와 CB의 정사각형의 합과 같을 것이다. AB의 정사각형을 만들고 대각선 EB와 CF와 HGI를 긋자. AK가 AC와 같도록 EA를 연장하면 AL은 AC의 정사각형일 것이고 HK는 AB와 같을 것이다. 왜냐하면 HA가 GC와 같고, 정리 4의 따름정리에 의해 CI는 CB의 정사각형이므로 GC가 CB와 같기 때문이다.

증명:

정사각형 AD와 AL이 직사각형 HL과 HD 및 정사각형 CI와 같다는 것은 분명하다. 그런데 직사각형 HL은 AB와 같은 HK, AC와 같은 KL로 만들어진다. 마찬가지로 직사각형 HD는 AB와 같은 HI, AC와 같은 HE로 만들어진다. 그러므로 AB의 정사각형과 AC의 정사각형은 AB와 AC로 만들어진 두 직사각형과 CB의 정사각형과 같다.

수치적 확인:

선분 AB는 9부분, AC는 4부분, CB는 5부분으로 이루어진다고 가정하자. AB 9의 제곱은 81이고 AC 4의 제곱은 16이다. 81과 16을 더하여 97이 된다. 이제 AB와 AC의 곱은 9의 4배인 36이고 이를 2배하여 72이다. CB 5의 제곱은 25이다. 72와 25는 더하여 역시 97이 된다.

▌참고문헌▐

[1] Arcavi, A., 1985, *History of Mathematics as a Component of Mathematics Teachers Background*, Unpublished PhD Thesis, Weizmann Institute of Science, Israel.

[2] Arcavi, A., M. Bruckheimer & R. Ben-Zvi: 1982, "Maybe a Mathematics Teacher can Profit from the study of the History of Mathematics," *For the Learning of Mathematics*, 3 (1), pp. 30－37

[3] ______: 1987, "History of Mathematics for Teachers: the Case of Irrational Numbers." *For the Learning of Mathematics*, 7 (2), pp. 18－23.

[4] Arcavi, A. & M. Bruckheimer: 1991, "Reading Bombelli's *x*-purgated Algebra," *College Mathematics Journal*, 22 (3), pp. 212－219.

[5] Barwell, M.: 1913, "The Advisability of Including Some Instruction in the School Course on the History of Mathematics." *The Mathematical Gazette*, 7. pp. 77－79.

[6] British Ministry of Education, 1958, *Pamphlet 36,* H.S.M.O., pp. 134－154.

[7] Bruckheimer, M. & Y. Salomon: 1977. "Some omments on R. J. Gillings's Analysis of the 2/n table in the Rhind Papyrus." *Historia Mathematica*, 4. pp. 445－452.

[8] Bruckheimer, M. & Z. Markovits: 1986, "Several Incarnations of McKay," *Mathematics Teacher*, 79 (4), 294－297.

[9] Bruckheimer, M. & A. Arcavi: 1995a. "Farey Series and Pick's area theorem," *The Mathematical Intelligencer*, 17 (4), pp. 64－67.

[10] ______: 1995b, "A visual approach to some elementary number theory," *Mathematical Gazette*, 79 (486), pp. 471－478.

[11] Bruckheimer, M., R. Ofir & A. Arcavi: 1995, "The case for and against casting out nines," *For the Learning of Mathematics*, 15 (2), pp. 24－35.

[12] Gillings, R. J.: 1972, *Mathematics in the Time of the Pharaohs*, MIT Press: Cambridge, MA.

[13] Grattan-Guinness, I.: 1978, "On the Relevance of the History of Mathematics to Mathematics Education," *International Journal of Mathematics Education in*

Science and Technology, 8, pp. 275 - 285.

[14] Guggenbuhl, L.: 1955, "Karl Wilhelm Feuerbach, Mathematician," *The Scientific Monthly*, 81, p. 71 - 76.

[15] Hardy, G. H. & E. M. Wright: 1945, *An Introduction to the Theory of Numbers*, Second Edition, Clarendon Press, London.

[16] Jones, P., 1969, "The History of Mathematics as a Teaching Tool," In *Historical Topics for te Mathematics Classroom*, Thirty First Yearbook, NCTM: Reston, VA, pp. 1 - 17.

[17] Lord, N., 1990, "From Vectors to Reversal Paradoxes," *The Mathematical Gazette*, 74(467), pp. 55 - 58.

[18] Mathematical Association of America (MAA), 1935, "Report on the Training of Teachers of Mathematics," *American Mathematical Monthly*, 42, pp. 57 - 61.

[19] May, K. O.: 1975, "Historiographic Vices. I. Logical Attribution," *Historia Mathematica*, 2, pp. 185 - 187.

[20] Ofir, R. and A. Arcavi: 1992, "Word Problems and Equations—An Historical Activity for the Algebra Classroom," *Mathematical Gazette*, 76 (475), pp. 69 - 84.

[21] Popp, W.: 1975, *History of Mathematics. Topics for Schools*, translated from the German by Maxim Bruckheimer.

[22] Rogers, L.: 1980, *Newsletter of the International Study Group on the Relationship between History and Pedagogy of Mathematics.*

[23] Shevchenko, I. N.: 1975, "Elements of the Historical Approach in Teaching Mathematics," *Soviet Studies in Mathematical Education*, 12, pp. 91 - 139.

[24] Struik, D. J.: 1980, "Why Study the History of Mathematics?", *The Journal of Undergraduate Mathematics and its Applications*, 1, pp. 3 - 28.

▌미주▐

(1) 옮긴이 주: 한 삼각형에서 각 변의 중점, 각 꼭지점에서 대변으로 내린 수선의 발, 각 꼭지점과 수심을 잇는 선분의 중점, 이와 같은 9개의 점이 동일 원주 상

에 있으므로 그 원을 구점원이라 하는데, 이 중 앞의 6개를 말한다.

(2) 원본 *Le Triparty en la Science de Nombres*의 연대는 1484년이다. 이 책은 제1절이 *Bullettino de Bibliografia e di Storia delle Scienze Matematiche e Fisiche Publicato da B.Boncompagni*의 XIII권에 나온 1880년까지 출간되지 않은 채였다. 최근에 원작 500주기를 기념하여 플레그사(Flegg)에서 영역판 Hay & Moss(1985)가 출판되었다.

(3) 또 기원에 대해 이상스럽게도 얽혀있는 이야기와 역사적으로 명칭을 붙이는 것에 대해 조사하는 것은 흥미롭다. 분명히 피보나치(Fibonacci: 1170～1250)는 알고리즘을 묘사하였고 실베스터(J. J. Sylvester: 1814～1897)도 700여년 후에 별도로 그리 하였다. 그 알고리즘은 "순전히 상식"이다. $\frac{a}{b}$를 단위 분수로 만들기 위해 $\frac{a}{b}$보다 작으면서 가장 가까운 단위 분수를 빼고, 그 나머지와 그런 식으로 하여 나머지가 단위 분수가 될 때까지 계속한다. 실베스터는 이 방법이 사실상 알고리즘임을 증명하였다.

(4) 그 수열에 영국 광물학자 파레이(J. Farey)의 이름을 붙인 사람은 코시(A. L.Cauchy: 1789～1857)가 분명하다. 코시는 *Philosophical Magazine* (1816)으로 전달된 한 편지의 번역본을 보았는데, 거기서 파레이는 증명 없이 그 수열의 한 가지 성질을 주목하였다. (그가 최초는 아니라는 의미이다.) 코시는 파레이의 편지로부터 추측을 인용하여 증명하였고 그때부터 그의 이름이 남게 되었다.

(5) 옮긴이 주: 임의의 정수 n에 대한 파레이 수열은 $0 \le a \le b \le n$이고 $(a, b)=1$인 기약분수 $\frac{a}{b}$의 크기 순으로 정렬된 집합이다. 예컨대 다음과 같다.

$$F_1=\left\{\frac{0}{1}, \frac{1}{1}\right\}$$
$$F_2=\left\{\frac{0}{1}, \frac{1}{2}, \frac{1}{1}\right\}$$
$$F_3=\left\{\frac{0}{1}, \frac{1}{3}, \frac{1}{2}, \frac{2}{3}, \frac{1}{1}\right\}$$
$$F_4=\left\{\frac{0}{1}, \frac{1}{4}, \frac{1}{3}, \frac{1}{2}, \frac{2}{3}, \frac{3}{4}, \frac{1}{1}\right\}$$
$$F_5=\left\{\frac{0}{1}, \frac{1}{5}, \frac{1}{4}, \frac{1}{3}, \frac{2}{5}, \frac{1}{2}, \frac{3}{5}, \frac{2}{3}, \frac{3}{4}, \frac{4}{5}, \frac{1}{1}\right\}$$

(6) 옮긴이 주: 1138년 코르두(Cordoue) 태생의 유태계 학자이자 사상가

(7) 옮긴이 주: 1897년에 보낸 편지로, 주어진 수를 9로 나누어 보지 않고도 그 몫을 구하는 방법은 다음과 같다. 주어진 수 아래 선을 그은 다음, 일의 자리 밑에 이미 알고 있는 방법으로 구한 9로 나눈 나머지를 쓴다. 그 다음, 각 자리마다 아래에서 위로 빼 나가면서 그 나머지를 다음 자리에 쓴다. 그런 식으로 계속하여 구한 선 아래 쓰인 수에서 가장 오른쪽의 9로 나눈 나머지를 제외한 수가 바로 구하는 몫이다. 예컨대 753096을 9로 나눈 몫을 구하기 위해 아래와 같이 쓰는 것이다. 나머지 3을 일의 자리에 놓고 한 자리씩 나아가며 아래에서 위를 빼는데, 아래 수가 작으면 받아내림을 고려하여 13−6, 16−9, 6−0, 6−3, 13−5, 7−7의 결과 7, 7, 6, 3, 8, 0을 왼쪽으로 써 나가는 것이다. 그리하여 몫 83677을 얻는다. 마찬가지로 946138을 9로 나눈 몫은 105126, 583173의 몫은 64797이다.

753096	946138	583173
836773	1051264	647970

(8) 알렉산드리아의 디오판투스는 3세기 인물이다. 클라인(M. Kline)의 *Thought from Ancient to Modern Times* (Oxford University Press, 1972)에 따르면 "알렉산드리아 그리스 대수의 정점은 디오판투스에 이른다." 현존하는 그의 저서는 분명히 불완전한 *Arithmetica*이다.

PART V

수학사의 토픽들

메소포타미아인의 수학: 역사적 배경

Eleanor Robson

University of Oxford

서 론

내가 어렸을 때 학교에서 수메르(Sumer)[1]와 아카드(Akkad)의 점토판에 관한 필사술(筆寫術)을 배웠다. 상류가문에서 태어난 어떤 사람도 나처럼 쓸 수 없었다. 사람들이 필사술을 배우는 곳에서 나는 뺄셈, 덧셈, 산술, 그리고 회계를 완벽하게 배웠다.

대부분의 수학자들은 바빌로니아[2] 수학에 대해서 적어도 약간은 알고 있다. 특히, 설형문자라 불리는 낯선 쐐기 모양의 활자체로 된 60진법의 수체계, $\sqrt{2}$의 매우 정확한 근사값, 그리고 유명한 피타고라스 3쌍[3], 즉 플림프톤 322(Plimpton322)[4]에 대해서 알고 있다. 이런 종류의 정보는 대부분 수학사 책에 나타난다. 따라서, 이 논문의 목적은 다른 문헌에서도 쉽게 발견되는 사실들에 대해 말하려는 것이 아니라 수학의 배경과 정황—거의 5천년에 걸친 수학의 발전과 그러한 변화를 가져온 사회적인 힘과 환경에 대한 개요—을 제공하기 위해서다.

어느 시대와 어느 지역에 대하여 이야기를 시작할까? '메소포타미아'[5]는 그리스어로 '두 강의 사이'를 의미하고, 기원전 330년에 알렉산더 대왕이 정복한 이래 현재의 이라크에 속해있는 티그리스강과 유프라테스강 주변의 땅을 지칭해 왔다. 그러나 메소포타미아의 역사는 그보다 훨씬 더 이전으로 거슬러 올라간다. 메소포타미아는 기원전 5천 년경에 그 지역의 언덕과 산악 지대에 형성되었다. 최초의 문명화된 도시사회가 성장한 곳이 바로 이 곳이며, 기원전 4천 년 말에 우르크(Uruk)의 남부도시에서 문자가 발명되었다. 사실, 문자는 수학과 회계장부를 기록하기 위하여 만들어졌다. 이것이 이 논문의 첫 번째 부분의 주제이다. 기원전 3천 년이 경과하면서, 수를 세고 측정하는 체계는 차츰 고위 관료들의 요구에 따라 개정되었다. 두 번째 절에서 보여주겠지만, 이것은 결국 60진법 또는 60을 기초로 둔 수체계로 이끌었다. 이 60진법으로부터 시간, 분, 초를 세는 현대의 시스템이 얻어졌다.

기원전 2천 년 초에 수학은 단순한 실용성을 넘어섰다. 이 시기에 '바빌로니아의 수학'이라고 불리는 대부분의 책들이 만들어졌다. 하지만, 우습게도 이 책들은 실제로 바빌로니아에서 유래되었을 가능성은 거의 없는 것들이다. 기원전 2천 년 초의 도시는 물 속에 깊이 잠겨 발굴이 불가능하다. 이 논문의 3번째 부분에서는 그 당시 수학을 가르치는 방법과 수학이 그 기원으로부터 많은 변천을 겪게 된 이유에 대한 증거를 찾기 위해 필사학교에서 작성된 문서들을 살펴볼 것이다. 그러나 기원전 천 년 중반부터 그리스 점령기인 기원전 4세기 후—바빌론 도시로부터 수학이 알려진 때—까지 우리는 메소포타미아의 수학적 활동에 대해서 아는 것이 거의 없다. 이 논문의 네 번째 부분과 마지막 부분에서는 기록상의 이러한 커다란 공백이 존재한 이유—수학이 실제로 진전이 없었는지 혹은 우리가 명백한 증거의 결핍에 대한 다른 설명이 가능한지—에 대해서 살펴볼 것이다.

점토로 셈하기: 토큰으로부터 점토판까지

이제 처음부터 시작하자. 기원전 4천 년 중반에 티그리스-유프라테스 계곡에 인류가 최초로 거주했다. 소위 '비옥한 초승달 지대'라고 불리던 인근 언덕에서 2천 년에서 3천 년 동안 이미 농경생활을 해왔던 사람들이 처음에는 작은 마을에 거주하기 시작했고, 차츰 규모가 커지면서 세련된 중심 도시에 자리 잡기 시작했다. 이러한 도시 중 가장 크고 복잡한 도시가 유프라테스 강에 있는 우르크(Uruk)와 수와(Shaur)강에 있는 수사(Susa)였다. 이러한 도시 혁명이 일어나게 된 정확한 이유는 이 논문에서는 주된 관심사가 아니다. 수학사에서 더 중요한 것은 사회 조직의 거대한 변화가 가져온 그 결과이다.

토양은 비옥하고 강물은 풍부했지만, 남쪽 메소포타미아의 평야에서 살기에 환경적인 두 가지의 중요한 단점이 있었다. 첫째, 연간 강우량은 인공적인 관개시설 없이 농작물들을 재배하기에 충분하지 않았고, 이 지역은 또한 해마다 봄 수확기에 강물의 범람으로 인한 농작물의 파괴에 취약했다. 둘째, 이 지역에는 아주 제한된 종류의 천연자원만이 있었다. 금속, 광물, 돌, 견고한 목재와 같은 자원은 존재하지 않았으며, 단지 물, 점토, 갈대와 대추야자만이 있었다. 다른 원료들은 무역이나 정복을 통해서 들어 왔으며, 아껴서 사용하거나, 재활용해야만 했다. 따라서, 점토와 갈대는 일상생활의 주 원료였으며, 실제로 도시 전체가 점토 벽돌과 갈대로 만들어졌다. 관개 운하와 둑은 갈대를 넣어 보강한 점토로 만들어졌으며, 구운 점토로 낫과 같은 농기구를 만들려는 실험도 일부 행해졌다.

노동과 일용품을 관리하고 감시하는 것과 같은 도시사회의 일상생활에 이용 가능한 기술을 점토와 갈대가 결정하는 것은 그리 놀라운 일이 아니다. 물류를 관리하는 최초의 방법이 글자가 발전되기 수 천 년 전이나 앞선 초기 메소포타미아 정착시대부터 이용되었던 것처럼 보인다[Nissen, Damerow and Englund 1993: 11]. 그 방법은 기하학적이고 규칙적인 다양한 형상을 점토로 빚은 '토큰' 혹은 '계수기'를 사용했다. 각 계수기는 양적이고 질적인 기호체계를 가졌다. 그것은 어떤 항목의 특정수를 나타냈다. 다시 말하면, 그것은 단순한 1대 1 대응을 나타내는 것이 아니라, 표준집단이나 수량도 하나의 토큰으로 나타낼 수 있었다. 개별 토큰이 정확하게 어떤 일용품을 나타내는지 식별하는 것은 종종 불가능하다. 실제로, 이러한 물품들이 그 자체로 혹은 여러 물품과 함께 애매하게 발견되면, 이 토큰들이 회계를 목적으로 사용되었는지 확신할 수 없다. 표면에 인상적인 문양으로 덮인 둥근 봉투나 관인(bullae)에서 토큰이 발견되면 가장 명백한 증거가 된다. 변조를 막기 위해, 원주형의 봉인으로 이러한 문양을 만들었다. 이러한 봉인의 문양을 손상시키지 않고서는 봉투는 열리지도 않을 뿐더러 토큰을 꺼낼 수도 없다. 글자를 읽고 쓸 줄 아는 것이 소수의 전문가들에게만 국한되는 이러한 사회에서 원주형 봉인은 개인의 책임과 소유권을 표시하는 중요한 방법이었으며, 토큰처럼 점토로 만들기에 아주 적합했다.

물론 토큰으로 가득 찬 봉투를 봉인한다는 것은 공식적으로 봉인한 관료 앞에서 봉투를 열지 않는 한, 그 속의 내용물을 확인하는 것이 불가능하다는 것을 의미한다. 이러한 문제는 토큰을 봉투 안에 집어넣기 전에 점토 봉투에 토큰 모양을 찍음으로서 해결되었다. 봉투없이 할 수 있는 일이란 상상할 수 없었다. 한 관리에 의해서 봉인된 것으로 보이는 점토 조각에 새겨진 토큰 문양은 보존상태가 좋았다.

기원전 3200년경 숫자와 물건을 하나로 나타낸 토큰과 그 문양을 우리는 지금도 여전히 다루고 있다. 더 발전해 나아가면서, 수를 세는 체계와 물건을 세는 체계가 분리되는 것이 보인다. 추정컨대, 이것은 중앙 통제 하에 상품의 종류가 많아지고, 새로운 상품이 회계 시스템에 도입될 때마다 숫자로 표시하는 기호들의 새로운 세트를 통째로 만드는 것이 불가능해진 결과이다. 숫자로 문양을 표시하는 것이 계속되면서, 이제 물건 자체를 날카로운 갈대를 가지고 점토에 그 물건의 모양을 그대로 그리거나 그 물건을 나타내는 토큰을 그림으로써 표현했다. 즉, 이렇게 해서 기록이 시작된 것이다.

이제 산술과 같은 수학 연산들이 기록될 수 있게 되었다. 계수가 되어진 상품들은 아직 확인될 수 없는데 그 이유는 상품을 나타내기 위해 새긴 표시들이 아직 해독되지 않았기 때문이다. 그러나 봉인으로 찍힌 기호들로 기록된 숫자들 자체는 쉽게 해독 할 수 있다. 예를 들면, 한 점토판은, 4개의 개별적인 동봉물에, 전면에 총 18개의 D 모양의 문양과 3개의 둥근 문양이 있다. 뒷면에는, 하나의 동봉물에, 8개의 D 모양과 4개의 원형이 있다. 열 개의 D는 한 개의 원과 같다고 우리는 결론내릴 수 있다. 사실 우리들은 이 두 개의 기호가 각각 1과 10 단위를 나타낸다는 것과 사람이나 양 같은 물체의 수를 세기 위해 사용되었다는 것을 다른 예로부터 알고 있다.

이와 같은 방법을 사용해서, 베를린의 한 연구 팀은 우르크(Uruk)에서 나온 고대의 점토판에 사용되었던 12진법이나 좀 더 다른 수 체계를 확인하게 되었다[Nissen, Damerow and Englund, 1993: 28－29]. 다른 종류의 물체를 세기위해 네 가지 단위가, 면적 측정을 위해 또 다른 한 종류의 단위가, 년/월/일을 세기위해 또 다른 하나의 단위가 있었다. 보리, 맥아, 밀과 귀리 같은 특별한 유형의 곡식의 용량을 측정하는 네 가지 측정체계가 있었고, 여러 가지 유제품의 지방을 측정하기 위하여 두 가지 측정체계가 있었다. 그 밖의 다른 체계는 아직 완전하게 해독되지 않았다. 그것은 무게를 측정하는 체계인지도 모른다. 각각의 수량 체계나 도량체계는 문맥에 따라 다르게 해독되었다. 비록 동일한 수의 기호가 이 문맥 안에 다른 상황에서도 사용되었을 수도 있지만, 상황에 따라서 다른 체계의 진법이 사용되었다. 이러한 독특한 수 체계 중 하나는 훗날 60진법으로 발전한다. 반면에, 다른 진법들 중 일부는 다양한 도량[6]단위와 관련을 맺게 된다. 이 수량체계는 상당히 복잡한 체계로서, 이 체계를 해독하는 데 많은 컴퓨터의 기술과 오랜 시간이 요구된다. 이 연구과제는 아직 미완성의 상태이다.

그 문자기호가 (설령 그 기호가 특정 언어일지라도) 어떤 언어를 나타내는지는 불명확하다. 하지만, 그 기호가 수메르어(Sumerian)[7]라는 것이 최상의 추측일 뿐이다. 수메르어는 분명 문자를 사용하는 단계로 이행해 가는 시기의 언어였다. 그러나 이것은 단지 본 논문과는 별개의 이야기다. 단지 기원전 3000년 전에 누군가가 갈대로 점토 위에 수학을 쓰기 시작했던 그날까지 수와 수학 연산들을 기록할 필요성이 기록체계에 변화를 효과적으로 유도하였다는 것을 주지하는 것만으로도 우리의 목적에 충분히 부합된다.

기원전 3천년: 관료들을 위한 수학

기원전 3천년 경, 비록 셈을 하고 글을 읽고 쓰는 것이 고위 행정 관료의 주 권한이긴 했지만, 훨씬 더 많은 영역에서 문자가 사용되기 시작했다. 글자와 수에 있어서의 이러한 제약 때문에 우리가 그 당시 사회구조에 대한 개략적인 설명은 할 수 있을지는 몰라도 그 시대의 정치적 역사를 이해하는 데 큰 장애요인이 된다. 메소포타미아는 각각의 통치자와 도시 수호신(god)을 가지고 있는 수많은 도시 국가들에 의해 관리되었는데, 이 도시 국가들의 영토는 물을 공급하였던 운하에 집중되었다. 메소포타미아 평지는 1km에 약 5cm 정도 기울어질 정도로 거의 경사가 없는 곳이었기 때문에 대대적인 관개공사를 통해 수 마일이나 떨어진 상류의 물길을 그들이 살고 있는 지역까지 확보해야 했다. 매년 봄 수확기간마다 범람하는 대홍수로부터 토지와 가옥을 보존하기 위하여 막대한 지출이 매번 있었음을 알 수 있다. 원자재와 노동력을 관리하는 것이 아주 중요하였으며, 수량 측정은 아직도 남아있는 점토판에 명백히 입증되고 있다.

필사자들은 그들의 직업에 대하여 훈련받아야만 했는데, 실제로 초창기에 발견된 점토판의 약 15%에는 직위와 직업, 지역 이름들, 또 다른 종류의 기술적인 용어 등 실습목록이 표준화되어있다. 약 기원전 2500년 이후에 이러한 교본—직업을 위한 것이 아니라 실습을 위해 쓰인 문서—의 점토판에는 약간의 수학 연습문제들이 포함되어 있다. 이 시대에 와서는 문자는 더 이상 명사나 숫자들에만 국한되어지지 않았다. 사물 자체를 나타내는 기호를 대신, 사물의 소리를 나타내기 위해 표기하는 기호를 사용함으로써, 필사자들은 인간의 언어의 다른 부분들도 기록할 수 있었고, 우리는 이러한 사실로부터 지금은 사어(死語)인 수메르어로 초기 학교 수학이 기록되었다는 것을 알 수 있다. 우리는 현재 기원전 3천년 중반의 3개 도시 — 슈루파크(Shuruppak), 아답(Adab)과 에블라(Ebla) — 에서 만들어진 총 30개의 수학 점토판을 가지고 있지만, 그 점토판이 그 시대의 모든 수학 지식을 나타낸다고 말할 근거는 없다. 왜냐하면 완벽하게 작성된 모형 문서와 진짜 기록 문서를 구분하는 것이 어렵기 때문에, 모든 시대로부터 나온 인정받지 못한 많은 학술적인 점토판은 관리 자료로서 구분되어 출판되어야만 한다.

슈루파크(Shuruppak)에서 나온 몇 개의 점토판들은 하나의 문제를 진술하고, 그 문제 밑에 수치적인 답을 준다[Powell, 1976: 436 n19]. 점토판에는 어떤 계산도 보이지 않지만 이것은 단순한 연습문제 이상이다. 그들은 2, 3, 5 외의 인자를 갖는 불규칙한 소수인 7, 11, 13, 17과 19와 같은 소위 '기이한 수'의 나눗셈의 특성을 조사하기 위해 실제적으로 그럴듯한 이유를 사용한다[H∅yrup, 1993과 비교하라]. 우리는 또한 슈루파크(Shuruppak)에서 나온 원형 점토판 위에 써있는 기하학적인 도형과 60진법의 특성을 의도적으로 나타내는 슈루파크(Shuruppak)와 아답(Adab)에서 나온 동시대의 두 개의 정사각형의 점토판을 가지고 있다[Powell, 1976: 431 & 그림. 2]. Ebla에서 나온 점토판의 내용은 논쟁이 될 여지가 많다. 그 중 한 가지 해석에 따르면, 곡물을 배포하기 위한 계산에서 사용되었던 도량표가 점토판에 써있다고 한다[Friberg, 1986].

메소포타미아는 기원전 24세기 말에 아카드(Akkad)의 미지의 도시에 기반을 둔 왕조들에 의해 처음으로 통일되었다. 이 시기에 전통적인 도량(度量)체계는 철저하게 분석되었고 60진법에 기초를 둔 새로운 단위들과 연결되었다. 벽돌의 크기와 무게도 표준화 되었다[Power, 1987∼90: 458]. 이 새로운 체계는 아주 효율적이어서 약 800년 후인 기원전 천년 중반까지 별로 수정되지 않고 사용되었다. 사실, 우리가 앞으로 보게 되겠지만, Akkad의 벽돌의 크기는 기원전 4세기 말 그리스시대에도 여전히 사용되었다.

Akkad시대에 기루스(Girsu)와 니푸르(Nippur)로부터 나온 점토판 중에 수학 문제들을 포함하는 것으로 알려진 것은 오직 8개다. 여기에 있는 것들은 정사각형들과 직사각형들과 관련된 연습문제들이다. 그것들은 한 개의 문제와 답을 포함하거나 지명된 학생들에게 지정된 2개의 문제들을 포함한다. 이런 경우에는 답은 주어지지 않았고 강의를 준비하는 교사들이 쓴 것처럼 보인다. 사실, 이 지정된 문제들 중의 하나는 본문의 문제들과 풀이가 비슷한 것이었다. 어떤 수치적인 오차들을 보면 60진법체계가 계산을 위해 적어도 기본 형태로 사용되어진 것을 알 수 있다 [Whiting,1984].

Nippur에서 나온 원형 점토판은 정수해를 구하는 문제들을 만드는 단계를 보여주는 하나의 수학적 도표를 보여준다. 사다리꼴은 똑같은 면적을 가진 두 개의 사다리꼴로 나눌 수 있는 밑변과 평행한 횡단선을 갖고 있다. 변들의 길이는 횡단선의 길이가 자연수가 되도록 선택되었다[Friberg, 1987~90: 541]. 이 시대의 어떤 수학 도표도 알려진 것은 없지만 에슈누나(Eshnunna)에서 나온 하나의 거래서와 여러 땅의 조사서와 건물 설계도들을 포함하여 다양한 종류의 문서들은 확인되어 왔다 [Westeuhokz, 1977: 100 no. 11; Foster, 1982: 239~40]. 또한 경영 문서에서는, 새로운 도량체계에 기초를 둔 건축과 노동경영에 대하여 좀 더 세련되게 접근한 것을 볼 수 있다. 그 목적은 원자재뿐만 아니라 국가에서 투자한 농업계획, 관개계획과 건축계획을 완성하기위해 필요한 인력을 예측하기 위한 것이었다. 그 목적은 기원전 3천년 말 세 번째 Ur 왕조의 통치 하에 실현되었다.

Ur 3세 제국(8)은 기원전 21세기 초반에서 중반으로 이르는 시기에 동쪽으로 급속하게 확장하기 시작했다. 이 제국은 우르빌룸(Urbilum), 아슈어(Ashur), Eshnunna와 수사(Susa)의 도시들을 포함하여, 넓게는 그 영도가 자그로스(Zagros) 산기슭의 작은 언덕까지 뻗쳐 나갔다. 새로운 영토의 유지비와 그들이 거두는 크게 증가된 세수(稅收)를 처리하기위해, 대규모 행정과 경제 개혁을 같은 시기에 시행하였다. 그들은 수익의 극대화를 최우선의 목표로 하는 경제생활의 사실상 모든 측면을 겸비한 고도로 중앙집권화된 관료주의 국가를 만들었다. 이러한 행정 혁신은 거대한 관료 조직뿐만 아니라 유망한 관료를 만들기 위한 고도로 통일된 필사 및 행정 교육을 제공할 필사학교 체제의 수립을 포함한다. Ur 3세 시대의 필사교육이 널리 알려진 바는 없지만, 높은 수준의 획일성은 관료주의 체제에서 이렇게 대대적인 표준화를 만드는 데 필수적이었다.

단지 소수의 학교 수학교재만이 Ur 3세 시대의 것이라고 추정되고 있지만, 이러한 교재들에서 그 당시의 교육 관행에 대한 많은 내용들이 드러나고 있다. 종종 있는 경우처럼 그 교재에 날짜도 쓰여 있지 않고 발굴된 장소가 확실치 않는 경우에, 그것을 Ur 3세 시대의 학교 교재라고 확실히 단정하기엔 두 가지 심각한 문제가 존재한다. 첫째, 일반적인 문제는 연습용으로 아주 잘 쓰인 문서와 정식 필사자(筆寫者)에 의해 제작된 문서를 구별하는 것이다. 둘째로 고문서학의 판단기준은 어느 한 시대를 정하여 결정되어져야 한다. 많은 경우에 그 교재가 기원전 3000년 말기의 것인지 아니면 기원전 2000년 초기의 고어체를 사용하여 쓰인 것인지에 대하여 많은 논쟁이 있다. 특히 10과 단위표시만을 사용하여 숫자를 나타내는 60진법 체계가 다음에 오는 고대 바빌로니아 시대에 혁신을 가져왔다는 것은 오랫동안 알려져 왔다. 그래서 그 표기법을 사용하는 교재는 기원전 2000년 초기나 그 후에 쓰인 것으로 간주된다. 그러나 우리는 기원전 2050년경에 그것이 이미 사용되어진 것과 개념적인 구조는 수 백 년에 걸쳐 완성되어진 것을 알고 있다. 비록 60진법 기호로 계산한 것이 임시의 점토판위에 쓰여졌지만, 계산 후에 재사용된 임시의 점토판은 표준 기호로 쓰인 기록 문서로 바뀌었다 [Powell, 1976: 421]. 그래서 우리는 60진법을 사용한 행정상의 문서나 필사자들을 훈련하기 위해 사용되었던 60진법의 학교 교재들을 찾기를 기대할 수 없다(일반적으로 그 문서들은 사용 후에 파괴되었고, 그것들을 그 후에 나온 것과 거의 구분할 수 없기 때문이다).

우리의 예상과는 다른 눈에 띄는 한 가지 예외는 기루수(Girsu)에서 나온 원본문서이다[Friberg, 1987~90: 541]. 점토판의 한 면에는 벽의 크기와 벽에 있는 벽돌 수를 표기하는 수량을 조사하기 위한 (약간은 틀린) 모형 기록이 있다. 벽의 측정은 표준 도량단위로 되어 있지만, 60진법 표기로 (잘못) 기록되었다. 벽의 체적과 그 벽에 있는 벽돌 수가 60진법으로 계산되었고, 점토판의 앞면에 적힌 체제에서는 그 수치가 표준 체적 및 면적 단위로 전환된다. 이러한 전환법은 수많은 고대 바빌로니아 견본과 유사한 도량형 표를 사용함으로써 용이해진다. 다시 말해, Ur 삼세 시대에 학생들은 그들이 소지하고 있는 모형 문서와는 별도인 여러 가지 혼합된 기수법(記數法)이 적혀 있는 점토판에서 60진법으로 계산을 하는 것을 이미 배웠다.

Girsu에서 나온 점토판의 필사자는 벽돌을 만들고, 그 벽돌을 건물을 짓는 곳으로 나르고, 모르타르를 섞고, 그리고 벽을 쌓는데 필요한 노동력을 계산하였다. 노동력에 대하여 표준화한 추정은 Ur 3세 시대에 관료 체제의 핵심이었다. 노동집단으로부터 기대하는 생산량에 대한 조사자의 추정치는 실제로 행한 내용—즉, 묵히고 있는 토지를 개간하여 밀가루가 나오도록 하는 것과 같은 다양한 노역—과 더불어 기록되었다. 각 행정 연도 말에, 각 팀의 실제 생산성과 기대치는 요약되어 문서로 정리되었다. 기대치에 미치지 못한 경우에, 감독은 다음 연도에 부족한 부분을 채워 놓을 책임이 있었다. 하지만 일에 대한 공로는 이월되지 않았다 [Englund, 1991]. 이러한 행정상의 계산은 그 시대의 일부 학교 연습 교재에서도 발견되었다[Robson, 1999: 31].

기원전 2000년 초기의 수학 교육

그러나 이러한 전체주의적 중앙통제경제는 지속될 수가 없었다. 한세기도 안 되어, 관료주의의 무게 때문에 Ur 3세 제국은 무너질 수밖에 없었다. 소위 고대바빌로니아 시대라고 부르는 기원전 천년 초가 태동하면서 수 세기 전에 존재했던 작은 도시 국가가 부활하였다. 그러나 이제는 많은 중앙 행정의 경제적인 기능의 규제가 풀리고, 사기업 중심으로 그 규모가 축소되었다. 여전히 계산능력을 갖고 있는 필사자들이 많이 필요하였고, 필사자들의 훈련에 관한 직접적 혹은 간접적 정보를 주는 새로운 다수의 점토판이 있다. 과학적인 고고학이 나오기 전인 19세기 말에 발굴된 대부분의 점토판들은 출처가 불분명하지만, 수천의 점토판이 현재까지 남아있다. 그러나 수학 점토판은 시리아－이라크 국경의 유프라테스 강변의 마리(Mari)와 터크(Terqa)에서부터 디얄라(Diyala) 강의 메-투르나(Me-Turnat)와 이란 남서부의 수사(Susa)에 이르는 12 군데 정도에서 발굴되었다. 곱셈표의 일부분은 이스라엘의 하솔(Hazor)에서도 발견되었다[Horowitz, 1993].

우리는 남부 이라크 지역의 고대 바빌로니아시대에 존재하였던 몇몇 학교에 대해 알고 있다[Stone 1987: 56－59; Charpin 1986: 419－33]. 그 학교들은 안마당에서부터 떨어져 있는 몇 개의 작은 방으로 구성되어 있다. 그 건물 안쪽에서 가구와 점토판이 발견되지 않았다면 주변 거주지와 구별할 수 없었을 것이다. 예를 들면, 니푸르(Nippur)에 있는 한 집의 마당 한쪽을 따라서 바닥에 고정된 긴 의자들이 있었으며, 점토판을 만들 준비를 하고 점토판을 축축하게 하기위해 사용되었을 것이라 짐작이 되는 큰 세면대와 몇 개의 작은 사발들과 함께 큰 물주전자가 있었다. 절반은 일그러져 나머지 절반만 다시 사용할 수 있는 점토판들이 재활용을 하기위해 쌓여 있었다. 뜰 뒤쪽에 있는 방은 점토판 창고였다. 그곳에 천개가 넘는 학교 점토판들이 긴 선반 위에 놓여졌고 또한 바구니 안에 보관되었다. 그러나 기원전 18세기 중반 경, 그 집을 수리할 때, 점토판들은 건축 자재로 사용되었고 집의 구조물로 사용되었다.

학교 점토판들 중 일부는 교사들에 의하여 쓰여졌으며, 다른 것들은 견습 필사자에 의하여 만들어진 연습용 점토판들이다. Ur 3세 시대의 공식 문자였던 수메르어는 히브리어와 아랍어와 연관이 있으면서도 수메르어와 동일한 쐐기모양의 설형문자를 사용하는 셈어(Semitic)의 일종인 아카드어(Akkadian)에게 그 자리를 넘겨주었다. 아주 최근까지 유럽에서 라틴어가 사용된 것과 유사하게, 수메르어는 학문과 종교적인 문서를 위해서만 존재하고, 아카드어(Akkadian)가 대부분의 일상 문서에 사용되기 시작했다. 이것은 전통적으로 구두로 행해졌던 필사 훈련의 대부분이, 수학 교재의 경우에서와 마찬가지로, 처음으로 수메르어로 기록되거나 아카드어로 번역되어 기록되었다는 것을 의미한다.

수학은 교과과정의 일부였으며, 그 교육과정은 또한 실무에 임하는 필사자들에게 필요한 여러 유형의 점토판을 쓰는 연습뿐만 아니라, 수메르어 문법과 문학도 포함되었다. 이러한 교과내용에는 서신, 합법적인 계약서와 각종 유형의 업무 기록과 더불어, 회계, 지적조사, 주택설계 등 보다 수학적인 개념에 근거한 서류양식들을 담고 있다. 다섯 종류의 보다 더 심화된 학교 수학 교재가 확인되었는데, 각각의 교재들은 독립된 교육적 기능을 담당했다 [Robson, 1999: 8−15]. 각 유형에는 앞에서 토론하였던 기원전 3천년전 점토판에 있는 선례를 따르고 있었다.

첫째, 학생들은 도량과 산술과의 관계를 암기하면서 표를 적었다. 나눗셈을 위한 도움은 물론이고, 제곱과 제곱근, 측량에 쓰이는 단위들을 전환하기 위한 표준이 되는 곱셈표가 있었다. 많은 필사자들도 일터에서 사용하기 위하여 복사본을 만들었다. 앞서 언급한 기원전 3천년의 예와 매우 비슷하게, 계산은 손(hand) 점토판이라 불리는 작은 원형의 점토판 위에서 주어진 형식에 맞게 수행되었다. 손 점토판은 필사자들에게 '메모지'로서 사용되었을 것이다. 그들은 손 점토판에 실용서와 문학작품의 발췌문 같은 짧은 메모들과 도표들을 써서 지니고 다녔을지도 모른다. 선생님은 (종종 조금씩만 다른)문제와 수치적인 답으로 구성되어 있는, 현대어로 문제집이라고 부르는 교과서로부터 수학문제들을 만들었다. 문제집은 또한 예제 풀이와 도표를 포함하고 있었을 것이다. 학생들이 때로는 문제 원문을 복사하기도 하였지만 대부분의 문제들은 필사 선생님들에 의하여 만들어지고 전달되었다. 선생님들은 또한 각각 문제의 답이 정수가 나오도록 다른 변수들을 포함한 풀이목록을 가지고 있었다[Friberg, 1981]. 또한 관례적으로 상수표라고 알려져 있는 특수한 상수들의 표가 있었다. 이 표에 있는 많은 상수들은 Ur 3세 정부의 인사 담당 관료들에 의하여 사용된 상수와 수치적으로 동일하였다[Kilmer, 1960; Robson, 1999].

알고리즘 교본의 형태로 되어있는 예제 풀이는 교육적으로 다른 형태의 교육 교재와 비슷할 뿐만 아니라 수학이 개념화되는 바로 그 방법과 본질적으로 같다. 예를 들면, 전통적으로 "2차 방정식"으로 분류되었던 문제들은 최근에 와서 자르고 붙이는 종류의 기하학과 관련된 것으로 판명되었다. 학생이 예제 풀이의 교육을 따를 때, 실질적으로 어느 증명도 필요하지 않기에 그 풀이방법이 당연히 맞을 수밖에 없다.

고대 바빌로니아인의 교육의 핵심은 글을 쓰고 읽으며 수리적 계산에 강한 필사사들을 만들어내는 것이었다. 그러나 그 학생들은 또한 수학 자체를 위한 심미적 즐거움을 맛보았다. 많은 피상적으로 실용적인 계획들이 비실용적인 문제들을 만들기 위한 명목으로 사용되고 종종 Ur 3세 스타일의 특수한 상수와 연관이 있었음에도 불구하고, 그들은 정확한 수학적인 모델링에는 별다른 신경을 쓰지 않았다. 곡물 더미의 주제를 예로 들어보자. 시퍼(Sipper)에서 나온 문제집의 처음 16개의 문제들에서, 각 매개변수를 차례로 바꿔서 계산하여도 곡물 더미의 측정값은 같게 나온다. 앞의 몇 문제들은 없어졌지만, 다른 교재로부터 판단해 보면 그 문제들이 길이, 폭, 높이 등을 찾는 문제라는 것을 추측할 수 있다. 보존된 문제 중 첫 번째 문제는 그 곡물더미 부피의 절반을 구하는 것과 관련된 것이다.

이런 기술들이 추수 후에 조사관이 곡물더미의 용량의 일치적 견적을 낼 때, 얼마나 유용할 수 있었는지 상상할 수 있을 것이다. 실제로 우리는 이와 유사하게 기원전 3천 년 말에 측정이 이루어졌음을 간접적으로 알고 있다. 그러나 그 후 상황이 복잡해지기 시작한다. 나머지 문제들은 길이와 높이의 합, 길이와 폭 사이의 차이 또는 심지어 그 길이의 반과 1을 더한 것과 같은 폭의 길이 등의 자료를 제공한다. 농업 감독관이 일하면서 이런 종류의 문제를 풀 필요가 있다고 생각할 것 같지는 않다.

유사하게, 수학적인 곡물더미는 실제로 높은 직사각뿔모양의 피라미드와 같은 형태일지라도, 심지어 그 부피를 구하는 단순한 계산도, 우리가 아는 대로 고대의 바빌로니아 수학의 최첨단이었던 다소 수준 높은 3차원의 기하학을 필요로 한다. 더욱이 어떤 면에서 그 개요는 수학적으로 더 우아한 풀이들이 Susa로부터 나온 점토판에서 사용될 수 있도록 훨씬 개선된 것처럼 보인다. 두 문제에서 곡물더미는 60m의 길이와 18m에서 24m의 높이를 갖고 있다. 이렇게 큰 곡물더미를 막대기로만 길이를 측정하여 쌓을 수 있었는지를 상상하기란 어렵다. 간단히 말해서, 실생활에서 정확한 수학적 모델링을 하는 것은 고대 바빌론 수학에서 우선시한 내용이 아니었다. 오히려, 실생활에 근사치로 접근하는 것이 충분히 만족스러우면서도 수학적으로 즐거움을 줄 수 있는 내용이었다.

고대 바빌론 작업현장에서 수학적 방법들이 쓰인 증거는 여전히 개략적이다. 그러나 예를 들면 운하와 토지측량에서 그 증거를 찾을 수 있다. 이러한 수학적 방법들은 기원전 3천년 말의 그것과는 약간 차이가 있어 보인다. 다시 말해, 이러한 방법들은 단순히 목록을 열거한 것이 아니라, 개별 칼럼에 각 굴착지의 길이, 너비, 깊이 등을 산술표의 형태로 적어 놓았다. 하지만, 이러한 과정과 관련된 수학적 방식은 본질적으로 같다. 그러나 한 가지 중요한 차이가 있다. 아직까지는 임금을 계산했다는 증거는 없다. 이것은 놀랍지 않다. 우리는 기원전 2천 년 초의 중앙 집권적 '국가' 관료주의를 다루는 것이 아니라, 많은 일들이 전통적으로 도시국가에 의해서 관리되었던 준(準)시장경제는 적법한 협약에 의해 결속된 민간 회사와 종종 계약되었다. 설령 메소포타미아 전역에서 계량(計量)적 경영관행의 일관된 활동이 기록되어 있긴 하지만, 우리는 일관된 모습을 기대하지 않을 것이다.

그 다음에 어떤 일이 일어났을까? 바빌론 헬레니즘 발자취를 따라서

기원전 1600년 이후 메소포타미아 안팎으로 수학적인 활동은 뜻밖의 정지 상태에 이르렀다. 수학이 더 이상 기록되지 않았던 것인가, 아니면 그 시대의 사라진 증거에 대하여 다른 해석을 할 수 있는 것인가?

우선, 학교 수학만이 아니라 모든 종류의 점토판들이 갑자기 줄어들었다. 기원전 1500년대는 인구의 대이동과 많은 정치적, 사회적 대변동이 있었던 혼란의 시기였다. 이러한 상황이 교육환경에 불리하게 작용된 것이 분명하다. 그러나 이 시대의 유적지가 발굴된 곳이 매우 적고 또한 발굴된 점토판도 거의 연구가 되지 않았다는 사실이 그 복잡함을 더하고 있다. 이 시대에 남겨진 문서들을 판독하기가 매우 어렵다는 이유로 인해, 이 시대의 역사에 대해 관심을 갖는 학자가 거의 없다.

더욱이 기원전 12세기 이후부터는 아카드어를 대신해서 일상생활에서 구어와 문어 모두 아람어(Aramaic)가 사용되기 시작했다. 아람어는 아카드어와 같은 어족이지만, 새로운 방식을 채택하고 있었다. 아람어는 점토판 위에 예전의 음절 체계 대신에 알파벳을 이용하여 다양한 소모성 재질 위에 잉크로 기록되었다. 수메르어, 아카드어 그리고 설형(쐐기)문자는 훨씬 더 제한된 용도로만 쓰였고, 수학은 그중 하나는 아니었던 듯하다. 설형문자는 다른 새로운 매체인 왁스칠한 상아나 나무로 만든 판에 쓰이기 시작했던 것 같다. 이것들은 필요하면 녹이거나 깨끗하게 지워서 재사용 할 수 있었던 것 같다. 동시대의 점토판에 쓰인 그림이나 참고문헌에 의하면, 이러한 판들이 비록 널리 사용되었고 보존이 가능한 습지에 있었던 극소수만 발견되었지만 표면에 있던 왁스는 사라진지 오래되었다. 그러므로 수학이 설형문자에 의해 기록이 되었다 하더라도 아마 현존하지 않는 물체 위에 쓰여졌을 것이다.

이러한 역사적 요인과 보존 상태 그리고 현대 학계의 풍조가 복합적으로 기원전 1600~1000년 사이의 남 메소포타미아는 우리에게는 여전히 실질적인 암흑기로 남아있다. 하지만, 그 암흑기에 한줄기 빛이 비치기 시작하고 있다. 왜냐하면 만약 학교 교재들이 그곳에서 발견된다면, 수학을 포함한 학교 교재도 발견되지 않을 것이라는 이유는 없기 때문이다. 다행히도 점토판 위에 글을 쓰는 기법이 완전히 소실되지 않았고, 이미 유용한 몇 가지 단서가 발견되었다. 수학과 도량형 표는 견습 필사자들에 의해 끊임없이 복제되고 연구되었다. 이러한 표는 티그리스의 아슈르에서부터 이란 남서쪽의 Haht Tepe, 지중해 연안의 Ugarit와 Bablos에 이르기까지 여러 곳에서 발견되었다. 뚜렷한 전통적인 특징이 있는 수학적 개념에 대한 비 문헌적인 증거도 발견되었다. 기원전 3천 년 전 시대의 도량형이 여전히 사용되고 있다는 사실을 강력하게 암시하는 것으로서, 벽돌 크기가 거의 변하지 않았다는 것뿐만 아니라 매우 아름답고 정교한 기하학적인 장식이 있는 몇 가지 예들이 존재한다는 것이다. 예를 들어, 기원전 7~8세기 신아시리아 궁전에서 나온 돌에 새겨진 아름다운 패턴의 카펫이 있다. 이 신아시리아 제국은 문화유산보다는 잔인한 국외추방과 천문학에 대한 집착으로 더 잘 알려져 있다.

그러나 더 재미있는 것은 수학 문제는 니느웨(Nineveh)와 니푸르(Nippur)에서 나온 적어도 세 권의 교재에서 알려져 있다. 수학적으로 황금기였던 고대 바빌로니아

시대에는 다수의 견본이 거의 없다. 그러나 이렇게 견본이 적은 여파는 그 당시 유통된 문제의 목록이 적었다는 것을 뜻할 수도 있다. 형태적으로는 기원전 2천년 초의 수학적 전통이 완전히 소멸되었다는 것을 의미하는 것이 아니라, 문제를 만드는 새로운 방식이 발전되었음이 분명하다. 그것은 학생들이 문제를 풀 수 있도록 고안된 교사의 문제집이며, 고대 바빌로니아 시대에 알려진 언어로 표현되었다. 그러나 흥미로운 것은 그것은 한 새로운 구실을 이용한다. 즉, 문제는 외견상으로는 별들 간의 거리에 관한 것이지만, 실제로 그 문제는 기원전 3천년 중반으로 거슬러가서 우리가 살펴 볼 수 있는 주제였던 '엄청난' 숫자의 나눗셈을 다루고 있는 것이다.

마침내, 페르시아인이나 그리스인들이 그렇게 했던 것보다는 약간은 더 늦게 바빌론에 도달했다. 기원전 4세기에서 3세기에 이르러 메소포타미아 고유의 문명은 사라지고 있었다. 우르크(Uruk)와 바빌론(9)의 대상 가문들 중 일부는 그들의 거래내용을 기록하기 위해 점토판을 여전히 사용하긴 했지만, 사원의 도서관만이 전통적인 설형문자 문화의 주된 보관소가 되었다. 그들의 소장품에는 천문학 관측 기록뿐만 아니라, 많은 분량의 예언서, 역사적 기록 그리고 신화와 종교 문학 등이 있다. 지금까지 수학은 천문학을 위한 수학적 방법만으로 이루어졌다고 종종 언급되고 있지만, 그것은 정확한 사실이 아니다. 이전보다 훨씬 길어지고 정교해진 수학표 뿐만 아니라 우리는 천문학과 관련 없는 수학문제들이 쓰여 있는 점토판을 적어도 몇 개는 알고 있다. 비록 고대 바빌로니아시대 이후로 수학적 용어와 개념은 바뀌었지만 그 주제와 푸는 방식은 같은 맥락에 속한다. 매우 흥미롭게도, 벽돌의 크기나 밀도의 목록을 포함하는 기술적 상수표의 일부가 최근 발견되었다. 비록 이와 관련된 수학이 이전시대의 수학에 비해 훨씬 복잡하지만, 벽돌크기 자체는 약 2천 년 전 아카드의 개혁시대에 만들어진 것들과 정확히 동일하다.

결 론

필자는 우리에게 전수된 다양한 메소포타미아 수학에 대한 맛을 조금이나마 독자들에게 보여주었기를 바란다. 메소포타미아 수학은 오랜 기간을 거쳐 발전해왔다. 최초로 토큰을 세기 시작한 때부터 가장 마지막으로 알려진 설형문자 점토판까지의 시간차는 그 당시 점토판이 쓰였던 시기에서부터 이 책이 만들어진 때까지의 시간

차의 두 배에 달한다. 그렇지만 가장 중요한 것은 수학은 사회의 근본적 산물이라는 필자의 의견에 동의하기를 바란다는 것이다. 수학의 역사를 태동시킨 문화 — 그 문화가 어느 장소, 어느 시대에 존재했든간에 — 를 연구함으로써, 수학의 역사는 헤아릴 수 없이 더욱 풍요로워진다.

<table>
<tr><th>기간</th><th>정치적인 시대구분</th><th>수학의 발전</th><th>사회와 기술</th><th>제3국</th></tr>
<tr><td></td><td>파르티아 시대
126 BC.~227 AD</td><td>이시대의 쐐기문자 점토판이 천문학적으로 많다는 것이 최근에 알려짐.</td><td rowspan="2">외국인 지배자들에 의하여 전통적인 메소포타미아 문명이 쇠퇴됨</td><td rowspan="3">•중국에서 종이 발명
•중국의 만리장성, 214
•유클리드의 원전</td></tr>
<tr><td rowspan="4">철기시대</td><td>헬레니즘 또는 그리스 시대
330 - 127</td><td>수학과 천문학이 사원의 승려들에 의하여 연구되고 발달되어짐.</td></tr>
<tr><td>페르시아왕국
538 - 331</td><td></td><td rowspan="5">•목화
•화폐
•놋쇠장식
•아랍어의 알파벳이 쐐기모양의 아카디아어 대신 쓰임
•쇠를 제련함, 낙타
•유약을 바른 도자기, 유리</td></tr>
<tr><td>신바빌로니아 왕국
625 - 539</td><td rowspan="2">증거가 많지는 않지만 수학적 전통이 계속지켜진 것으로 보임.</td><td>부처의 탄생, 570</td></tr>
<tr><td>신아시리아 왕국
883 - 612</td><td>•로마제국의 시작, 750
•인도수학</td></tr>
<tr><td rowspan="2">청동기 말기</td><td>바빌로니아 중세시대
1150 - 626</td><td rowspan="2">메소포타미아 주변에서도 몇 개의 점토판이 발견됨.</td><td></td></tr>
<tr><td>카시트시대
1600 - 1150</td><td>투탕카멘</td></tr>
<tr><td>청동기 후기시대</td><td>고대 바빌로니아 시대 2000 - 1600</td><td>수학이 필사학교에서 가장 잘 기록된 시기</td><td>•말과 바퀴기 달린 수레 기술이 발달
•많은 수메리아 언어와 아카디아어로 쓰인 저술물
•처음으로 큰 제국
•고대 바빌로니아 앗시리아의 피라미드형 사원
•말
•쐐기문자로 쓴 아카디아인의 저술</td><td>•스톤헨지가 완성됨
•수학이 쓰여진 린드의 파피루스
•기원전 1876년 중국에서 월식이나 일식의 최초의 기록</td></tr>
</table>

<table>
<tr><td rowspan="4">청동기
초기시대</td><td>우룩3세 왕국
2100 - 2000</td><td>60진법의 발전</td><td rowspan="3">•도시국가
•궁전
•쐐기문자의 발전
•매우 발달된 수메리아 문명</td><td></td></tr>
<tr><td>아카드 왕국
2350 - 2150</td><td>도량법의 개혁</td><td>•인더스강 유역의 문명
•고대 이집트왕국의 붕괴</td></tr>
<tr><td>초기왕조시대
3000 - 2350</td><td>최초로 알려진 수학점토판</td><td></td></tr>
<tr><td>우륵시대
4000 - 3000</td><td>•최초로 알려진 기록문서: 복잡한 도량법을 사용한 계산서
•봉지에 토큰을 넣어서 거래를 하는 것이 발달됨.</td><td>•도시화
•문자의 시작과 관료주의
•원주도장
•기념비건축
•도자기를 만들기 위한 회전장치
•청동, 금과 은의 작업</td><td>•북쪽과 남쪽의 이집트의 통일
•거대한 피라미드
•스톤헨지 건축 시작</td></tr>
<tr><td></td><td>Ubaid시대
5500 - 4000</td><td>작고 일정한 모양이 새겨진 토큰이 회계계산에 사용되어짐.</td><td>•관개를 이용한 농사
•벽돌이 널리 사용
•사원
•구리와 도자기
•언덕으로 둘러싸여진 비옥한 초생달 모양의 땅에 정착된 농부들에 의하여 메소포타미아 문명이 시작됨.</td><td>•서유럽의 거석문화
•남아메리카에 존재하는 첫 번째 사원의 타워
•농사가 근동에서 유럽에 전파되기 시작함.</td></tr>
</table>

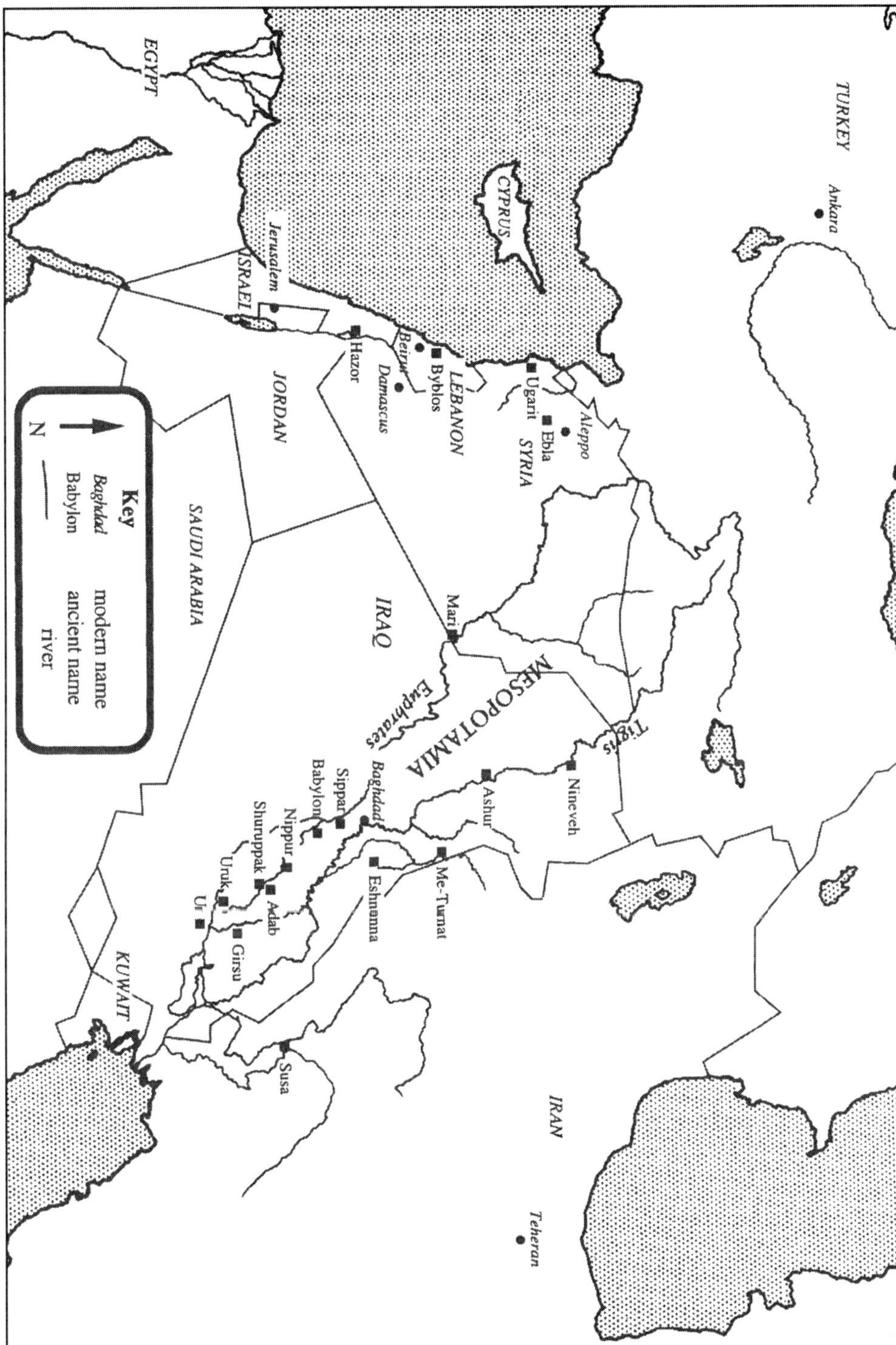
EGYPT
TURKEY
CYPRUS
Ankara
Jerusalem
ISRAEL
JORDAN
LEBANON
SYRIA
Aleppo
Ebla
Ugarit
Byblos
Beirut
Damascus
Hazor
IRAQ
Mari
MESOPOTAMIA
Euphrates
Tigris
Nineveh
Ashur
Baghdad
Sippar
Babylon
Nippur
Shuruppak
Uruk
Ur
Adab
Girsu
Eshnunna
Me-Turnat
Susa
IRAN
Teheran
KUWAIT
SAUDI ARABIA
Key
Baghdad modern name
Babylon ancient name
river
N

▌참고문헌 ▌

[1] Bruins, E. M., and Rutten, M.: 1961, *Textes mathématiques de Suse*, (Mémoires de la Délegation en Perse 34), Paris.

[2] Castellino, G. R.: 1972, *Two Shulgi hymns* (*BC*)(Studi Semitici 42), Rome.

[3] Charpin, D.: 1986, *Le clergé d'Ur au siécle d'Hammurabi*, Paris.

[4] Englund, R.: 1991, "Hard work-where will it get you? Labor management in Ur III Mesopotamia," Journal of Near Eastern Studies 50, 255-280.

[5] Foster, B. R.: 1982, "Education of a bureaucrat in Sargonic Sumer," *Archiv Orientální* 50, 238-241.

[6] Fowler, D. H. and Robson, E.: 1998, "Square root approximations in Old Babylonian mathematics: YBC 7289 in context," Historia Mathematica 25, 366-378.

[7] Friberg, J.: 1986, "Three remarkable texts from ancient Ebla," *Vicino Oriente* 6, 3-25.

[8] ______: 1987~90, "Mathematik," in *Reallexikon der Assyriologie und vorder-asiatische Archàologie* Ⅶ(ed. D. O. Edzard et al.), Berlin, 531-585.

[9] Horowitz, W.: 1993, "The reverse of the Neo-Assyrian planisphere CT 33 11," in *Die Rolle der Astronomie in Kulturen Mesopotamiens* (Grazer Morgenländische Studien 3), (ed. H. D. Galter), Graz, 149-159.

[10] _____: 1997, "A combined multiplication table on a prism fragment from Hazor," *Israel Exploration Journal* 47, 190-197.

[11] Høyrup, J.: 1990, "Algebra and naive geometry: an investigation of some basic aspects of Old Babylonian mathematical thought," *Altorientalische Forschungen* 17, 27-69; 262-354.

[12] _____: 1993, "Remarkable numbers' in Old Babylonian mathematical texts: a note on the psychology of numbers," *Journal of Near Eastern studies* 52, 281-286.

[13] Joseph, G. G.: 1991, *The crest of the peacock: non-European roots of mathematics*, Harmondsworth.

[14] Katz, V.: 1993, *A history of mathematics: an introduction*, New York.

[15] Kilmer, A. D.: 1960, "Two new lists of key numbers for mathematical operations," *Orientalia* 29, 273–308.

[16] Nemet-Nejat, K. R.: 1993, *Cuneiform mathematical texts as a reflection of everyday life in Mesopotamia* (American oriental Series 75), New Haven.

[17] Neugebauer, O.: 1935~37, *Mathematische Keilschrifttexte* I–III, Berlin.

[18] Neugebauer, O. and Sachs, A.: 1945, *Mathematical cuneiform texts* (American Oriental Series 29), New Haven.

[19] Nissen, H. J., Damerow, P. and Englund, R.: 1993, *Archaic bookkeeping: early writing and techniques of economic administration in the ancient Near East*, Chicago.

[20] Powell, M. A.: 1976, "The antecedents of Old Babylonian place notation and the early history of Babylonian mathematics," *Historia Mathematica* 3, 414–439.

[21] ______: 1987~90, "Masse und Gewichte," in *Reallexikon der Assyriologie und vorderasiatische Archäologie* VII(ed. D. O. Edzard et al.), Berlin, 457–530.

[22] ______: 1995, "Metrology and mathematics in ancient Mesopotamia," in *Civilizations of the ancient Near* East III(ed. J. M. Sasson), New York, 1941~1957.

[23] Robson, E.: 1999, *Mesopotamian mathematics 2100~1600 BC: technical constants in education and bureaucracy* (Oxford Editions of Cuneiform Texts 14), Oxford.

[24] Stone, E.: 1987, *Nippur neighbourhoods* (Studies in Ancient Oriental Civilization 44), Chicago.

[25] Thureau-Dangin, F.: 1938, *Textes mathématiques babyloniens* (Ex Oriente Lux 1), Leiden.

[26] Westenholz, A.: 1977, "Old Akkadian school texts: some goals of Sargonic scribal education," *Archiv für Orientforschungen* 25, 95–110.

[27] Whiting, R. M.: 1984, "More evidence for sexagesimal calculations in the third millennium," *Zeitschrift für Assyriologie* 74, 59–66.

Further reading on the history and culture of the ancient Near East

[1] Black, J. A. and Green, A.: 1992, *Gods, demons and symbols of ancient Mesopotamia*, London.

[2] Collon, D.: 1995, *Ancient Near Eastern art*, London.

[3] Dalley, S.: 1989. *Myths from Mesopotamia* (Oxford University Press World's Classics), Oxford.

[4] Foster, B. R.: 1993, *Before the muses: an anthology of Akkadian literature* Ⅰ-Ⅱ, Bethesda.

[5] Freedman, D. N. (ed.): 1992, *The Anchor Bible Dictionary* Ⅰ-Ⅴ, New York.

[6] Kuhrt, A.: 1995, *The ancient Near East: c. 3000~330 BC* Ⅰ-Ⅱ, London.

[7] Postgate, J. N.: 1992, *Early Mesopotamia: society and economy at the dawn of history*, London.

[8] Roaf, M.: 1990, *Cultural atlas of Mesopotamia and the ancient Near East*, Oxford.

[9] Roux, G.: 1992, *Ancient Iraq*, Harmondsworth.

[10] Saggs, H. W. F.: 1995, *The Babylonians* (Peoples of the Past), London.

[11] Sasson, J. M. (ed.): 1995, *Civilizations of the ancient Near East* Ⅰ-Ⅳ, New York.

[12] Walker, C. B. F.: 1987, *Cuneiform* (Reading the past), London.

미주

(1) 고대문명의 발상지로서 고대 메소포타미아 남부에 있는 지역명. 후에 바빌로니아로 불리던 지방의 북쪽 반을 아카드라 하고 페르시아만에 면한 남쪽 반을 수메르라 했다. 수메르라는 호칭은 아카드인이 부르던 이름이었다.

(2) 고대 메소포타미아 남부의 수메르와 아카드지방을 일컫는 말로 바빌로니아에서는 아카드왕조 때부터 사용한 수메르어와 아카드어를 병용하였으나, 기원전 약 1792년에 재위한 함무라비왕 시대 이후는 공용어로 서셈어인 아카드어를 사용하였다. 유명한 함무라비법전도 아카드어로 기록되어 이민족의 동화통일

을 꾀했다.

(3) 직각삼각형의 변의 크기가 될 수 있는 3, 4, 5와 같은 세 개의 양의 정수의 집합

(4) 기원전 1900년에서 기원전 1600년 사이에 만들어진 것으로 추정되는 점토판으로 1945년에 노이게바우어와 사크스(Sachs)에 의해 처음으로 분석되었다. 이름은 컬럼비아 대학의 플림프톤 소장품의 목록번호 322라는 데서 붙여진 것이며 피타고라스 3쌍을 이루는 세 개의 양의 정수의 집합이 써있다.

(5) 고대 그리스인이 티그리스강과 유프라테스강 사이의 지역에 대해 붙인 지역명

(6) 길이, 부피, 무게 등의 단위를 재는 방법 및 그 재는 기구

(7) 설형문자(楔形文字)를 사용하였던 언어

(8) 우루크시의 왕 우투헤갈의 신하 우르남무가 우르 제3왕조를 수립했다. 우르남무왕은 관료조직에 의한 집권적 전제정치를 했으며, 세계 최고의 법전 '수메르어로 씌어진 우르남무법전'의 제정자로서 유명하다.

(9) 기원전 625년, 나보폴라사르는 신바빌로니아왕국을 세웠다. 그의 아들 네부카드네자르 2세)는 함무라비왕을 본받아, 문화의 향상과 국력의 충실에 힘써서 수도 바빌론은 가장 번영하였으며, 오리엔트 정치와 문화의 중심지가 되었다.

(10) 기원전 14세기의 이집트 제18왕조의 왕

(11) 영국 남부, Wiltshire 주(州)) Salisbury평원에 남아 있는 유사 이전의 커다란 돌기둥의 2중 환열

고대 중국 수학 기행

Siu Man-Keung
University of Hong Kong

16세기 말까지 중국 수학 발달의 2000년 역사를 한 편의 짧은 논문에서 충분히 다루기를 기대할 사람은 없을 것이다.(1) 이 논문에서는 다만 고대 중국 수학의 일반적인 성향을 전하고 몇 가지 특성을 예시하려고 한다. 독자의 편의를 위해 참고문헌을 설명과 함께 논문 끝에 싣는다.(2)

고대 중국 수학의 특성

고대 중국 수학의 특성은 고대 중국 수학자들의 책을 봄으로써 가장 적절하게 평가될 수 있다. 그들은 주제를 선택함에 있어 강력한 사회적 관련성 및 실용 지향적 특성을 드러내며, 방법적인 면에서는 기본적으로 계산과 알고리즘을 강조한다. 그러나 대부분의 사람들이 지닌 인상과 반대로 고대 중국 수학은 수학을 일상에 적용하는 단순한 "요리책"은 아니다. 고대 중국 수학은 유클리드의 원론으로 예시되는 그리스적 의미에서는 아닐지라도 구조화되어 있고, 연역적 논리의 그리스 전통에서는 아닐지라도 설명과 증명을 포함하며, 일상의 필요를 훨씬 능가하는 이론을 포함한다.

이제 수학과 관련된 몇 가지 표의문자로 시작한다. 고대 문헌에서 수학(數學)이란 용어는 종종 "산술(算術)"이나 "산학(算學)"이라고 쓰였다. 이는 그 기초를 계산에 두고 있음을 시사한다. "수"와 "세기"를 위한 표의문자 數는 3000여년 전 갑골에 끈으로 매듭을 묶는 손의 형태(그림 1a)로 나타났다. 2세기 허신(許愼)의 설문해자(說文解字)에 따르면, "계산"을 위한 표의문자 算은 세 가지 형태로 나타났다. 첫째 형태는 위는 "대나무", 아래는 "처리하다"의 두 부분으로 이루어진 명사이다. 그 중 아랫부분 자체는 두 손에다 판 위에 수직·수평으로 놓인 [대]막대의 형태를 띤다(그림 1b). 둘째 형태는 역시 대나무와 손으로 이루어진 동사이다(그림 1c). 셋째는 약간 의아한데, 종교적인 것과 관련된 한 쌍의 표의문자 형태를 띤다(그림 1d). 고대 중국에서 수학이라는 연구 대상이 오늘날 우리가 그것을 이해하는 것과 정확하게 동일한 것은 아니었다는 생각은 관심을 끌만하다. 실제로 일부 수학 고전에서 "내적 수학"과 "외적 수학"에 대한 언급을 발견할 수 있는데, 전자는 중국에서 가장 오래된 고전인 역경(易經)과 밀접한 관련이 있다.(3)

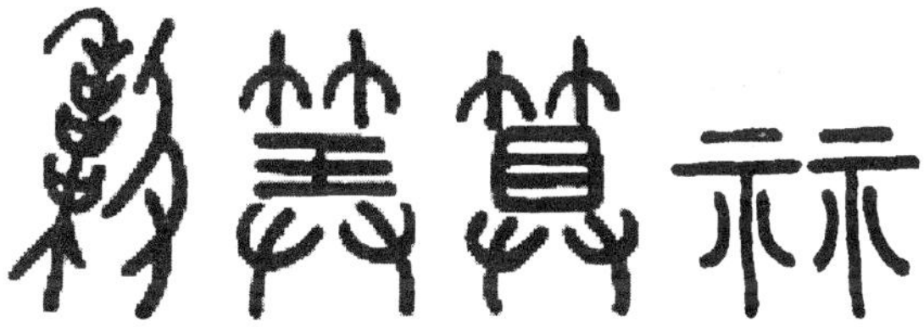

(a) (b) (c) (d)

[그림 1]

계산이라는 주제는 이러한 표의문자에서의 외양뿐만 아니라 고대 중국 전역에 퍼져 있었다. 이는 계산 도구인 산대에 의해 가장 잘 입증된다. 적어도 기원전 5세기에 산대가 일상적으로 사용되었음을 보여주는 증거가 다수 있으며, 아마도 더 이른 시기에 예언을 위해 사용된 막대로부터 발달된 듯하다. 고고학적 발견에 의한 최초의 유물은 기원전 2세기로 거슬러 오른다. 산대는 대, 나무, 심지어 금속이나 뼈, 상아로 만들어졌으며 주머니에 담아 허리에 차고 다닌 것으로 알려진다. 문헌에 묘사된(유물에서 확인됨) 길이는 13.86cm에서 8.5cm까지이며 시간이 흐를수록 짧아졌다. 단면도 변하여 막대가 이리저리 굴러다니는 것을 막기 위해 원형(지름 0.23cm)에서 정사각형으로 바뀌었다. 수학적으로 매우 흥미로운 한 가지 특징은 산대 위에 양수를 표시하기 위한 붉은 점과 음수를 표시하기 위한 검은 점이 있다는 것이다. 산대를 판(또는 임의의 편평한 표면) 위에 놓고 움직여서 여러 가지 계산을 하였다.

중국인들은 십진 위치적 기수법을 역사상 매우 일찍 채택하였다. 이는 상(商)대(기원전 1500년)의 갑골에 새겨진 숫자에서 이미 분명하며, 산대를 이용하여 계산할 때 산대의 위치가 매우 중요하다는 점에서 결정적으로 나타난다. 모든 수를 나타내기 위해, 올바른 위치에 놓는다면 10개의 기호로 충분하였다. 처음에는 숫자 1 ~ 9를 위해 9개의 기호만 사용되고 0은 빈칸으로 나타내었으나, 나중에 인쇄할 때 정사각형으로 나타내었고, 아마도 붓으로 쓸 때 정사각형이 점점 원으로 바뀐 것 같다. 수를 읽을 때 오류를 최소화하기 위해 숫자는 수직 배열(일, 백, …)과 수평 배열(십, 천, …)을 교대로 하여 쓰였다. 훨씬 후인 5세기 산학서 **하후양산경**(夏候陽算經)에 산대로 수를 표기하는 방법이 다음과 같이 기록되어 있다.

> 일은 수직, 십은 수평, 백은 서고, 천은 눕는다.
> 천과 십이 닮았고 만과 백이 닮았다.
> 6 이상이면 5가 위에 있다. 6은 쌓지 않고 5는 홀로 서지 않는다.

예를 들어 1996은  으로 쓴다.

산대를 이용한 계산은 몇 가지 약점을 지닌다.

(1) 계산이 많은 공간을 차지한다.

(2) 계산 도중 산대 배열을 흐트러뜨리는 최악의 사태가 가능하다.

(3) 계산 절차가 단계별로 기록되지 않으므로 중간 과정이 남지 않는다.

산대는 12~13세기에 주판으로 진보하여 15세기경 주판이 산대의 위상을 차지하였다. 주판을 사용함으로써 약점 (1)과 (2)는 사라졌지만 (3)은 17세기 초 유럽의 지필 계산이 전래될 때까지 남아있었다. 그러나 산대를 이용한 계산의 장점으로, 산대의 위치는 숫자를 편리하게 나타내었을 뿐 아니라 이 막대가 판에 놓인 위치는 기호 처리의 암묵적 사용을 허용하는 수단이 되어 비와 비율, 분수, 소수, 큰 수 및 작은 수, 방정식 등을 성공적으로 처리하도록 하였다는 점을 들 수 있다. 실제로, 산대의 사용은 고대 중국의 알고리즘적 수학의 전반적인 발달에 도움이 되었다.

몇 권의 산학서만 읽어보아도 사회적 관련성과 실용적 성향의 확실한 특징이 드러날 것이다. 애당초 처음부터 수학 발달은 천문학적 관측 및 역 계산에 대한 연구와 밀접하게 관련되어 있었다. 수학을 진지하게 다룬 최초의 책 **주비산경**(周髀算經)은 보다 이른 시대로부터 전해지는 내용을 약 기원전 100년경에 모아놓은 것으로 기본적으로 천문 연구에 관한 책이다. 농업에 기반을 둔 고대 사회에서 역 계산은 늘 국가의 주요 기능이었다. 이에 따라 수학은 주로 관료적 필요에서 시행되었다. 6세기의 한 산학서는 실제로 5개 국가 부서의 산학서를 뜻하는 오조산경(五曹算經)이란 제목을 지녔다. 기원전 100년에서 서기 100년 사이의 어느 시기에 수집된 것으로 추측되는, 가장 중요한 산학서 구장산술(九章算術)의 9개 장의 제목 역시 같은 맥락이다.

(1) 방전(方田)
(2) 속미(粟米: 비와 비율)
(3) 쇠분(衰分)
(4) 소광(少廣: 제곱근)
(5) 상공(商功: 입체도형의 부피)
(6) 균수(均輸: 비례배분)
(7) 영부족(盈不足: 중국의 이중가정법)
(8) 방정(方程: 연립방정식)
(9) 구고(句股: 직각삼각형)

산학서 내용의 사회적 관련성은 매우 풍부하여 역사가들은 산학서에서 당시의 경제, 정치 체제, 사회적 관습, 법적 규제를 추적하기 위한 귀중한 자료를 발견해 왔다! 사회적 관련성 및 실용적 성향에 대한 강조는 "실(實: 지식인)" 계층에 의해 공유된 삶에 대한 중국 전통 철학의 기본 취지, 즉 자아 발전 및 사회적 상호작용과 병행하여 또한 공립 학교에서 수학 교육이 정부 관리와 사무직을 위해 의도되었다는 교육 체계에서도 드러났다.(4)

마지막으로 수학적 증명의 문제로 넘어가자. "만약 증명이란 용어로 명확하게 형식화된 정의 및 공준에 기초한 명제의 연역적 증명을 의미한다면, 고대 중국 수학 및 실제로 어떤 다른 고대 동양 수학 문화에서도 증명을 발견하지 못할 것이 사실이다…그러나 확신시키고 조명하는 역할의 설명적 주해를 의미한다면, 그리스의 수학책 외에 다른 고대 수학책에서 풍부한 증명을 발견한다."(5) 중국인들은 그림, 유추, 범례, 알고리즘 계산을 통해 증명을 제공하였다. 이는 논리 연역적 사고에 대한 전통적인 강조와 더불어 수학 교수를 보완하는 교육적 가치를 지닐 것이다.

구장산술

*구장산술*은 중국의 모든 산학서 중 가장 중요하다. 246개의 수학 문제가 9개 장으로 묶여있다. 놀라운 고고학적 발견이 있던 1983년에 발굴된 죽간에 쓰인 '산수서(算數書)'라는 제목의 책이 지지하듯이 구장산술의 내용은 그것이 책으로 모아진 시기보다 훨씬 오래되었다고 믿을만한 이유가 있다.(6) 산수서는 대략 기원전 200년 경까지 거슬러 오르며, 문제에 나오는 수치 데이터 중 일부는 동일할 정도로 그 내용이 구장산술의 내용과 매우 유사함을 보여준다. 구장산술의 형식은 이어지는 1500년 동안 모든 중국 산학서의 원형이 되었다. 동일 범주의 몇몇 문제가 답과 함께 주어지고, 이어 일반 해법(알고리즘)이 뒤따르는 형식이다. 매우 초기 판에서는 그것이 전부이고 더 이상의 설명이 없었다. 아마도 설명은 교사의 몫이었던 듯하다. 보다 나중에 나온 판에서는 해법을 설명한 주해를 첨가하고 고대로부터 전해 내려온 오류를 수정하거나 원래 문장에 첨언하였다. 구장산술을 가장 뛰어나게 주해한 사람은 유휘(3세기)였는데, 그의 연구 중 일부를 다음 절에서 검토할 것이다.

구장산술의 형식으로 인해 그 책을 특정 유형의 문제를 해결하기 위한 비법의 메들리로 간주할 수도 있다. 실제로 고대 중국에서 관료 체제에 맞추어 이 책을 연구한 많은 사람들이 그렇게 여겼고, 따라서 다른 고전의 암송과 마찬가지로 기계적 학습에 의존하였다. 이것이 왜 역사상 저명한 수학자들은 대부분 독학하거나 사교육기관에서 배운 반면, 2천년 동안 관제에서 수학 훈련을 경험한 수많은 "수학 관리"로부터는 약간의 명성 있는 수학자들 소수만이 양산되었는가 하는 이유를 설명할 수 있다.(7)

그러나 보다 면밀히 살펴보면, 그 책이 비법을 담은 책과는 꽤 다른 것임을 알 수 있다. 구장산술 같은 고전에 포함된 지식체는 몇 가지 주제를 중심으로 구조화된다. 두 가지 중심 주제가 산술에서 "율(率: 비)"의 개념과 기하에서 "구고(句股: 직각삼각형)"의 개념이다. 어떻게 비가 대부분의 장에서 중요한 축을 이루는지에 대해 이제 간단히 설명할 것이고, 직각삼각형은 다음 절로 넘길 것이다. 유휘는 1장 주해에서 "비는 수 사이의 관계이다."(8) 라고 정의하였다. 유휘는 계속하여 비를 기약분수로 나타냄으로써 비의 실용적인 정의를 제공한다. 분수를 약분하기 위해 서양에서 유클리드 알고리즘으로 알려진 "상호 뺄셈"의 규칙을 도입한다.

> 분자와 분모가 2로 나누어지면 모두 반으로 하라. 분자와 분모가 2로 나누어지지 않으면 분자와 분모를 각각 쓰고 큰 수에서 작은 수를 교대로 계속하여 빼서 같아지는 수를 구하라.

이는 제1장 제6문에서 볼 수 있는 바와 같이, 어떻게 계산 그 자체가 이미 증명(즉 설득력있는 주장)인지를 보여주는 좋은 사례이다.

> 분수 $\frac{49}{91}$를 약분하라.
>
> (49, 91) → (49, 42) → (7, 42) → (7, 35) → (7, 28) → (7, 21) → (7, 14) → (7, 7)
>
> 따라서 $49=7\times7$, $91=7\times13$이고, $\frac{49}{91}=\frac{7}{13}$이다.

2장 초반부에서 유휘는 비의 개념을 정비례 또는 반비례의 배분(3장, 6장), 영부족 문제의 공식과 처리, 즉 "이중 가정법(7장)", 일차연립방정식(8장) 등 많은 상황에 적용할 수 있도록 하는 소위 "삼수법"을 설명하였다(동시대의 인도 사본에서도 발견됨). 8장의 제목인 중국 용어 "방정(方程)"은 지난 세기 말 경 잘못되었지만 역사적으로 흥미로운 이유에서(9) "equation"을 번역하기 위해 채택되었고 오늘날 표준 용어가 되었지만, 8장의 정신은 방정식보다 비 쪽에 더 가깝다. 비의 개념에 비추어 보면, 가우스 소거법에 의한 현대적인 행렬 방법에 해당하는 기법이 자연스럽게 생겨난다.

이 절의 마지막으로 사회적 관련성을 비, 그리고 심지어 통계 표본에의 적용과 함께 섞은 구장산술의 유형을 따른 예를 고려하자. 1247년 진구소의 수서구장의 제12권 제6문이다.

> 농부가 쌀 1534섬으로 세금을 지불할 때 검사에서 벼가 있다는 것이 알려졌다. 254알을 더 검사하였는데 이 중 28알이 벼였다. 1작이 300알이라 할 때 진짜 쌀은 얼마나 되는가?

(송대의 도량형에서 1섬=10말=100되=1000홉=10000작. 구장산술에 기록된 전통에 따르면 벼는 쌀알의 반으로 세어졌다.) 답은 원래 $1534\times10000\times300=$ 4,602,000,000 알 중에서 4,348,346,456알이다.

몇 가지 예와 그 해법(10)

(1) 구장산술 제9장 제14문은 직각삼각형에 대한 문장제이다:

> 갑과 을 두 사람이 같은 지점에 서있다. 갑이 7걸음 걸을 동안 을은 3걸음 걷는다. 을은 동쪽, 갑은 남쪽으로 걷는다. 갑이 남쪽으로 10걸음 걸은 다음 대략 북동쪽으로 방향을 바꾸어 걸어가서 을을 만났다. 두 사람은 (만났을 때) 각각 얼마를 걸었는가?

이 문제가 본질적으로 따르는 규칙은 빗변의 길이가 c인 직각삼각형의 세 변의 길이 a, b, c의 비를 준다. 즉,

$$a : b : c = \frac{1}{2}(m^2 - n^2) : mn : \frac{1}{2}(m^2 + n^2)$$

여기서 $m : n = (a + c) : b$. 이 문제에서는 $m=7$, $n=3$, $a=10$이다. 그러므로 $a : b : c = 20 : 21 : 29$, $b = 10\frac{1}{2}$, $c = 14\frac{1}{2}$이다. 이 결과에 대한 수학적 의미는 단순히 그것이 나타내는 대로의 문제에 대한 답이라기보다 훨씬 심오하다. 왜냐하면 소위 피타고라스의 수, 즉 $a^2 + b^2 = c^2$인 (양의) 정수 a, b, c를 생성하는 방법을 제공하기 때문이다. 고대 중국인들은 피타고라스의 수를 위한 명시적인 공식을 언급하지는 않았지만, 동시대의 그리스인들 또한 관심 있었던 이 문제들에 꽤 숙달되어 있었고, 고대 중국 수학에서 산술과 기하는 계산을 통해 서로 엮여 있었다. 고대 그리스인들이 소수(素數)와 인수분해의 관념을 알고 있었던 반면 당시 중국인들은 그렇지 않았던 것에 주목한다면 훨씬 놀랄만한 업적이다. 대신 중국인들은 a, b, c가 각각 합리적으로 표현될 수 있는 적절한 기하학적인 해석을 지닌 두 양을 찾음으로써 기하학적인 관점을 채택하였다. 제14문의 경우에, 두 양은 한 변과 빗변의 합($a + c$)과 세 번째 변의 길이(b)이다. 유휘의 주해는 [그림 2]로 설명된다. 그는 실제로 설득력 있게 주장하기 위해 색깔 있는 조각들을 이용하여 재조립하는 방법을 자세히 기술하였다. 주해의 원래 그림이 존재한다면 그럴싸한 시각적 보조물이었을 것이다!

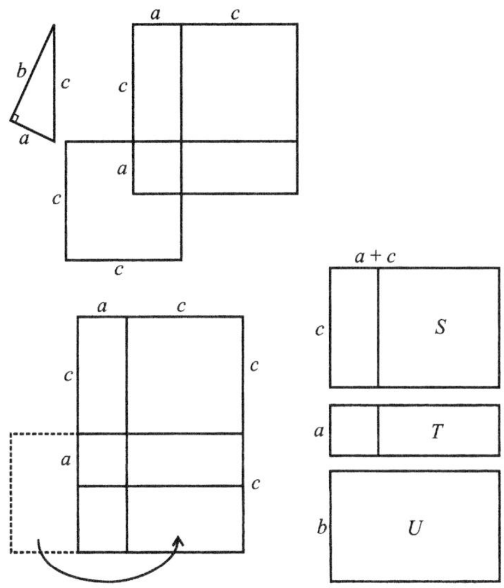

[그림 2]

[그림 2]로부터 다음 사실을 알 수 있다.

$$c : a : b = S : T : U$$

$$= \frac{1}{2}[(a+c)^2+b^2] : (a+c)^2 - \frac{1}{2}[(a+c)^2+b^2] : (a+c)b$$

따라서 $a : b : c = \frac{1}{2}[(a+c)^2-b^2] : (a+c)b : \frac{1}{2}[(a+c)^2+b^2]$

$$= \frac{1}{2}(m^2-n^2) : mn : \frac{1}{2}(m^2+n^2)$$

여기서 $(a+c) : b = m : n$

구장산술이라는 이러한 원형적 고전의 영향은 후대의 책에서 발견된다. 예컨대 1000년 이상 후에 나온 진구소의 수서구장의 제5장 제2문은 다음과 같다.

삼각형 모양의 밭의 세 변의 길이가 13리, 14리, 15리이다. 넓이는 얼마인가?

책에 주어진 답을 오늘날의 수학적 표기로 나타내면 다음과 같다.

$$(\text{넓이})^2 = \frac{1}{4}\left[A^2C^2 - \left(\frac{A^2+C^2-B^2}{2}\right)^2\right]$$

여기서 A, B, C는 세 변의 길이이고 $C<B<A$이다.(11) 이것은 유클리드의 원론이 중국에 전파되기 이전에 아마도 모든 중국 산학서에서 직각삼각형이 아닌 삼각형의 유일한 등장이었기 때문에 중국 수학에서 흔치 않은 소중한 것이다.(12) 진구소는 이 식을 다음과 같이 변형한다.(13)

앞의 예에서 우선

$$\frac{a}{b}=\frac{1}{2}[(a+c)^2-b^2]/(a+c)b$$

를 주목하면, 따라서

$$a=\frac{1}{2}\left[(a+c)-\left(\frac{b^2}{a+c}\right)\right]$$

이다. 세 변의 길이가 a, b, c인 직각삼각형(c가 빗변)을 a와 c를 [그림 3]에서의 길이대로 하여 그려라. $C^2-a^2=h^2=B^2-c^2$이기 때문에 $B^2-C^2=c^2-a^2=b^2$이다. 그러므로

$$\begin{aligned}a&=\frac{1}{2}\left[(a+c)-\left(\frac{b^2}{a+c}\right)\right]\\&=\frac{1}{2}\left[A-\frac{B^2-C^2}{A}\right]=\frac{1}{2}\left[\frac{A^2+C^2-B^2}{A}\right]\end{aligned}$$

결국

$$\begin{aligned}(\text{넓이})^2&=\frac{1}{4}h^2A^2=\frac{1}{4}(C^2-a^2)A^2=\frac{1}{4}(A^2C^2-a^2A^2)\\&=\frac{1}{4}\left[A^2C^2-\left(\frac{A^2+C^2-B^2}{2}\right)^2\right]\end{aligned}$$

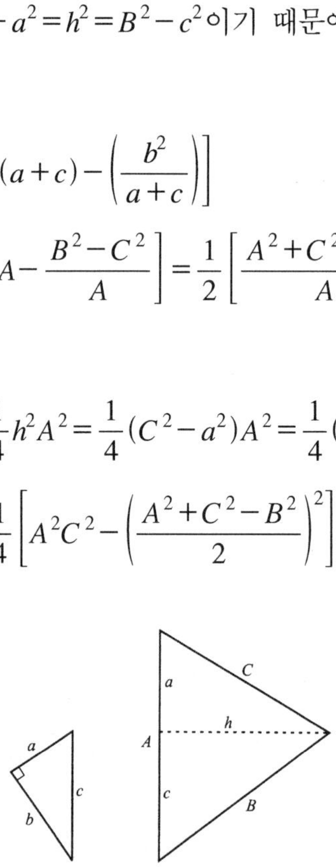

[그림 3]

(2) 초기 중국에서 π 값의 계산은 구장산술의 제1장 제32문에 있다.

> 원 모양의 밭이 둘레가 181보이고 지름이 $60\frac{1}{3}$ 보이다. 넓이는 얼마인가?

답은 "넓이는 둘레의 반과 지름의 반의 곱과 같다"이다.

$$A=\left(\frac{1}{2}C\right)\left(\frac{1}{2}d\right)=\left(\frac{1}{2}C\right)(r)=(\pi r)(r)=\pi r^2$$

이므로, 이것은 정확한 식이다. 이 문제에 나오는 데이터는 식 $C=3d$를 함의하는데, 이는 π로 3을 택했음을 의미한다. 유휘는 주해에서 이 식이 왜 합당한지를 설명하고 π의 보다 정확한 값을 구하는 방법을 지적하였다.

> 우리는 계산할 때 원주 3의 지름 1에 대한 비 대신 원주율의 보다 정확한 값을 이용한다. 원주율 3은 내접한 정육각형의 둘레의 지름에 대한 비일 뿐이다. 호와 현을 활과 줄과 같이 비교함으로써 원주가 정육각형의 둘레보다 크다는 것을 알 수 있다. 그러나 이 계산법을 다음 세대에 전해주는 사람들은 그것을 철저하게 애써 조사하지 않고 단지 그 선조들로부터 터득한 것을 되풀이함으로써 오류를 전달할 것이다. 명확한 설명이나 정확한 정당화가 없다면 진리를 거짓으로부터 분리시키는 것은 매우 어렵다.

이 글에서 우리는 연구하는 진정한 일류 수학자를 본다. 그는 전수받은 지식을 탐구하고 이해하고 명료화하려고 노력하였으며, 그럼으로써 지식의 경계를 확장시켰다. 오늘날 수학적 언어로 유휘의 방법은 다음과 같다.

A_n=반지름 r인 원에 내접한 정n각형의 넓이
a_n=내접한 정n각형의 한 변의 길이
C_n=내접한 정n각형의 둘레

라 하자.

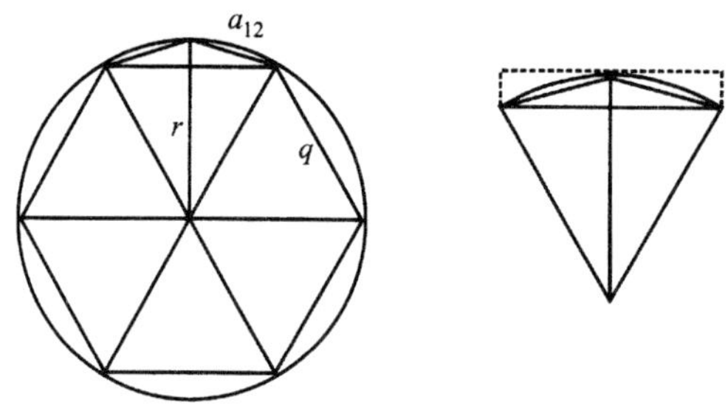

[그림 4]

유휘는 정육각형($n=6$)으로 시작하여 변의 수를 2배로 함으로써 정12각형, 그리고 나서 정24각형, 정48각형 … 이런 식으로 정192각형까지 확장하였다.

$$A_{12}=3a_6r=\frac{1}{2}C_6r,\ A_{24}=6a_{12}r=\frac{1}{2}C_{12}r,\ A_{48}=12a_{24}r=\frac{1}{2}C_{24}r$$

등을 관찰하였다. 또한 이것이 끝이 아니라 근사 과정의 처음 몇 단계일 뿐이라는 것을 알았다. 그가 주장하기를, "세분하면 할수록 남는 부분은 줄어들 것이다. 더 이상 자를 수 없을 때까지 자르면 원과 일치할 것이고 남는 부분은 없다." 우리는 여기서 무한소와 극한의 초기 개념을 본다. 그는 어림값도 주었다. 즉 [그림 4]에서 볼 수 있듯이

$$A_{2m} < A < A_{2m} + (A_{2m} - A_m)$$

이다. 이리하여 "궁극적으로" $A=\frac{1}{2}Cr$이라고 결론내렸다. 또한 A_{192}를 찾기 위한 계산을 하였다. 그리하여 처음으로 다음 공식을 만들었다.

$$a_{2n}=\sqrt{\left[r-\sqrt{r^2-\left(\frac{a_n}{2}\right)^2}\right]^2+\left(\frac{a_n}{2}\right)^2}$$

현대의 컴퓨터로는 오차 0.001681의 $A_{192}=3.141032$(반지름 1)를 구할 수 있다. 유휘가 17세기 이상 이전에 산대만 써서 계산하여 $A_{192}=314\frac{64}{625}$(반지름 10)를 어떻게 얻었는지 상상해보라. 실제로 그는 π값을 소수 둘째 자리까지 정확하게 구하였다.(14)

(3) 고대 중국 수학의 알고리즘적 특성은 일차연립합동식의 해법에 의해 가장 잘 예시될 수 있다. 추상 대수 분야에 "중국인의 나머지 정리"로 알려진 기본적인 정리가 있다. 그 이름은 구체적인 사례, 즉 손자산경(4세기)의 제3장 제26문에서 비롯된 것이다:

> 개수를 알지 못하는 물건이 있다. 셋씩 세면 2가 남고, 다섯씩 세면 3이 남고 일곱씩 세면 2가 남는다. 물건의 수를 찾아라.

이 문제는 꽤 대중적이 되었고 여러 가지 이름으로 등장하였다. 훨씬 나중에 나온 산학서인 정대위의 산법통종(算法統宗: 1592)에는 이 문제와 관련한 시까지도 등장한다: "3사람이 70까지 함께 사는 것은 드문 일이다. 5그루 매화 나무에 가지가 21개 있다. 7사람이 만날 때 한 달의 반이다. 105를 제하면 문제가 풀린다.(15)" 이 시는 이 특별한 문제의 신비로운 수 70(3에 대해), 21(5에 대해), 15(7에 대해)를 숨기고 있다. 그 일반해는 $2\times70+3\times21+2\times15\pm105$($3\times5\times7$의 배수)이다. 일반적으로 문제는 다음 일차연립합동식을 푸는 것이다.

$$x\equiv a_i \bmod m_i\ ,\ i\in\{1,\ 2,\ \cdots,\ N\}$$

수학자들은 역 계산 때문에 일차합동식을 연구해야 했고 그것을 다루는 데 꽤 능숙해졌다. 앞의 문제에서 이미 매우 의미 있는 단계, 즉 문제를 $x\equiv1 \bmod m_i$, $x\equiv0 \bmod m_j(j\neq i)$로 바꾸는 것을 볼 수 있다. (원래 문제의 해는 이 두 체계의 해의 적절한 "일차결합"이다.) 진구소는 수서구장(1247)에서 자신의 방법을 "대연구일술"이라 명명하며 연구를 완성하였다. "일차 결합"을 하기 위해 일련의 신비로운 수를 어떻게 찾아내는지를 보였다. m_i들이 서로 소인 경우를 현대적 표기를 사용하여 고려하자. (진구소 역시 일반적인 경우를 다루었다.) $kb\equiv1 \bmod m$ 꼴의 일차합동식을 $m=m_i$, $b=(m_1\cdots m_N)/m_i$라 하여 따로따로 푸는 것으로 충분하다. k를 찾기 위해 진구소가 이용한 방법의 요점은 $k_ib\equiv(-1)^ir_i \bmod m$이고 r_i가 감소하는 일련의 순서쌍 (k_i, r_i)를 찾는 것이다. 어느 지점에서 $r_s=1$이고 $r_{s-1}>1$이다. s가 짝수라면 $k=k_s$가 해일 것이고, s가 홀수라면 $k=(r_{s-1}-1)k_s+k_{s-1}$이 해일 것이다. 이 일련의 순서쌍은 구장산술에서 "상호 뺄셈"이라 설명한 $r_{i-1}=r_iq_{i+1}+r_{i+1}(r_{i+1}<r_i)$를 이용하여 찾을 수 있다. (이 과정은 $r_{i+1}=0$에 이르기 전에 멈출 것이다.) 그리고

$k_{i+1}=k_iq_{i+1}+k_{i-1}$이라 하자. ($k_{-1}=0$, $r_{-1}=m$, $k_0=1$, $r_0=b$라 하자.) 고대 중국인들의 계산 방법은 훨씬 더 합리적이고 편리하였다. 왜냐하면 산대를 사용하여 판의 네 모퉁이에 다음의 왼쪽 배열에서 오른쪽 배열로 가는 연속적인 순서쌍들을 놓았기 때문이다.

1	b	→	k	1
0	m		*	*

상단 오른쪽 모퉁이가 1이 되면 절차는 끝난다. 그래서 "구일술"이란 이름이 붙는다. 전형적인 중간 단계는 다음과 같다.

i가 짝수라면,

k_i	r_i	→	k_i	r_i	→	k_i	r_i
k_{i-1}	r_{i-1}		k_{i-1}	r_{i+1}		k_{i+1}	r_{i+1}

i가 홀수라면,

k_{i-1}	r_{i-1}	→	k_{i-1}	r_{i+1}	→	k_{i+1}	r_{i+1}
k_i	r_i		k_i	r_i		k_i	r_i

산판에서 산대의 위치가 어떻게 아이디어를 고정시키는 것을 돕는지를 알 수 있다. 사실상 수서구장에 개관된 절차는 컴퓨터 프로그램으로 그대로 옮길 수 있다.

(4) 좀 더 가볍게 다룰만한 예는 손자산경의 제3장 제34문이다.

> 밖에 9개의 제방이 있다. 각 제방에는 9그루의 나무가 있다. 각 나무에는 9개의 가지가 있다. 각 가지에는 9개의 새둥지가 있다. 각 둥지에는 9마리의 새가 있다. 각 새는 9마리의 새끼가 있다. 각 새끼는 9개의 깃털이 있다. 각 깃털은 9가지 색깔을 지녔다. 각각은 몇 개씩 있는가?

이 문제는 어떤 수를 거듭제곱하는 쉬운 연습문제로 그 자체로는 별로 흥미롭지 못하다. 흥미로운 점은 모든 수학 문명에서 레크레이션 특성의 이러한 문제가 종종 등장한다는 것이다. 중세 유럽 수학자인 피보나치(Leonardo Fibonacci)는 *Liber Abaci*

(1202)에서 다음 문제를 제시하였다.(16)

> 7명의 노파가 로마에 갔다. 각 노파는 7마리의 노새를 가졌다. 각 노새는 7개의 자루를 졌다. 각 자루에는 7개의 빵 덩어리가 들어 있다. 각 덩어리와 함께 7개의 칼이 있다. 각 칼은 7개의 칼집에 넣어있다. 사람 수와 물건 수는 각각 얼마인가?

어린이의 음률을 떠올리게 한다: "내가 성 이브한테 가고 있을 때 7명의 부인을 거느린 한 남자를 만났다. 부인마다 7개의 자루를 가졌다. 자루마다 7마리의 고양이가 들어 있다. 고양이마다 7마리 새끼가 있다. 성 이브에게 가고 있는 새끼 고양이, 고양이, 자루, 부인은 각각 얼마인가?" 그리고 현존하는 가장 오래된 수학책인 고대 이집트의 린드 파피루스(기원전 17세기)에도 유사한 제79문이 있다.(17)

집	7
고양이	49
쥐	343
밀 낟알	2301
헤카트(Hekat) 척도	16807
	19507

힐버트(David Hilbert, 1862～1943)는 "수학은 종족이란 것을 알지 못한다…수학에 있어 전체적인 문화 세계는 단일 국가이다."라고 말한 바 있다.(18)

▌참고문헌▐

고대 중국 수학에 대한 일반적인 고려와 심도 있는 연구 성과가 풍부하다. 그 중 많은 것이 중국에서 쓰여진 방대한 양의 책과 논문에 들어있고 그 대부분은 번역되지 않은 상태이며 따라서 중국권이 아닌 곳에서는 접근 불가능하거나 알려지지조차 않은 채이다. 저자가 감사와 동시에 미안함을 느끼는 이 저자들의 학식을 자유롭게 이용하더라도, 공간상의 제약과 소개 차원인 논문의 성격상 그들의 연구 결과를 여기서 완전하게 기록할 수는 없다. 중국어를 읽지 못하지만 이 주제에 대해 보다 심오하게 알고자 하는 독자들의 편리함을 위해 영어로 된 몇 가지 도움이 될 만한 참고문헌을 아래와 같이 인용한다.

가장 잘 알려지고 종종 인용되는 표준 참고문헌이며 중국 수학사 전체에 대해 광범하게 학문적으로 잘 기록된 것(중국어와 일본어로 500개 이상의 항목에 접근)은 물론 다음 책이다.

[1] J. Needham (Wang Ling의 협조), *Science and Civilization in China*, vol. 3, Chapter 19, Cambridge University Press, Cambridge, 1959.

고대 중국 수학의 내용뿐만 아니라 문맥도 강조하는 참고서적은 다음과 같다.

[2] J. C. Martzloff, *A History of Chinese Mathematics(Histoire des mathématiques chinoises*, Masson, Paris 1987 역), Springer-Verlag, Heidelberg, 1997.

입문서로 적절한 두 가지는 다음과 같다.

[3] Li Yan and Du Shiran, *Chinese Mathematics: A Concise History* (J. N. Crossley and A. W. C. Lun의 *Zhongguo Gudai Shuzue Jianshi*, Zhonghua, Beijing, 1963 역), Clarendon Press, Oxford, 1987;

[4] G. G. Joseph, *The Crest of the Peacock: Non-European Roots of Mathematics*, Tauris, London, 1991.

몇 가지 시사적이고 흥미로운 논문을 통해 신속하게 알고 싶다면 다음을 참조하라.

[5] F. J. Swetz, The evolution of mathematics in ancient China, *Math. Magazine*, 52 (1979), 10-19;

[6] F. J. Swetz, The amazing Chiu Chang Suan Shu, *Math. Teacher* 65 (1972), 423-430;

[7] F. J. Swetz, The "piling up of squares" in ancient China, *Math. Teacher* 70 (1977), 72-79.

(이상 세 논문 모두 *From Five Fingers to Infinity: A Journey Through the History of Mathematics*. F. J. Swetz 편. Open Court, Chicago, 1994에 들어 있다.)

(1984년까지) 서양어로 쓰인 광범한 참고 서적과 함께 중국 수학의 연대기적 발달사를 다음에서 찾아볼 수 있다.

[8] F. J. Swetz and Ang Tian Se, A brief chronological and bibliographic guide to the history of Chinese mathematics, *Historia Mathematica*, 11 (1984), 39 - 56.

▌미주▐

(1) 16세기 말경 중국에 처음으로 유럽 과학이 전래되기 시작하였다. 고유한 수학 발달의 변화와 전래된 서양 수학과의 통합 등 16세기 이후에 일어난 일은 그 자체로 매력적인 주제이지만 이 논문에서 다루지는 않을 것이다.

(2) 이 논문은 História e Educação Matemática(Braga, Portugal, 24 - 30 July 1996) 회의의 기조 연설에 근거하여 작성된 것이다. 저자는 참석하지 못할 상황이라 Chun-Ip Fung이 대신 연설을 맡았음에 감사의 뜻을 전한다.

(3) 전형적인 문장은 진구소(秦九昭)의 수서구장(數書九章, 1247) 서문에서 볼 수 있다. 이 논문에서의 논의는 "내적 수학"의 측면을 간과하고 "외적 수학"에 제한할 것이다.

(4) 고대 중국의 수학교육에 대한 심도있는 논의를 위해서는 다음을 참조하라.

M. K.Siu, Mathematics education in ancient China: What less do we learn from it? *Historia Scientiarum*, 4 - 3(1995), 223 - 232.

Chapter 1 in F.Swetz, *Mathematics Education in China: Its Growth and Development*, MIT Press, Cambridge 1974.

(5) 이것은 M.K.Siu, Proof and pedagogy in ancient China: Examples from Liu Hui's commentary on *Jiuzhang Suanshu, Educational Studies in Mathematics*, 24 (1993), 345 - 357. 로부터 인용한 것이다. 이 논문은 많은 사례를 포함한다.

(6) 예컨대 다음에 기록되어 있다: Li Xueqin, A significant finding in the history of ancient Chinese mathematics: A glimpse at the Han bamboo strips excavated at Zhangjiashan in Jiangling(in Chinese), *Wenwu Tiandi*, 1(1985), 46 - 47.

(7) 그러한 문장을 곧이곧대로 받아들여서는 안된다. 수학 발달을 당시의 보다 넓은 사회문화적 배경 속에서 보아야 더 나은 관점을 얻을 수 있을 것이다. 특히 고대 중국의 "수학자" 집단은 잘 조직된 학자 단체가 아니었다. 저자는 이보다 폭넓은 맥락에서 고대 중국의 수학 활동에 대해 볼코프(A.Volkov)와 공동 연구 중에 있다.

(8) 유클리드 원론의 제5권 정의 3과 비교하라. "비는 같은 종류의 두 양 사이에 크기와 관련한 일종의 관계이다."

(9) 이것은 청대에 전통 수학의 역할을 재주장하려는 노력에서 "중국에 둔 서양 지식의 기원"이란 주제의 공표와 관련된다. 자세한 논의는 이 논문의 범위를 벗어난다.

(10) 각 문제의 구체적인 참고문헌은 생략한다. 이 문제 중 대부분의 문장은 필자가 번역한 것이다. 그러나 손자산경(L. Y. Lam and T. S. Ang, *Fleeting Footsteps: Tracing the Conception of Arithmetic and Algebra in Ancient China*, World Scientific, singapore, 1992), 수서구장(U. Libbrecht, *Chinese Mathematics in the Thirteenth Century: The Shu-shu Chir-Chang of Ch'in Chiu-shao*, MIT Press, Cambridge, 1973), 구장산술(K. Vogel, *Neun Bücher Arithmetischer Technik*, Friedr. Vieweg & Sohn, Braunschweig, 1968)의 번역서가 출간되어 있다. 구장산술의 프랑스어, 영어판은 준비중에 있다.

(11) 그리스 수학자인 알렉산드리아의 헤론의 공식(1세기), 즉 $(\text{넓이})^2 = S(S-A)(S-B)(S-C)$, 여기서 $S = \dfrac{A+B+C}{2}$가 자연스럽게 떠오른다. 실제로 두 공식은 동치이다.

(12) 옮긴이 주: 그러나 구장산술에는 직각삼각형 외에 규전(圭田: 이등변삼각형)의 넓이도 다루어져있다.

(13) 이것을 헤론의 종합 기하에 의한 증명과 비교하는 것은 흥미롭다. I. Thomas, *Greek Mathematical Works*, II, Havard University Press, 1939; 재판 1980, pp. 471-477을 참조하라.

(14) π의 이 계산과 아르키메데스에 의한 계산을 비교하는 것은 흥미롭다. 예컨대 R. Calinger(ed), *Classics of Mathematics*, Moore Publishing, 1982: Prentice-Hall, 1995, pp. 137-141에서 찾을 수 있다.

(15) 옮긴이 주: 원문의 시는 다음과 같다.

三人同行七十稀　五樹梅花廿一枝

七子團圓正月半 除百零五便得知

(16) H. Eves, *An Introduction to the History of Mathematics*, 4th edition, Holt, Rinehart & Winston, New York, 1976, pp. 43－44.

(17) A. B. Chace, *The Rhind Mathematical Papyrus*, Mathematical Association of America, Oberlin, 1927～29; reprinted by the National Council of Teachers of Mathematics, Reston, 1978, p. 59를 참조하라.

(18) Constance Reid, *Hilbert*, Springer-Verlag, Heidelberg, 1970, p. 188을 보라.

수학의 가치－중세 이슬람 시대의 관점

George W. Heine, Ⅲ
Math and Maps

수학자들과 수학 교사들은 종종 학생, 행정가, 고용자 그리고 사회로부터 "수학은 어디에 쓸모가 있는 거죠? 왜 우리는 돈을 지급하고 이 과정을 수강해야 하는 것이죠?"라는 질문을 받곤 한다. 이런 질문을 받을 때마다 우리는 곤혹스러우며, 만족스러운 답변을 하기가 어렵다. 하지만, 던져진 질문이 가지는 중요성은 자명하다. 또한 위에서 언급된 문제들에 대한 해답은 우리의 규율과 문화 간의 관계에 통찰력을 갖게 한다.

오늘날 우리가 제공하는 해답은 크게 세 가지로 나뉜다: 실용적 해답은 수학이 자연과학, 엔지니어링, 컴퓨터공학, 경제학 그리고 기술사회의 핵심이 되는 다른 분야에서 중요한 역할을 담당함을 강조한다. 교육학적 해답은 수학이 다른 과목을 학습하기에 앞서 보다 추상적인 사고를 기르는데 유용하다고 정의한다. 미학적 해답은 수학적 문제들은 재미있고, 도전적이며, 만족을 주는 동시에 문제를 풀려고 하는 사람들에게 기쁨을 주는 점을 강조한다.

우리의 해답을 올바른 견해로 보기 위하여, 우리와 다른 문화는 이러한 문제들에 대해 어떻게 답하고 있는 바를 관찰하는 것은 참으로 흥미롭다. 이 논문에서 필자는 수학을 중세 이슬람 시대의 관점으로 다루겠다. 필자는 서양에는 Avicenna로 알려진 페르시아 학자 Abu 'Ali al-Husayn ibn' Abdullah ibn Sina(980~1037(1))의 인생과 업적에 초점을 맞추었다. Ibn Sina의 생애는 창조적인 시대였다. 많은 철학자, 수학자, 자연과학자 그리고 그 이외의 창조적 사고를 하는 사람들이 활발히 활동하던 시대였다. 이 시대의 문화는 현재 문화와 많은 역사적 연관성을 띄고 있으며, 문제의 중요도 차이는 어느 정도 있겠지만, 위에서 언급된 3가지 문제에 대한 정당성을 인정할만한 수학적 활동이 있음을 기대할 수 있다. 현재 우리가 살고 있는 시대와 문화적 차이가 있기 때문에, 이질적인 요소가 발견되는 점은 그다지 놀랄만한 일이 아니다.

역사적 배경(2)

예언자 마호메트 사후 첫 세기 동안 이슬람 사회는 아랍 군사적 귀족사회를 형성하였다. 이 기간 동안 지배자 즉 칼리프(3)는 Umayyad 가문(4)에서 배출되었다. 그들은 페르시아의 Sasanian왕조, 시리아의 비잔틴/헬레니즘 문화를 가진 지역, 팔레스타인, 이집트 그리고 북 아프리카와 이베리아의 대부분 지역을 정복함으로써 역사상 가장 성공적인 군사 행동을 지휘하였다. 하지만 아라비안 부족처럼 조직화된 Umayyad 정부는 새로운 거대한 제국을 지배하는데 제대로 갖추어지지 않은 문제점이 있었다. 비아랍인들, 지배 계층이 아닌 아랍인들과 심지어 이슬람교로 개종한 사람들조차도 이류 시민계층으로 구분되었다. 이러한 계층 구분은 창조자 앞에 모든 이는 평등하다는 새로운 종교 가르침을 받은 사람들의 분노를 초래하였다. 749년 혁명군은 Umayyad 가문을 무너뜨리고 Abassid 가문(5)의 칼리프 출신으로 대체하였다. Abassid 가문은 페르시아와 이라크를 3세기동안 성공적으로 통치하였고, 이 기간은 이슬람 과학과 인문학의 황금 시대였다. 헬레니즘과 친숙한 학자들, 페르시아인, 바빌로니아인 그리고 인도 전통은 단일 정부와 단일 언어 아래 통합되었다. 사회는 매우 번창하였다. 많은 사설 도서관이 설립되었고, 지배 계층은 적극적으로 학습과 학문을 장려하였다. 칼리프 Al Ma'mum(813~833)은 그리스어, 시리아어, 팔라비어, 산스크리트어 문장을 아랍어로 번역하는 국가적 사업을 추진하였다. 아랍어로 번역된 다수의 고대 작업들은 오늘날까지 남아있다.

당시의 문화는 신학적 주제(6)에 있어서도 놀라울 정도의 관용을 보여주었다. 그 예로 Mohammed ibn Zakariya al-Razi(865~925)는 다음과 같이 적고 있다.

> "약학, 기하학, 천문학 그리고 논리학 서적들은 성경과 코란보다 더욱 유용하게 사용된다. 이 책들의 저자는 예지자의 도움 없이 자신의 지식으로 사실과 진실을 밝혀내었다."(7)

다른 작가들은 위와 같은 이단적 발언에 대해 강경하게 비판하였지만 Mohammed ibn Zakariya al-Razi는 해를 당하지 않고 평안한 삶을 살았다.(8)

위와 같은 역사적 개관은 이슬람 사회는, 특히 종교에 있어서, 보수적이고 외부 사상에 대해 의심이 많고, 적대적일 것이라고 생각하는데 익숙한 독자들을 어리둥절하게 할지도 모른다. 독자들이 생각하는 것과 같은 경향은 ibn Sina 사후 첫 세기 동안 나타나게 된다. 어쩌면 이러한 경향은 부분적으로 십자군원정, 스페인 국토회복운동 그리고 몽골의 바그다드 약탈과 같은 외부의 침략에 대한 보호적인 반응에서 나온 것이다.

> "권력과 영광의 절정에서 이슬람은 접촉한 대부분의 문화를 받아들여 자신의 문화에 이를 적응시켰다. 쇠퇴기에는 자신감이 상실되었고, 전통의 보호자들은 두려움을 느꼈고, 모든 외적 침입에 대해 저항하였다."(9)

보수적인 반응의 다른 이유 중 하나는 Abu Hamid al-Ghazali(1058~1111)의 가르침에서 찾을 수 있다. 그의 경력과 영향력은 가히 성 어거스틴과 견줄 만하다. 그는 철학과 합리적 신학이론을 공부하였고, 젊은 시절 존경받는 자리까지 올랐다. 하지만 양심의 가책에 고통스러워 하였고, 수피교도(이슬람의 신비주의자)가 되어 여생을 이성적 사고를 통해 "근본적 진실"을 추구하는 사람들을 강경하게 비판하면서 보냈다.

> "대조적으로, 예언에 대한 믿음은 원인을 초월한 영역이 존재한다는 것을 인식하는 것이다. 위 영역 안에서 눈은 사람이 어떻게 하여 특별한 사물에 대한 이해를 판단하는지 꿰뚫게 된다. 이러한 이유는 청각이 색(色)을 이해하지 못하는 점과 시각이 음(音)을 이해하지 못하는 것과 동일하게 배척되어지고 있다."(10)

Al-Ghazali의 영향력은 수 세기동안 지속되었고, 과학자, 수학자 그리고 철학자를 이슬람 사회의 변방으로 밀어내는데 일조하였다.

우리는 다시 Ibn Sina의 생애로 돌아가서 황금시대의 수학에 대한 태도를 규명하고자 한다.

Ibn Sina의 생애와 업적

Ibn Sina의 출생 당시, Abassid 칼리프 가문의 권력은 전보다 약해져 있었다. 명목상으로는 그들이 여전히 시리아, 팔레스타인, 메소포타미아 그리고 페르시아를 통치하고 있었으나, 사실상 페르시아의 동부 지역과 중심부는 다수의 독립 제후들이 지배하고 있었다. 또한 Ibn Sina의 가족이 거주하던 칼리프 영토의 북동부지역은 터키 부족에게 위협을 당하고 있었다. 불확실한 정치적 상황에도 불구하고, 문화적 활동은 지속적으로 번성하였다.(11)

우리는 Ibn Sina의 생애의 사실 여부에 대해 어느 정도 확신할 수 있다. 그 이유는 그의 자서전이 현재까지 남아있고(12) (그의 사후 그의 제자 중 한 명이 서술을 완료하였다), 최소 다섯 명의 중세 역사학자(13)들이 남긴 자료도 함께 남아있다. 그는 오늘날 우즈베키스탄으로 불리고, 당시 칼리프 영토에서 북동쪽으로 멀리 떨어진 지역인 Bukhara에서 교육을 받았다(그림 1 참조).(14) 그 당시의 학자들과 마찬가지로 그는 물리학자, 천문학자/점성가, 카운슬러, 교사의 삶을 살았다. 그는 20대 초반 처음으로 Khwarazm(15) 지방의 수도인 Gurganj시에서 직책을 맡았다. 그곳에서 그의 동료 학자 중 한 명은 Abu'l-Rayhan Muhammad ibn Ahmad al-Biruni인데, 그는 오늘날까지 수학, 측지학, 역사학 그리고 다른 분야에 큰 공헌을 한 것으로 기억되고 있다.

[그림 1]

Ibn Sina의 자서전에 따르면 지도상의 점들은 그가 살았던 도시들이다. 그의 출생지인 Bukhara는 이들 도시 중 최동단에 위치하고 있다. 다른 도시들은 그가 모셨던 여러 지배자의 왕실을 나타내고 있다.

불안정한 시대 상황으로 인해, Ibn Sina는 자주 왕실을 옮겨야만 했다. 한 이야기에 따르면,[16] Ghazna의 군주 Mahmud는 Gurganj를 정복하기 직전에, 그 마을의 지식인을 자신의 왕실로 불렀다. Al-Biruni는 마지못해 응하였고, 조용한 생애를 살게 된다. 후에 그는 그의 후원자와 함께 인디아 정복 길에 올랐고, 인디아의 역사와 관습에 대해 저술하였다. 반면 Ibn Sina는 한밤중에 Gurganj를 떠나, 호된 시련을 겪으면서 사막을 건넜다. 건너는 도중 그의 동료중 한 명은 목숨을 잃었다. 이와 유사한 상황은 그의 인생에 또 일어난다. 그의 정치적 적이 그를 감옥으로 보낸 것이 한 예이다. 그의 전기에 의하면 그는 음주와 성생활에 대한 과다한 탐닉으로 인해 58세에 사망하였다고 전한다.

Ibn Sina는 왕성한 활동을 한 작가였다. 중복되거나 불확실한 작품을 어떻게 포함하는지에 따라 달라지겠지만, 현재까지 존재하는 그의 작품은 70권[17]에서 250권[18]으로 추정된다. 그가 저술한 의학 백과사전인 al-Qanunfi-Tibb은 Avicenna라는 라틴 이름으로 출간되었다. 그의 이름은 유럽에서 잘 알려지게 되었고, 제프리 초서의 캔터베리 이야기에서 그의 이름이 언급되었다. 그의 수학적 작품은 별로 잘 알려지지 않았다. 대부분의 작품은 초기 그리스, 아라비아, 인도 작가들, 특히 유클리드, 프톨레마이오스, 게레사의 니코마쿠스의 작품을 의역하거나 논평한 것들이다. Al Daffa와 Stroyls[19]는 그의 수학적 업적을 부분적으로 목록화 하였다. 그들은 그의 해설적 작품이 납득할 만하고 원작을 더욱 발전시킨 점을 착안하였지만, 그가 작성하여 원작일 것 같은 작품은 그리 많이 찾지 못했다. 원작인 작품들은 대부분 산술적인 것이다. 예를 들어, "만약 연속되는 홀수를 정사각표에 넣으면, 대각선으로 나열된 수의 합은 측면에 있는 숫자 개수의 3제곱과 같다. 그리고 표 내부의 모든 수를 더한 값은, 측면에 있는 숫자 개수의 4제곱과 같다.(그림 2 참조)

9	7	5	3	1
19	17	15	13	11
29	27	25	23	21
39	37	35	33	31
49	47	45	43	41

[그림 2]

5×5 배열에 대한 Ibn Sina의 결과의 예시. 이 경우 각 대각선의 합 125=5×5×5이고, 배열의 총합 625=5×5×5×5이다.

Ibn Sina의 수학적 결과는 al-Biruni의 수학적 결과와 비교하기 어렵다. 어쩌면, 그는 서른 이후의 파스칼처럼, 다른 방면에 관심이 있었기 때문에 수학적 연구를 덜 한 것인지도 모른다. 다음은 12세기 사학자였던 Ibn Funduq[20]의 의견이다.

> "형이상학의 달콤함을 맛본 사람은 수학에 대해 사고하는 것에 인색해진다. 그래서 그는 가끔씩 상상하게 되고, 결국엔 포기하게 된다."

반면, 그의 설명적 작품들은 그가 수학을 잘 알고 있고, 그만의 문화 안에서 수학을 다루는 법을 알고 있음을 보여준다. 그는 al-Biruni와 다방면에 걸쳐 교신하였고, 오늘날 핵심적인(기초적인) 질문으로 불리는 내용에 대해 토론하였다.[21] 그는 피타고라스 신비주의에서 수 이론까지의 모든 발자취를 거부하였다.

> "산술 예술을 하는 사람들 사이에서 그 예술에 대한 이질적 해설에 흥미가 끌리는 점은 습관적인 일이다. 그리고 연역적 증거에 의해 움직이는 사람들의 관습에 대해서는 더욱 이질적이며, 웅변가와 시인들의 담론에 가깝다. 이런 점들은 거부되어야 한다."[22]

그는 대수학의 새로운 과학과 인도(10진법)의 계산법을 그리스 4과목(科目)(산수, 기하, 천문, 음악)에 추가시켰다. 그리하여 균형 잡힌 크기와 균형 잡히지 않은 크기의 구분에 대한 벽을 허무는데 공헌하였다. Rashed[23]가 정확한 값을 계산할 수 없는 무리수의 적합성에 이의를 제기한 점은 Ibn Sina의 형이상학에 많은 영향을 주었다.

수학의 실용적 가치

중세 이슬람 시대, 계산은 일상생활의 비즈니스 활동을 위해 꼭 필요한 것이었다. 10세기 경, 위치적 기수법(place-value method)이 널리 알려졌다. 우리는 Ibn Sina의 자서전에서 그의 아버지가 "나를 인도 계산법을 쓰는 야채장수에게로 보내서 나는

그와 함께 공부하였다"는 내용을 볼 수 있다.(24)

이 부분에서 흥미로운 점은, 그리스인들의 태도와 대조적으로, 보통 계산법이 인간의 교육에서 중요한 부분으로 여겨졌다는 것이다. (Ibn Sina는 코란을 공부한 후, 논리학과 기하학을 공부하기 전에 계산법을 배웠다.) 그의 계산법에 대한 존경심은 그의 후대 작품에서 찾아볼 수 있는데, 전통적인 산수 법칙 및 기하학과 함께 인도 계산법 및 대수학이 나오는 것에서 증거를 찾을 수 있다.(25)

중세 이슬람은 수학이 실질적으로 적용된 점에 동의하지만, 그러한 적용들 중 몇몇은 종교적 의무의 추가적 자극을 위한 것이었다. 코란에서 복잡한 상속(26)의 규칙은 대수학, 디오판투스 분석 그리고 조합에 관심을 갖도록 자극하였다. 이러한 문제들에 대한 중요성은 Al-Khwarizmi가 그의 주요업적인 대수학의 소개에서 그 문제들을 강조함으로써 관찰된다.

> "al-jabr와 almuqabala가 계산한 간단한 작업은, 산수에 있어 가장 쉽고 유용하게 인접하는데, 이러한 점은 인간이 상속, 유산, 분할, 소송, 무역을 하는 경우에 필요하고 상대방과의 거래, 또는 토지의 측량, 운하의 개발, 기하학 계산 그리고 다양한 종류의 사물과 관련이 있다."(27)

이와 유사하게, Al-Biruni는 아래와 같이 적고 있다.

> "문명화된 인간은 이 세상의 귀중품을 소유하길 원한다. 여기서 서로 소유권 이전, 교환 또는 유산 받는 소유물의 양과 범위를 확인할 수 있게 해주는 과학의 필요성이 대두하게 된다. 이러한 과학의 원칙은 수학과 공식이라 불리우고, 기하학으로 구체화되어진다."(28)

또 다른 코란의 처방은 기도는 항상 Mecca에 있는 "신성한 경배의 집" 방향으로 해야 한다는 것이다.(이는 모스크(이슬람 사원)의 방침이다.)(29) 그러한 방법은 qibla를 파악하거나, 지구 어디에서나 Mecca로 향하기 위해 필요했다. 이런 점은 지리학, 천문학 그리고 구면의 삼각법 연구에 박차를 가하게 하였다. Al-Biruni의 논문 al-kitab Tahdid al-Amakin(30)(방금 우리가 소개한 작품)은 현재 아프가니스탄인 Ghazna시의 qibla 문제를 해결하기 위해 쓰여 졌다. 이어서 그는 아래와 같이 언급하였다.

> "만약 도시의 상대적 위치를 알기위해, 도시 간의 거리, 거주지의 지도가 조사된다면, 그것은 우리가 필요해서가 아니라 단지 qibla의 방향을 수정하기 위한 것이다. 우리

는 이 조사에 모든 관심과 에너지를 기울일 의무가 있다. 이슬람 신앙은 세계 대부분으로 퍼져나갔고, 그 왕국은 저 멀리 서쪽으로 뻗어나갔다. 그리고 모든 이슬람 신자들은 기도를 해야 하고, qibla 방향으로 기도하여 이슬람의 부름을 전파해야 한다."(31)

David King(32)은 qibla(그리고 기도 시간을 정하는 것과 같은 유사한 천문학 문제들)를 정하는 것은 두 가지 종류의 해법을 제시하는 것이라는 제안을 한다. 그 해법들은 실제 상황에서 일반적으로 사용되는 근사치 해법(예를 들어, 초기의 많은 모스크들은 남쪽을 향하도록 지어졌다.)과 그 당시 학자들에 의해 도안된 어렵고, 정확한 해법이다. 의심의 여지없이, 당시 어려운 문제들을 풀어낸 학자들은 오늘날 복잡하고 흥미로운 문제들을 해결하였을 때 느낄 수 있는 만족감을 느꼈을 것이다. 그러나 그들은 종교적 의무의 수행이라는 추가적 동기와, 공동체의 신앙심 발전에 공헌한다는 부가적인 보상도 있었을 것이다.(33) 다시 한번 al-Biruni를 인용한다.

"나는 올바른 결정에 대한 나의 작업과 올바른 결정 방법에 대한 나의 해석이 지금 이 시대에 혹은 이후에도 보상되지 않을 것이라고는 생각지 않는다."(34)

수학의 교육학적 가치

플라톤은 이르기를 산수가 올바르게 교육되어진다면, "정신(영혼)을 향상시키고, 순수(數)에 대해 이야기하게 만든다."(35) 그리고 기하학은 "영혼을 진실로 끌어당긴다."(36) 라고 했다. 이러한 태도는 이슬람 작가들에 의해 적용되고, 확장되었다. Abu Yusuf ibn Ishaq al-Kindi(c.801~c.873)는 "수학을 통하지 않고서는 철학을 얻을 수 없다"(37)라는 논문을 썼다. 이에 대해 Ibn Nabata는 아래와 같이 언급하였다.

"철학적 과학은 세 가지 분류로 나뉜다. 첫째, 자연에서 수학을 교육하는 것은 중간 과정이다. 둘째, 자연에서 물리는 마지막 과정이다. 셋째, 자연에서 신학은 최 상위 과정이다."(38)

al-Kindi 시대 후에 수학은 수위의 학문으로 자리 잡았다. 한 결과는 수학을 공부하지 않고서는 아무도 철학자로 진지하게 여겨질 수 없다고 말한다. 이러한 점은 처음

문학을 공부하고, 철학을 공부하기 전에 인도계산법, 유클리드, 프톨레마이오스를 공부한 Ibn Sina의 자서전에 암시적으로 나타난다. 이러한 이유에서 Ibn Sina는 자신의 작품에 니코마쿠스와 유클리드에 대한 요약을 소개해야겠다고 다짐한 것이다.

그 당시, Ibn Sina 시대의 사상가들은 수학을 배우는 것이 다른 과목들을 배우는 것에 앞서 추상적인 사고를 갖도록 훈련하는데 중요하다는 점에 동의하였을 것이다. 그러나 우리가 좀 더 깊게 살펴보면 그 이유들은 우리가 생각한 것과는 사뭇 달랐다. 현대 사회에서, 우리는 수학을 배우는 것이 공학 또는 경제학과 같은 양적 학문을 공부하기 위한 좋은 준비 과정이라고 생각한다. 중세 이슬람 시대에 수학을 공부하는 이유는 보다 깊은 뜻이 있었다. 우리는 이 점에 대한 증거를 Ikhwan al-Safa 유파(진실한 형제 또는 순수의 형제)의 작품에서 찾을 수 있다. 이는 10세기 때 페르시아에서 정통이 아닌 이교도로 간주된 지하 종파였다. 또한 Ikwan은 Isma'iliyya와 연합하였는데, 그 유파는 바그다드 칼리프와는 비우호적이며 이집트에 권력을 가지고 있었다. 그러므로 그들은 위험한 외국 기관으로 비쳐졌다. 우리는 Ibn Sina가 그들의 교육을 인지하고 있었다는 점과 그들의 교육이 Ibn Sina의 수학의 관점을 정립하는 데에 있어 중요한 역할을 담당하였다는 점을 알고 있다. 그의 자서전에서 우리는 아래 부분을 읽을 수 있다.

> "우리 아버지는 Isma'iliyya 사이에서 잘 알려졌으며, 이집트인의 전도사들에게 응답한 사람 중 한 사람이었다. 그들로부터 그는, 우리 형과 마찬가지로, 그들이 알고 있고 또 언급하였던 특수한 방식으로 영혼과 지식에 대한 설명을 들었다. 그들은 서로 이 부분에 대해 논의하였고, 나는 옆에서 그들이 하는 말을 이해하면서 들었다. 하지만 내 영혼은 이를 받아들이지 않았고, 그들은 받아들이라고 강요하였다. 논의한 내용 중에는 철학, 기하학 그리고 인도 계산법도 들어 있었다."(39)

몇몇 작가(40)들은 Ibn Sina가 Ikhwan al-Safa 유파의 추종자라고 추측하였고, 이로 인해 그는 Ghaza의 Mahmud와 같은 강경한 정통교리 지배자들로부터 도망치는데 인생의 대부분을 허비해야만 했다.

Ikwan al-Safa 유파의 중요업적은 10세기 중엽에 작성된 것으로 추정되는 논문이다. 그들의 수학에 대한 전형적인 태도는 기하학의 최종 목표가 천상으로의 승천 덕택에 힘입어 영적 세계와 영원한 삶에 들어가기 위해 현세와 최종적으로 분리될 수 있도록 외부세계와 단절되어 사색하고 명상할 수 있는 영혼의 능력을 허락하는 것이라는 성명이다.(41) Karen Armstrong은 다음과 같이 적고 있다.

> "Ismai'iliyya는 그들만의 과학과 철학을 개발하였다. 이것은 그들 안에서 최종으로 간주되는 것이 아니라, 코란의 참뜻(batin)을 지각하기 위한 영적 규율로 간주된다. 과학과 수학의 추상성을 관조함으로써 그들은 감각적인 마음을 정화하고 일상의 의식의 한계로부터 해방되었다. Ismailis 유파는, 우리가 하는 것처럼, 과학을 현상을 있는 그대로 정확히 이해하기 위해서 사용하기보다는 그들의 상상력을 개발하기 위해서 사용하였다."(42)

여기서 수학의 존재 이유는 전혀 다른 관념임을 암시한다. "정신을 정화시키는 것" 그리고 "의식을 해방시키는 것"은 기껏해야 서구 과학 문화에서는 한계적 개념으로 받아들여져 왔다. 우리는 그것들을 바로 수학과 연관짓지 않는다.

중세 이슬람 학자들은 수학의 중요성에 대한 교육학적 관점에 동의하였으나, 그들은 한발 더 나아가 보다 깊은 의의를 부여하였다. 그리고 그런 점들은 우리에게 이상하게 보인다. 수학은 정신을 기르기 위함과 동시에 영혼을 정화시키는 것을 의미하는 것이었다.

수학의 미학적 즐거움

우리는 이슬람 학자들이 종교적 의무로 인해 제기된 문제들에 대하여 근사치로도 충분할 때 조차도, 더 어렵고 정확한 해법을 개발하기 위해 많은 시간과 에너지를 소비한다는 점에 대해 이미 적은 바 있다. 그들은 수학 문제들을 해결하는 것을 즐겼을 것이다. 그러나 우리는 간접적 증거 그 이상을 가지고 있다. Ibn Sina의 잘 알려진 작품 중 몇몇은 지적인 삶의 즐거움을 다루고 있다.

Ibn Sina가 지적훈련을 최대의 즐거움으로 본 점에 대해선 의문의 여지가 없다. 그의 종교적 훈련에도 불구하고, 그는 낙원의 육체적 즐거움에 대해 적은 코란의 문맥적 진실을 거부하였다. 그에게 있어서 지옥은 육체의 죽음 후엔 더 이상 알 수 없는 지적 충만을 위한 영혼의 갈망이었으며, 천국은 그 반대되는 것이었다. 그러한 신념은 al-Ghazali로 하여금 그가 살아있는 동안과 그의 사후 1세기 후에 그를 이교도로 몰게 하였다. 우리는 그 후 천년이 지난 오늘까지도 여전히 많이 읽히는 Kitab al-Najat에 나온 그의 말을 인용할 수밖에 없다.

> "이성적 영혼이 지향하고자 하는 독특한 완벽성이란 전체 형태에 감동하는 지적인 소우주인 것과 같이 되어야 한다는 것이다. 그래서 이것은 아이디어와 형식을 갖춰서 새겨지게 되고, 이는 진주가 목걸이에 매달려 있듯이 실에 매달려 있을 것이다. 이러한 상태가 다른 세속적인 재능을 열렬히 선호하는 다른 완벽성과 비교될 때 다른 것들보다 더욱 완벽하거나 뛰어난 것으로 묘사되어져서 거대하게 보일 만큼 질서를 고양시키는 것으로 보여 질 것이다. 사실, 이것과 그것들 사이에 우수성, 완전성, 풍부함 또는 세속적인 달성이 주는 기쁨이 성취된 다른 것 등과의 관련성은 전혀 없다."(43)

Ibn Sina와 그 시대의 지성인들은 문제 푸는 것에 즐거움을 느꼈고, 우리가 얘기한 수학을 공부하는 '미학적' 이유에 대해 동의하였을 것이다. 그러나 그들의 해답은 더욱 심오한 차원을 가지고 있었다. 지적인 즐거움은 보다 더 높고 낮은 즐거움의 모든 가르침의 기반이 되었고, 영혼을 정화시키고 모든 것의 명상으로 도달하게 하는 수단으로 여겨졌다. 이것은 우리를 수학의 관점과 일반적인 지적 연구로 이끌었는데 이는 우리 문화와는 익숙치 않는 것이었다. 이를 더 자세히 이해하기 위해서 우리는 다음 단원에서 지성의 이론과 중세 이슬람 우주론에서 수학이 점하고 있는 특별한 위치에 대해 간단히 분석하고자 한다.

지성의 이론(44)

De Anima의 5번째 책에서, 아리스토텔레스는 아래와 같이 적고 있다.

> "자연을 총체적으로 봤을 때, 모든 사물의 각각의 집단에서 우리는 2가지 요인을 찾을 수 있다. (1) 모든 잠재적인 특징이 집단에 포함되는 상태와 (2) 그 모든 특징을 만들어내는 원인이다. (후자가 전자를 뒤따른다. 예를 들어 예술이 소재를 뒤따름), 이렇게 독특한 요소들은 영혼 내에서 찾을 수 있다."(45)

아리스토텔레스 자신이 어떠한 생각을 품었든 간에, 그 후의 그리스 철학자들은 그 "상태(matter)"를 인간의 마음이라 해석하였고, 그 "원인(cause)"은 사람의 마음에 생각을 야기하는 독립적인 비인간적 실재라고 해석하였다. Aphrodisias(46)의 알렉산더는 이러한 외부적 실재를 "활동적 지성"이라고 지칭하였고 인간의 마음은 "물질적 지성"이라 지칭했다. Plotinus는 Enneads에서 위의 제시된 둘의 관계에 대하여 상세히 기술하고 있다.

> "영혼이 받아들일 준비가 되어 있을 때 지성은 명백한 원리를 전해주며, 그 후에 완벽한 지성이 될 때까지 그 원리를 종합한다."(47)

그 원리가 무엇인지 궁금해 하지 않도록 Themistius는 아랍어 번역물에서 찾을 수 있는 아리스토텔레스의 의역서로부터 수학과의 명백한 연관성을 찾아내었다. 그는 "보편적인 개념", "첫 번째 정의", 그리고 "첫 번째 공리(公理)"(48)와 같이 배우지 않아도 모든 사람들이 알고 있는 활동적인 지성의 존재를 근거로 삼았다.

Ibn Sina의 세기 이전, Abu Nasr al-Farabi(c. 870~950)은 활동적이고 물질적인 지성이 그의 우주론의 한 부분이라는 개념을 펼쳤다.(49) 다수의 고대 및 중세 작가와 같이, al-Farabi는 아홉 개의 동심의 구(각각 달, 태양, 다섯 개의 행성, 항성 그리고 외부 일주(日周)의 구를 뜻한다.)로 둘러싸인 지구상의 구체를 구상하였다. "필수자" 즉 하느님은 창조자의 최초 지성과 최초 지성 자체의 본질에 대한 두 가지 관념을 전파하였다. 첫 번째 관념으로부터 두 번째 지성의 존재가 필수적으로 진행되는 한편 최초(가장 외곽에 위치한) 구의 존재가 두 번째 관념으로부터 필수적으로 진행된다. 그 과정은 아홉 번 반복되어, 아홉 개의 구와 아홉 개의 지성을 이룬다. 아홉 번째 지성은 달의 구를 발산하며, al-Farabi가 활동적 지성으로 정의한 실체가 없는 존재인 10번째 지성은 원칙을 받아들일 준비가 되어 있는 인간 지성에게 이를 전파한다. 자주 사용되는 유추론은 위와 같은 경우를 인간의 시가에 영향을 미치는 빛의 역할에 비유한다. 빛은 눈을 만들지 않지만, 시각을 만들어 색과 형태를 지각하는 것을 가능케 한다.

그의 논문 "지성의 다른 의미에 관하여"에서 al-Farabi는 지성은 감각의 인식을 다루는 것에서 시작하는 것이라고 제안하였다. 추상적인 것을 이해할 정도의 수양이 이루어지면, 이는 "영적 교섭, 희열, 영감"으로 자연히 인도되는 과정의 단계가 된다. Plotinus를 따라서, al-Farabi는 아래와 같이 믿고 있다.

> "인간 영혼이 사물로부터 어느 정도의 자유와 분리가 이루어지면, 활동적 지성은 사물로부터 영혼을 정화하려고 노력한다. 그래서 영혼은 활동적 지성의 가까운 단계에 도달하게 되는 것이다."(50)

Ibn Sina는 여러 면에서 al-Farabi와 유사한 자신만의 우주론을 발달시켰다. 이성적 사고의 거부를 통하여 하느님에 관한 직접적인 지식을 얻길 추구하는 신비주의자와는 대조적으로, Ibn Sina는 이성적 사고를 포용하고 실제로 삼단 논법의 고리를 만듦으로서 같은 목적을 달성하는 것을 기술하였다.

Ibn Sina 작품의 흥미로운 특징은 어떻게 인간의 정신이 논리적인 증거를 구축하는가 또는 그 자신의 용어로 "삼단논법의 중간 조건(51)을 찾는가"를 설명하는 al-Farabi의 지성의 이론에 적용한 점이다. 인간의 정신은 근본적인 질문을 형성해야 한다. 그것이 적절히 준비된다면, 활동적 지성으로부터 발산(우리는 이것을 영감 또는 번뜩 스치는 통찰력이라고 부를 수 있다.)을 얻게 된다. 이러한 점은 인간의 정신이 이 발산에 대해 어떻게 행동하고 이해하는지에 달렸다. 만약 발산의 의미를 바르게 찾을 수 있다면, 중간 조건도 형성할 수 있게 된다. 결과는 이후 기억될 수 있거나 집필될 수 있다. 이후 정신은 다른 삼단논법을 위한 과정을 반복할 수 있게 되고, 추론의 고리를 형성하게 된다.

이러한 점을 지각하고 있다면, Ibn Sina의 자서전에서 발췌한 아래 문장에 대한 이해가 좀 더 쉬워진다.

> "삼단논법의 중간 조건을 풀지 못하는 문제점들로 인해 나는 좌절하곤 했다. 나는 종종 모스크를 방문하여 그가 나에게 이것의 신비를 열고 어려움을 쉽게 만들 때까지 모든 창조물에게 예배드리고 기도하였다."(52)

어떤 학생이나 수학 연구원은 Ibn Sina의 좌절에 동정할 수 있으나, 현대의 전기에서 위와 같은 문장을 찾기는 쉽지 않다. 우리는 수학과 종교는 서로 연관성이 없다고 생각하는데 익숙해져있다.

결 론

중세 이슬람은 수학을 공부해야 하는 세 가지 이유에 대하여 동의한 듯 하다. 그러나 그들의 해답엔 다른 의의를 가지고 있다. 수학은 실용적이나, 이러한 실용적 적용엔 종교적 의무를 충족시켜야 하는 부분도 있다. 수학은 정신을 수양하는데 좋으나, 단순히 공학과 경제학을 위한 것만은 아니었다. 추상적인 것에 대한 이해는 영혼을 천상의 의식으로 인도하는 과정의 필수적 단계였다. 수학은 즐겁다. 하지만 이러한 즐거움엔 더욱 깊은 의의가 있는데, 그 이유는 수학은 영혼을 단지 감각적인 기쁨보다 더 높은 기쁨으로 인식하도록 유도해야 하기 때문이다. 간략히 요약하면, 중세 이슬람 문화는 현존하는 형이상학적 차원의 의식의 면에서 우리의 문화와 다르다.

우리가 신중하지 않으면, 한 역사적 인물이 오늘날 우리에게 동기부여를 하는 똑같은 방법으로 동기부여가 된 것이라고 추측하기 쉽다. 어쩌면 사학자들이 직면하는 가장 어려운 과제는 우리 자신의 문화적 편견의 베일을 벗겨내려고 시도하는 것이다. 그러나 이 점은 매우 가치 있는 연구이고, 추구할 가치가 있는 것이다. 이 점은 우리에게 역사에 대한 바른 이해를 할 수 있게 하며, 우리로 하여금 현재 우리의 동료, 고객 그리고 학생들을 다른 세계관으로 바라볼 수 있도록 돕는다. 그리고 어쩌면 "왜 수학은 중요한가?"에 대한 질문에 더욱 사려 깊고 개인적인 답변을 할 수 있도록 이끌어 줄지도 모른다.

감사인사

저자는 Victor Katz, Janet Barnett, 논문 교열자에게 논평과 조언에 깊은 감사를 드린다.

참고문헌

[1] Afnan, S. M.: 1958, *Avicenna—His Life and Works*, Unwin Brothers, London.

[2] Ali, Jamil: 1967, *The Determination of the Coordinates of Positions for the Correction of Distances between Cities—a Translation from the Arabic of al-Biruni's Kitab Tahdid Nihayat al-Amakin Litashih Masafat al-Masakin*, American University of Beirut.

[3] Al-Daffa, A. A. and Stroyls, J. J.: 1984a, "Ibn Sina as a mathematician," In *Studies in the Exact Sciences in Medieval Islam*, John Wiley and Sons, New York, pp. 60 – 118.

[4] ______: 1984b, "Some myths about logarithms in near eastern mathematics," In *Studies in the Exact Sciences in Medieval Islam*, John Wiley and Sons, New York, pp. 26 – 30.

[5] Arberry, A. J.: 1951, *Avicenna on Theology*, The Wisdom of the East, John Murray, London.

[6] Armstrong, K.: 1993, *A History of God*, Alfred A. Knopf, New York.

[7] Badawi, A.: 1963, "Muhammad ibn Zakariya al-Razi," In [Sharif, 1963], chapter XXII, pp. 421 – 433.

[8] Berggren, J. L.: 1986, *Episodes in the Mathematics of Medieval Islam*, Springer-Verlag.

[9] Bosworth, C. E.: 1968, "The political and dynastic history of the Iranian world, AD 1000 – 1217," In [Boyle, 1968], chapter 4, pp. 303 – 421.

[10] Boyle, J. A., ed.: 1968, *The Cambridge History of Iran, Volume 5, the Saljuq and Mongol Periods*, Cambridge University Press.

[11] Davidson, H. A.: 1992, *Alfarabi, Avicenna, and Averroes on Intellect*, Oxford University Press.

[12] El-Ehwany, A. F.: 1963, "Al-Kindi," In [Sharif, 1963], chapter XXI, pp. 421 – 433.

[13] Fakhry, B.: 1968, "A tenth-century Arabic interpretation of Plato's cosmology." Reprinted as Chapter Ⅵ in [Fakhry, 1994].

[14] ______: 1994, *Philosophy, Dogma, and the Impact of Greek Thought in Islam*, Variorum Collected Studies, Ashgate Publishing Company, Brookfield, Vermont, USA.

[15] Frye, R., ed.: 1975, *The Cambridge History of Iran, Volume 4, from the Arab Invasion to the Saljuqs*, Cambridge University Press.

[16] Gohlman, W. E.: 1974, *The Life of Ibn Sina—A Critical Edition*, Studies in Islamic Philosophy and Science, State University of New York Press.

[17] Heinze, R.: 1899, "Themistii de anima," In *Commentaria in Aristotelia Graeca*, vol V, part Ⅲ, Royal Academy, Berlin.

[18] Kennedy, E. S.: 1968, "The exact sciences in Iran under the Saljuqs and Mongols," In [Boyle, 1968], chapter 10, pp. 659–680.

[19] ______: 1973, *A Commentary on Biruni's Kitab Tahdid al-Amakin*, American University of Beirut.

[20] ______: 1975, "The exact sciences in Iran under the Saljuqs and Mongols," In [Frye, 1975], chapter 11, pp. 378–395.

[21] Kennedy, H.: 1981, *The Early Abassid Caliphate*, Longman, New York.

[22] ______: 1986, *The Prophet and the Age of the Caliphates*, Barnes and Noble.

[23] King, D. A.: 1990, "Science in the service of religion: the case of Islam," Reprinted as chapter I in King, D. A. (1993), *Astronomy in the Service of Islam*, Variorum Collected Studies, Ashgate Publishing, Brookfield, Vermont, USA.

[24] Madkour, I.: 1963, "Al-Farabi," In [Sharif, 1963], chapter XXIII, pp. 450-468.

[25] McKeon, R., ed.: 1941, *The Basic Works of Aristotle*, Random House, New York.

[26] Mottahedeh, R.: 1975, "The Abassid caliphate in Iran," In [Frye, 1975], chapter 2, pp. 57–89.

[27] Nasr, S. H.: 1964, *An Introduction to Islamic Cosmological Doctrines*, Belknap Press, Cambridge, MA.

[28] Rashed, R.: 1984, "Mathématiques et philosophe chez Avicenne," In Jolivet, J. and Rashed, R., *Etudes sur Avicenne*, Société d'Edition les Belles Lettres, Collection Sciences et Philosophie Arabes, Paris, 1984, pp. 29–39.

[29] Rosen, F., editor and translator: 1831, *The Algebra of Muhammed ben Musa*, Oriental Translation Fund, London, Reprinted in 1986 by Georg Olms Verlag (Hildesheim, Zürich, New York).

[30] Schroeder, F. M. and Todd, R. B: 1990, *Two Greek Aristotelian Commentators on the Intellect—Introduction, Translation, Commentary, and Notes, vol 33 of Mediæval Sources in Translation*, Pontifical Institute of Mediæval Studies.

[31] Sharif, M. M., editor: 1963, *A History of Muslim Philosophy*, Otto Harrassowitz,

wiesbaden.

[32] Tibawi, A. L.: 1972, *Islamic Education—Its Traditions and Modernization into the Arab National Systems*, Crane, Russak, and Company, Inc., New York.

[33] Watt, W. M.: 1963, *Muslim Intellectual—A Study of al-Ghazali*, Edinburgh University Press.

[34] _____: 1967, tr. "Deliverance from Error," in Watt, W. M., ed. (1967), *The Faith and Practice of al-Ghazali*, Allen and Unwin, Ltd., London.

[35] Zarrinkub, 'Abd al-Husain: 1975, "The Arab conquest of Iran and its aftermath." In [Frye, 1975], ch. 1, pp. 1 - 56.

▮ 미주 ▮

(1) 이슬람 역사에 대한 연구는 관례상 이슬람 음력 달력(AH)과 서구 달력(CE)을 다 사용한다. 이 논문에서는 서구 달력을 따르도록 한다.

(2) 정치적 역사에 대한 자세한 사항에 대해 우리는 [Bosworth, 1968], [H. Kennedy, 1981], [H. Kennedy, 1986], [Mottahedeh, 1975], 그리고 [Zarrinkub, 1975]를 참조하였다. 그리고 지적인 인생의 특별한 유의점에 대한 짧은 역사적 요약은 [Tibawi, 1972], [Watt, 1963]을 참조하기 바란다.

(3) 칼리프의 뜻은 "예언자의 후계자"로부터 나왔다. 셋의 칼리프 가문(Umayyad, Abassid, Isama'il i)은 각각 예언자 모하메드 가문에서 자신의 가문으로 승계되었다고 주장한다.

(4) Umayyad가와 예언자의 사위인 Ali의 지지자들간의 분쟁은 현대 이슬람의 수니파와 시아파 간의 분쟁으로 이어지고 있다.

(5) Abassid 가문을 이긴 혁명군은 스페인 또는 북 아프리카까지 미치진 못했다. 이 지역은 Umayyad 지파가 2세기간 지배하였다. 시아파인 Isma'ili는 10세기 중반 Tunis와 이집트를 지배하였다.

(6) 이 시대에 다수의 인구는 이슬람이 아니었다. 사실, 이슬람으로 개종하면 대부분의 세금이 면제되었기 때문에 공무원들은 개종을 반대하였다. 코란은 기독교인과 유대인을 "책의 인간"으로 규정하고 특별대우를 하였다. 그리고 이들은

왕실의 주요 위치를 차지하였다.

(7) [Badawi, 1963], p. 445 - 6.

(8) 우리는 당시 사회가 현대처럼 개방되었다고 얘기하는 것은 아니다. 정부 명령을 어기는 것과 같은 산발적이고, 보통 실패하는 교리를 강요하는 시도가 있었다. 또한 정권이 실질적인 군사적 위협을 느꼈을 때 혹독히 억압하는 상황도 있었다.

(9) [Tibawi, 1972], p. 45

(10) [Watt, 1967], p. 78

(11) 정치적 불안정성 때문에 문화 활동이 번성하였다는 일부의 주장도 있다. [Nasr, 1964], pp. 14 - 17

(12) 이 논문을 준비함에 있어, 우리는 [Arberry, 1951]과 [Gohlman, 1974]의 영어 번역본을 사용하였다.

(13) [Rashed, 1984], p. 37, note 7

(14) 이 지역의 Oxus 또는 Amu Dharya 강은 현재보다 중세에 덜 고립되어 있었다. 농업사회는 최소 1300 BCE부터 번영하기 시작하였고, 이 지역은 중국으로 이어지는 고대 실크로드에 걸쳐 있었다. 또한 Khorasan의 페르시아 지역으로까지 걸리는 시간은 며칠에 불과하였다. Khorasan은 Abassid 시대에 있어 정치적으로 중요한 지역이었다.

(15) 그 이름에서 나타나듯이, 위대한 수학자인 Muhammad ibn Musa al-Khwarizmi은 이 지역 출신이다.

(16) [Afnan, 1958], pp. 63 - 64

(17) [Gohlman, 1974], pp. 13 - 15

(18) [Nasr, 1964], p. 180

(19) [Al-Daffa and Stroyls, 1984a]

(20) [Gohlman, 1974], p. 122, note 27.

(21) 이러한 교신의 실례는 [Nasr, 1964]의 10장에서 찾을 수 있다.

(22) [Rashed, 1984], p. 32에서 인용한 Ibn sina의 Al-Shifa "본문 참조"

(23) [Rashed, 1984]

(24) [Gohlman, 1974], p. 21. 전기의 일부 여백에는 그가 "위대한 수학자"라고 불려지는 지인에게서 대수학을 배웠다고 전해진다.

(25) 일반적인 계산에 대한 존경은, 이 시점에서, prosthaphaeresis 방법의 도입으로 이어졌다. 이 방법은 덧셈과 삼각법 표를 통해 곱셈을 하는 방법이다. Prosthaphaeresis가 중세 이슬람에서도 알려졌었는지는 아직도 논쟁 대상이다. [Al-Daffa and Stroyls, 1984b] 참조
(26) Chapter ⅳ, verses 7 - 12 and verse 176
(27) [Rosen, 1831], p. 3
(28) [Ali, 1967], pp. 4 - 5
(29) Chapter ⅱ, verse, 150
(30) 영문 번역 [Ali, 1967]. 실용적 논평 [E. Kennedy, 1973]
(31) [Ali, 1967], p. 13
(32) [King, 1990]
(33) 특수 이슬람 문자를 이용한 수학적 문제들에 대한 추가 정보는 [Berggren, 1986]의 "Islamic Dimension"의 2, 3, 4, 5장을 참조하라.
(34) [Ali, 1967], p. 14
(35) Republic, book ⅶ, 525d.
(36) Republic, book ⅶ, 527d.
(37) See [Afnan, 1958], p. 22.
(38) El-Ehwany, 1963], p. 424. Emphasis added.
(39) [Gohlman, 1974], p. 19
(40) [Afnan, 1958], pp. 63 - 65
(41) [Nasr, 1964], p. 49
(42) [Armstrong, 1993], p. 178
(43) [Arberry, 1951], p. 67
(44) 그리스와 아랍의 우주론에 대한 관계는 많은 연구가 이루어지고 있는 분야이다. [Armstrong, 1993], [Davidson, 1992], [Fakhry, 1994] 그리고 [Sharif, 1963]의 다양한 글들은 도움이 되었다.
(45) [Mckeon, 1941], p. 591. Emphasis added.
(46) [Davidson, 1992], pp. 20 - 24.
(47) [Davidson, 1992], p. 24.
(48) 그리스어 판, [Heinze, 1899], pp. 103 - 104; 영문 번역, [Schroeder and Todd,

1990], p. 105.

(49) al-Farabi의 지성에 대한 이론에 대해 [Davidson, 1992], 3장과 [Madkour, 1963]을 중점적으로 참조하였다.

(50) [Davidson, 1992], p. 49

(51) [Davidson, 1992], pp. 110-111

(52) [Gohlman, 1974], p. 29

수학, 인문학, 그리고 르네상스 이탈리아의 도시 계획

Uwe Gellert

Freie Universität Berlin

서론: 르네상스와 수학

르네상스기는 흔히 근대적 과학 사고로의 진입로—혹은 적어도 그 기초인 것으로 여겨진다. 고대 그리스와 헬라니즘의 업적을 고려하고 체계적 조사에 의한 탐구 사상을 따라서, 르네상스 도시의 시민들은 중세의 성직자적 세계관에 의문을 제기했다. 그들은 인문주의적 사고 체계에 맞추어 새로운 기계와 정부 체계에 대한 개선된 이해라는 수단으로 자신들의 근대적 사회를 형성하려고 노력했다.

인문주의는 서구 사회 내의 지적 운동으로 명명될 수 있을 것이다. 이 운동은 일반 교육에 혜택이 되도록 사용하기 위해 고전 문화를 되살리려 노력했다. 인간과 인간적 가치에 중점이 주어졌고, 이는 종종 르네상스 문화의 중요 주제로 간주되기도 한다. 철학적으로, 인문주의는 인간적 가치를 모든 것들의 척도로 삼았다.

이 관점에서, 천문학이나 건축학과 같은 새로운 학문분야들이 일어났는데, 과학적 성과를 사회에서의 사람에 대한 새로운 상상력에 통합시켜냈다. 그러나 후에는 (약 1800년경) 모든 과학의 여왕이라 불리웠던 수학의 경우는 어떠한가? 구체적인 지식 체계, 구조화된 수학 개념이 이미 존재했을까? 유클리드의 "기하학"을 확장하는 기하학적인 새로운 성과나, 아랍인들이 스페인에 수입해온 수학을 넘어서는 대수와 수학의 통찰력이 있는가? 어떤 새로운 수학이 파도바, 피사, 볼로냐의 대학들에서 교수되어서 톨레도와 코르도바의 필사본을 확대해 냈을까? 우리가 15세기의 유명한 르네상스 수학자들을 명명할 수 있을까?

일차적인 대답은 "아니오"가 될 것이다. 15세기 수학의 주된 업적은 새로이 성장하고 있었던 과학적 대중에게 아랍과 그리스 수학의 번역본을 유통시킨 것이었다. 그러나 더 넓은 의미로는, 수학의 건축학, 예술, 전술, 음악, 천문학, 지리학, 그리고 항해술에 대한 영향력과 적용을 포함해서, 레오나르도 다빈치, 알베르티, 브루넬레스키는 이탈리아에서, 그리고 몇 년 뒤에는 유럽 사회에서 수학화를 시작한 주요 인물로 여겨져야만 할 것이다.

르네상스 이탈리아의 도시 계획

15세기 후반 이탈리아의 도시 계획 방법의 변화는 새로운 수학화의 빠르기를 명확하게 보여주는 중요한 예로 작용한다. 이 시기는 도시 계획이 종교적 혹은 신화적 이미지의 강렬한 현실화 및 상징화와 긴밀한 관계에 접어들 무렵이었고, 결과적으로 인뮤주의적 세계관에 대해 이성적인 수학의 대응물로의 문을 열었다. 인문주의적 사고에 의하면, 도시의 모양은 관련된 정부의 표현을 나타내야만 한다.

이는 1460년 경 교황 파이어스 2세에 의한 토스카나의 마을 코르시냐노의 모범 도시 피엔자로의 개조에서 증명될 수 있다. 중앙 광장(혹은 피아자)의 현실화된 개념은 흥미롭게도 군주의 교권을 상징화하는 도시로부터 군주의 인문주의자로서의 새로운 정체성을 보여주려는 의도의 도시로 단계를 밟아나가는 것의 어려움을 보여주고 있다. 변하지 않고 남아 있는 피엔자 시는 이상적 도시와 사회에 대한 15세기의 새로이 발견된 합리성 뿐만 아니라 비합리성의 독특한 혼합에 대한 증거를 보존하고 있다. 그러나 시에나의 가난한 귀족의 아들이었던 에네 실비오 피콜로미니(1405~1464)가 없었더라면 오늘의 피엔자는 하나의 도시로 존재하지 않았을 것이다. 피콜로미니는 다방면으로 교육받은 인문주의자였다 카이저 프레드리히 3세는 그의 광범위한 문학적 걸작 때문에 그를 '계관시인'으로 임명하기도 했다. 그리고 그의 '세계지리학(cosmography)'은 최초의 과학적 지리학으로 크리스토퍼 콜럼버스에게 영향을 끼쳤다. 피콜로미니는 트리에스테의 주교로, 그리고 후에는 시에나의 주교로 로마시 바티칸으로의 길을 열었다. 정치적으로는 터키에 대항한 십자군에 관여하는 동시에, 그는 자신의 성향을 인문주의 쪽으로 전환해서, 후에 그가 피엔자-파이어스의 도시라고 명명한 그의 고향 도시를 개조하는데 집중했다.

이 개조는 교황, 주교, 그리고 시 의회를 위한 성당과 궁전의 건설을 포함해서 중앙 광장에 집중하고 있었고, 이는 구체적인 근대화나 개혁이라기보다는 문화적 시각의 예시로 해석되어야 할 것이다. 이 현실화된 시각의 중심적 구조상의 특징은 다음과 같다:

- 빛으로 가득찬 회중석 셋이 딸린 자연 동굴을 개조한 교회 홀
- 고대의 사원 건축물을 연상시키는 기둥들로 장식된 교회 정면
- 인공적으로 정열된 자연의 축도라 할 수 있는 부속 정원 위 경치에 후방을 열어 둠으로써 빌라의 스타일을 통합한 교황을 위한 도시 궁전 '팔라조 피콜리미니(Palazzo Piccolomini)'
- 동굴의 침전물 선을 따라 아홉 부분으로 나뉘고 이질적인 정면부의 구조와 연결되는 건물들의 벽을 연결하는 결합 중심체 '피아자(Piazza)'

팔라조 피콜로미니는 공적이고 사적인 생활의 근대적 개념으로, 그리고 자연과 더불어서 뿐 아니라 도시 안에 살고 있는 것으로 여겨질 수 있다. 성당은 성스러운 건축의 주된 영향력으로의 연결점을 보여주고 있다: 에트루리안식의 숭배 장소로서의 동굴, 로마네스크 시기의 주입인 세 개의 회중석, 커다란 창문의 고딕 질서, 그리고 르네상스적인 정면.

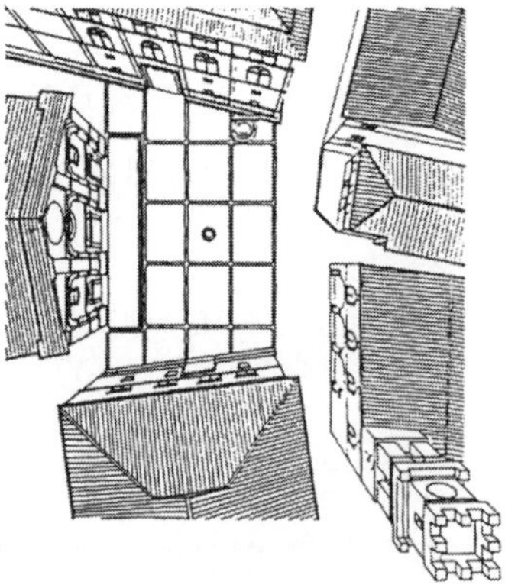

[그림 1]

수학화의 정도를 고려할 때, 주된 관심사는 피아자의 기하학적 구조일 것이고, 1978년까지는 성당의 지리학적 위치와 크기와 피아자 간의 숨겨진 연결점이었다. 이 미묘한 상호관련의 발견에 대한 첫 번째 힌트는 성당의 흔치 않은 방위였다. 일반적으로, 성단소는 동쪽으로 향하지만 피엔자에서는 남쪽을 향하고 있어 남부 토스카니 지역을 점유하고 있는 아미아타 산으로 전망이 열려 있다. 이 "부정확한" 방위에 대한 좀 더 세련된 설명은 춘추분, 즉 낮과 밤의 길이가 봄과 가을에 같아지는 날짜에서 찾아볼 수 있다. 이런 날에는 건물의 건축이 피아자의 기하학적 질서에 맞게 그늘을 드리우도록 설계되어 있다.

각도에 대한 계산과 그림자의 관련된 길이는 밀교-기독교적인 숫자 상징을 풀어내도록 사용된 것이었다. 피아자를 아홉 구획으로 나눈 것은 지하 세계에 대한 전통적 시각을 암시한다. 기독교 전통에 의하면, 예수 그리스도는 십자가에 못박힌 후에 아홉개의 지옥으로 이루어진 지하 세계를 거쳐갔다. 단테 알리기에리의 "연옥" 역시 아홉 층위의 지옥을 보고하고 있다(hopper, 1983). 피아자에 드리우도록 계산된 그림자는 수비학에 근거하고 수학을 수단으로 정확하게 건축되어 빛, 죽음 그리고 지하 세계에 대한 해석의 여지를 남겨둔다. 그러나 관련된 합리성을 발견하기란 쉽지 않고, 피엔자의 책력 건축의 천문학은 어려운 것처럼 보인다.

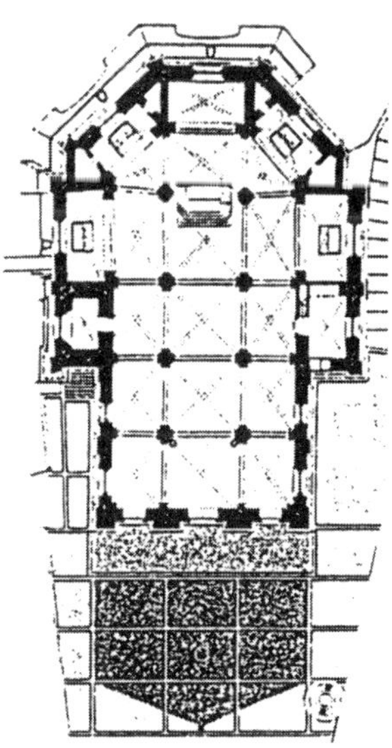

[그림 2]

(1) 자석의 도움으로, 그리고 수학-기술적 도구인 나침반로 이론적 점검을 해보

면 파이어스의 건축가인 베르나르도 로셀리니(1409~1464)가 정확하게 남-북 방향을 잡지 못했음을 알 수 있다. 비록 나침반의 자석 성향이 1460년 경에 발견되기는 했지만, 그 당시 이탈리아에는 알려져 있지 않았다. 그러므로 로셀리니의 방향은 정확한 남쪽에서 12도 23분 치우쳐 있다.[1] 자석의 방향은 비정기적으로 변한다. 평균적 변화도는 일년에 9분 정도이다. 피엔자의 지리학적 위치에서 최대 변화도는 24도 45분 동쪽이나 서쪽이다.

피아자에 위치한 해시계도 이러한 편향성을 보여주고 있다. 결과적으로, 오늘날 우리는 피아자에서 그림자와 패턴 간의 일치점이$(12.5°/360°)\times 24h=(5/6)h=50$분, 즉 낮 12시 50분임을 관찰하게 된다. 이 지연의 결과로 로셀리니의 계획은 그 동안에 태양이 1도 26분 내려갔음을 고려해야만 하게 되었다.

(2) 피엔자의 책력 건축은 또한 15세기의 기초적인 천문학적 문제, 바로 율리우스력의 부정확성을 예시하고 있다. 율리우스력은 기원전 46년 경에 율리우스 시저에 의해 확립된 것으로, 일년이 365와 1/4일이라는 것에 근거하고 있다. 그러므로 달력은 매 129년마다 하루씩 맞지 않게 되고, 건축이 되던 해에는 열 하루의 오차가 있었다. 1440년경 파이어스의 가까운 친구이자 중요한 과학자, 철학자였던 니콜라스 본 쿠에스(쿠자누스로도 알려져 있다, 1401~1464)는 1582년 교황 그레고리 3세에 의해서 전에는 채택되지 못했던 달력 개정을 이끌었다. 교회 정책과 관련된 여러 이유가 좀 더 일찍 개정이 이루어지는 것을 막았다. 춘분을 3월 21일로 정하자는 결정은 기원후 325년에 니스 공의회에 의해 결정된 것으로, 전체 교회 연도 중 가장 중요한 축하행사인 부활절을 결정하는 역할을 한다. 이 명절은 춘분 후 첫 번째 보름달로부터 첫 번째 일요일에 치뤄진다. 결과적으로, 달력을 바꾼다는 것은 부활절 날짜를 바꾼다는 것을 의미한다—서로 다른 기독교 교회들 간에 문제가 되는 질문인 셈이다.

교회와 과학 간의 불일치의 결과로 파이어스와 그의 고문들인, 쿠자누스와 로셀리니는 공략하기가 어려운 양심의 문제에 직면하게 되었다. 정확한 측정에 의하면, 춘분은 1460년 3월 21일이 아니라 3월 10/11일이었다(율리우스력으로는). 정오의 태 양의 경우 정확한 각도는 $\alpha=49$도 22분(3월 21일, 1460년, 율리우스력), 그리고 $\beta=45$도 55분(3월10/11일, 1460년, 율리우스력)이었다.

1) 자석의 방향은 비정기적으로 변한다. 평균적 변화도는 일년에 9분 정도이다. 피엔자의 지리학적 위치에서 최대 변화도는 24도 45분 동쪽이나 서쪽이다.

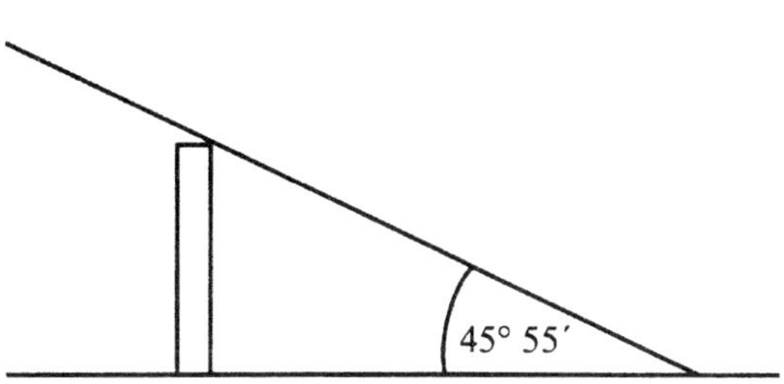

[그림 3]

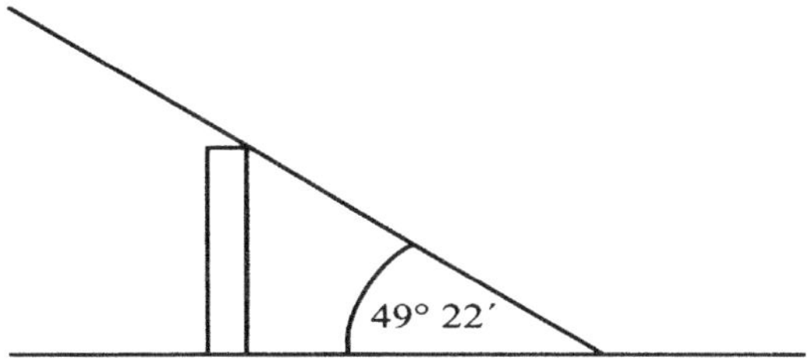

[그림 4]

그러나 교황 파이어스 2세는 그의 과학적 그리고 인문주의적 관점에 대한 강한 주장에서 분쟁의 소지가 있음을 알고 있었다. 반면, 구식의 그리고 부정확한 달력을 선호해서 과학을 무시한 근대 건축학과 모범 도시의 설계는 파이어스나 쿠자누스와 같은 인문주의자의 지성에 대한 희생이었음에 틀림이 없다.

다행히도, 이러한 정신적 투쟁은 성당의 세부설계에서 여전히 재구성이 가능하다. (a) 건물 내부의 한 가지 재미있는 발견은 매우 이상하게 보이는, 인공적으로 들어올려진 세 개의 회중석에서 홀의 천정의 무게를 받는 기둥 머리이다. 명백히, 이 기둥머리들은 전체적 성당의 외관을 깨뜨리고 있다. 파이어스 또한 그의 "언급"에서 공사의 진행에 대해 기록하기를, 기둥들이 이미 완공되고 기둥머리가 올려졌을 때, 건축가가 높이에 있어 7 피트의 틈을 발견했고, 뒤늦은 높이 고이기를 성당의 아름다움을 위한 다행하고도 풍성한 실수로 해석했다는 것이다.

우리가 파이어스의 "언급"을 따라야만 할까? 가장 유명하고도 경험있는 르네상스 스대의 건축가가 7피트 높이의 공간을 '갑자기 알아차렸다'는 것이 가능한 일일까? 또 다른 해석은 다음과 같다: 성당 머리의 인위적 높이 고이기는 2.41 미터 높이이다. 3분 27도라는 춘분 정오의 '그레고리안' 각과 '율리우스'의 태양 각 사이의 크기의 차이점을 염두에 둔다면, 쉽게 설명 가능한 것이지만, 언급된 2.41미터가 태양의 더 높은 위치를 상쇄하는 것임을 발견할 수 있다(부정확한 달력에 근거한 계산차는

2.44미터이다). 그림자를 맡는 정면의 총 높이는 측량경위로 a=21.41미터이다. 그곳에서 그림자의 길이는 s=18.38미터가 된다. s와 "잘못된" 율리우스 달력으로 1460년, 3월 21일 정오의 태양의 α각을 사용해서 a를 계산하면 아래가 증명된다:

a=탄젠트 α에 의해 곱해진 s

a=탄젠트 49도 22분에 의해 곱해진 18.38미터

a=21.42미터(측정의 정도 범위 내에서)

태양이 45도 55분인 정오의 각도 하에서 실제 춘분 b에서 정면의 높이에 대한 계산은 아래와 같다:

b=탄젠트 β에 의해 곱해진 s

b=탄젠트 45도 55분에 의해 곱해진 18.38미터

b=18.98미터

결과적으로, a-b=21.42-18.89=2.44미터의 차이가, 교회 내의 기둥 머리의 높이를 올림으로써 상쇄되었던 것이다.

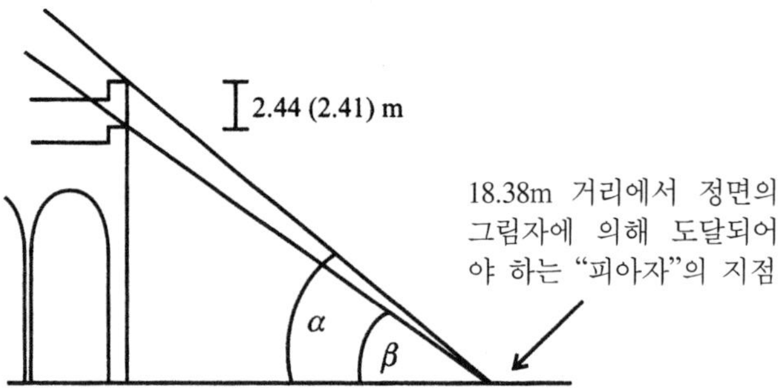

[그림 5]

분명히, 파이어스의, 혹은 로셀리니의 첫 번째 계획은 진정한—과학적인—춘분 날짜에 근거하고 있었다. 건물이 거의 건설될 때까지, 파이어스 2세는 교회를 진실의 보관함으로 사용할 것인지를 결국 결정하지 못한 셈이다. 그는 이성적 사회에 대한 상징으로서의 자신의 새로운 도시에 대한 수학적 모델이 이제는 구식의 성직자적 정의에 의해 훼손되게 되었다는 점을 마음에 품은 채 결과적으로 춘추분을 옛 달력에 의해 잡았다. 그리하여, 로셀리니의 과제는 눈에 띄지 않게 건물 상부의 개념을 변화시키는 것이었다 그리고 내부에서는 기둥 머리의 이상한 모습을 통해 부분적으로 성공했다. 반면에 정면에서는 비율에 맞는 체계는 포기해야만 했다.

(b) 르네상스의 건축가, 이론가, 그리고 수학자들 사이에는 예술과 미에 달하는 최고의 길은 논쟁적이라는 생각이 있었다. 관련된 모든 당사자들이 비율이 모든 예술의 어머니, 그리고 여왕으로 여겨져야만 한다는데 동의했다. 이러한 비율을 묘사하고 수학적으로 건설하는데 특별한 숫자를 사용하는 것은 미와 예술에 도달하는 유일한 방법이라고 간주되었다. 또한 숫자들의 근원은 고전적 시기로부터이어야만 했다:

- 서력 기원 전에 씌여진 유일하게 보존된 건축학적 논문인 비트루비우스의 '건축 십서(De architectura libri decem)'는 페트라르카와 보카치오에 의해 고찰되었다. 이 책은 피타고라스의 숫자를 비율의 기준으로 선호했던 건축학자와 예술가들 사이에서는 잘 알려져 있었다.
- 로셀리니, 그리고 후대에는 안드레아 팔라디오(1508～1580) 2의 제곱근을 사용해서 "페르베티" 비율을 얻기 위해(Palladio, 1570) 근을 더해가는 플라톤의 주해를 언급하고 있다.
- 수학자이자 수도사였던 루카 파치올리(1445～1514)의 '신비율(divina Proportione)'은 황금분할에 대한 유클리드의 표현을 차용하고 기하학을 성스러운 조화와 연결하려 하고 있다.
- 인문주의자, 건축가, 그리고 수학자였던 레온 바티스타 알베르티(1404～1472)는 "numerus(숫자)" "finitio(관계)" 그리고 "collocatio(배열)"에 근거한 건물 미학을 자신의 논문 "건축론(De re aedificatoria)"(Alberti, 1485)에서 발전시켰다. 도릭, 이오니안, 그리고 코린시안 기둥들의 직경과 높이의 비율이 1 : 7, 1 : 8, 그리고 1 : 9라고 주장함으로써, 그는 르네상스 건축학의 "규범적인 요구"를 강조했고(Thoenes, 1995), 비율에 맞는 건설을 위해 정수의 사용을 요구했다.

성당의 정면에서는 어떤 공통적인 비율을 찾는 것도 가능하지 않다. 그러나 만약 우리가 건물 전체 높이를 2.41미터 낮춘다면 로셀리니가 의도한 기준 비율은 명백해진다: 지반의 높이에서 꼭대기 층까지의 수학적 관계는 1 : $\sqrt{2}$ 이다.

결론: 수학은 '보편적'이지 않다.

피엔자의 중심 지역 건설 과정은 이상적이고 수학적인 사회로의 이행을 보여주는 중요한 예로 기능한다.

피이어스 2세와 그의 인문주의적 고문들은 대중 교육을 사회에 인문주의를 이식하는데 있어 '필수선행조건(condotio-sine-qua-non)'으로 보았다. 그들의 인문주의는 건축의 서로 다른 시기를 접합하고 교육을 의제의 꼭대기에 놓는 성당의 개념에서 분명해진다. 이는 정보의 순환을 촉진시키는데 목적을 둔 교육에 초점을 맞춘 것이다. 덧붙여서, 피엔자의 건물들에서는 신화와 신화주의가 과학적 방법론과 이성주의에 대비되어 드러나고, 사회의 의식변화를 상징화하고 있다.

비록 파이어스 2세가 군주의 인문주의자로서의 새로운 정체성을 증거하려 시도했으나, 결국 교권으로 작용하고 과학적 사고의 주장을 포기하도록 강요 받았다. 모든 관점을 교회를 향해 돌리는 도시 계획의 옛 사고를 떠나서 대신에 피엔자를 근대 정부의 상징과 표현으로 보여주는 일에 관여하면서, 그는 완벽한 수학적 사고에 기대서 일하는데 대한 구식의 억압을 경험했다.

인문주의와 사회적 질서, 그리고 과학적 사고의 개념들은 15세기 이래로 변화해 왔다. 그러나 학교와 대학에서의 교육은 모든 서구 사회에서 의문의 여지가 없는 정부 운영의 초석이었다. 문화화의 교육적 과정에서 수학의 역할은 종종 의심스러울 뿐 아니라 결정적인 것으로 여겨지고 있어 토론의 여지를 남기고 있다.

수학과 과학은 많은 이들에 의해 비교적 학습이 일어나는 사회의 영향을 덜 받는 과목으로 생각된다. 비숍(1993, p. 225)은 지적하기를, "모든 이들이 그 사회에 대해 한정적이라는데 동의할 사회의 언어나 그 역사와 지리학, 그 예술과 기술, 그 문학과 음악, 그 도덕과 사회적 관습을 가르치는 것에 비해, 수학과 과학은 보통 '보편적'인 것으로 여겨진다." 반대로, 피엔자의 사례를 점검함으로써 우리는 얼마나 긴밀하게 수학, 종교, 역사, 사회 그리고 정치학이 서로 얽혀있는가를 알게 된다. 그러나, 수학의 교습은 수학으로부터 그 '보편성'을 벗겨내야 할 의무를 가지고 있다. 수학자들은 더 이상 어떤 가치로부터 자유로운 것으로 여겨져서는 안 된다.

수학이 '가치로 충만하다'는 것을 고려한다면, 국립 수학 교사 협의회(1989)의 수학 학습의 "학생들을 위한 새로운 목표"를 정의내려 볼 수 있을 것이다. 제목 하에는 사회의 필요와 학생의 필요, "수학을 가치 있게 여기도록 학습시키는 것" "수학적 문제 풀이 해결자가 되는 것" "수학적으로 사고하는 법을 배우는 것" 그리고 "수학적으로 의사소통하는 법을 배우는 것"이 어떻게 개인적 필요 뿐 아니라 사회적 필요를 충족시키는지를 묘사하고 있다.

이러한 주장을 따르면, 피엔자의 도시 건설 계획 활동가들의 수학화의 시작은 수학과 과학의 발전이 사회적 개념의 변화에 어떻게 영향을 끼쳤는지를 예증하는 것으로 해석될 수도 있을 것이다.

▮참고문헌▮

[1] Alberti, L. B.: 1485, *Leonis Baptiste Alberti de re aedificatoria incipit*, Florence: Nicolaus Laurentius.

[2] Bishop, A. J.: 1993, "On Determining New Goals for Mathematical Education," In Keitel, C. and Ruthven, K. (Eds.) *Learning from Computers: Mathematics Education and Technology*, Berlin: Springer-Verlag, pp. 222 – 242.

[3] Hopper, V. F.: 1938, *Medieval Number Symbolism*, New York.

[4] National Council of Teachers of Mathematics (Ed.): 1989, *Curriculum and Evaluation Standards for School Mathematics*, Reston, VA: NCTM.

[5] Pacioli, L: 1509, *Divina proportione*, Venice: Paganino de'Paganini.

[6] Palladio, A.: 1570, *I quattro libri dell' architettura*, Venice: Dominico de Franceschi.

[7] Pieper, J.: 1986, "Pienza," In: *Bauwelt* 1986, Heft 45, pp. 1711 – 1732.

[8] Thoenes, C.: 1995, "Anmerkungen zur Architekturtheorie," (Comments on the theory of architecture) In: Evers, B. (Ed.) *Architekturmodelle der Renaissance, Die Harmonie des Bauens von Alberti bis Michelangelo*, München: Prestel, pp. 28 – 39.

[9] Vitruvius, M. P.: 1497, *L. Vitruvii Pollionis de architectura libri decem*, Venice: per Simonem Papiensem dictum Bevilaquam.

수와 변분에 대한 인식론적 역사

Luis E. Moreno-Armella and Guillermina Waldegg C.
Centro de Investigación y de Estudios Avanzados del Instituto Politécnico Nacional, Mexico

이 논문에서 우리는 수와 변수에 대한 인식론과 관련된 발전의 줄거리를 펼쳐보인다. 상세한 역사적 경로를 따라 가는 대신에 이 발전의 "스냅사진" 몇 개를 보여주도록 한다: 이산적 수와 연속적 매그니튜드(magnitude)[1]의 두 카테고리로 나눈 시작 단계의 그리스 카테고리로부터 10진법을 도입하여 스테빈(Stevin)이 이 개념들을 통합한 것을 통하여; 비에트(Viete)의 대수적 변하는 양에 대한 개념과 함께, 변분의 기하학적 표현으로서 오렘(Oresme)이 형태를 사용한 것과 갈릴레오가 곡선을 연구한 것으로부터, 해석기하학의 고안에 데카르트가 이 개념들을 결합시킨 것까지. 여기서 우리의 의도는 수와 매그니튜드의 개념에서의 인식론적 전환과 변하는 양의 개념이 전체 수학사에서 주된 중요성을 갖는 것으로 진화한 것을 강조하는 것이다.

서 론

수와 변분의 역사에서 두 개의 발달, 즉 (i) 수를 기하학적 연속체와 동일시한 것

1) magnitude를 흔히 "양"으로 번역하고 있으나, 이 논문에서는 넓은 의미의 양(quantity)과 구별하기 위하여 "매그니튜드"로 쓰기로 하였다(역자 주).

과 (ii) 변분을 기하학적으로 표현한 것이 도움이 되었다. 수와 관련하여, 이 개념이 유클리드의 개념으로부터 1585년에 스테빈이 소개한 수의 통합된 개념으로 진화하는 데에서 겪은 격렬한 변화는 매우 중요하다. 변하는 양의 개념이 발전하는 데 중추적 역할을 한 것은 그러한 양들을 연속적 매그니튜드로 해석하고 그것들을 대수학의 언어로 나타낼 수 있었던 것이었다.

유클리드의 수 개념은 피타고라스와 아리스토텔레스로부터 왔다고 알려져 왔다[예를 들어, Klein, 1968과 Jones, 1978 보기]. 이 역사에는 우리의 현재 관점으로 놀랄만한 두 개의 요소가 있다: (i)일(one)은 수로 생각되지 않고 (ii)수(number)는 이산적 집합체의 연구에만 적용될 수 있다; 달리 표현하면, 수 개념과 관련된 연속에 대한 관념이 없었다. 우리가 수와 (연속적)매그니튜드가 같은 개념으로 통합되어지는 것을 확인하고 싶은 것은 이 특징들 때문이다.

우리는 아리스토텔레스가 시간은 순간으로 이루어질 수 없고, 선들은 점들로 이루어질 수 없다고 말함 — 양(quantity)의 카테고리가 두 개의 서로 겹치지 않는 성분, 즉 이산적인 것(수)와 연속적인 것(매그니튜드)를 갖고 있는 것을 말하는 방법 — 으로써 화살역설을 물리쳤다는 것을 기억해야 한다. 이 성분들은 수학에서 매그니튜드와 수의 연구로, 즉 기하학과 산술의 연구로 반영되었다. 아리스토텔레스에게, 연속성은 "결코 끝나지 않는(never ending)" 나누어짐이었고, 그래서 선이 점들로 이루어질 수 없다고 결론지을 수 있었다. 선과 점은 다른 수학적 영역에 속했다.

기하학적 연속체는 물리적 연속체의 추상화처럼 보였다. 연속성은 결코 끝나지 않는 나누어짐이었기 때문에, 연속체는 불가분의 것(indivisibles)[2)]으로 만들어지지 않았다고 결론내릴 수 있었다. 반면에 수는 이산성의 원형이었다; 수는 단위들의 집합체였고 단위는 수가 아니었다.

이 시나리오는 시몬 스테빈(Simon Stevin)의 연구로 급격히 변화하였다. 그리스의 수 개념은 물질세계에 적용된 추상화 과정의 결과로 개발되었었다. 스테빈은 실제 세계에서 측정하는 실용적인 일을 하기 위하여 그리스의 관점에 도전하였다. 그럼에도 불구하고, 유클리드의 개념이 너무 깊이 뿌리를 박아서, 스테빈은 동시에 실용적인 관점에서와 우리가 인식론적이라고 생각하는 관점에서, 이 전통에 대항하여 논쟁해야 한다는 것을 알게 되었다. 그것은 단지 "일은 수다"라고 말하는 것이 아니

2) indivisibles를 흔히 "불가분량"으로 번역하지만, 기하학적인 것도 포함하므로 "불가분의 것"으로 쓰기로 하였음(역자 주).

라 그 주장을 정당화하기 위하여 구체적인 논법을 만들어내는 것이었다.

이제 스테빈이 어떤 개념적 분위기에서 그의 결과를 개발했는지를 이해하는데 필요한 그리스 수학에 대해 좀 더 체계적인 이야기를 하고, 또한 대수적 언어와 변분에 대한 개념을 만들어낸 것을 보도록 하자.

양에 대한 그리스의 개념

아리스토텔레스는 양(quantity)을 8개의 필수적인 사고의 카테고리로 [Aristotle, Categories 1b, 25], 그리고 나누어짐(divisibility)을 양들의 분류를 가능하게 하는 기본적인 연산으로 소개하였다. 매그니튜드는 무한히(ad infinitum) 나누어질 수 있는 양이었다; 이 정의에 있는 특성은 연속성이라고 불렸다. 수는 단지 유한개의 단계로 나누어지는 양 이었다; 이 정의에 있는 특성은 이산성이라고 불렸다. 양들의 모임의 한 요소로서, 양자(quantum)는

> 각각이 원래 '하나(one)' 그리고 '이것(this)'인 두 개 또는 그 이상의 구성요소 로 나누어질 수 있는 것이었다. '양자'는 셀 수 있으면 복수(plurality)이고 측정 할 수 있으면 매그니튜드이다. '복수'는 잠재적으로 비연속 부분들로 나누어 질 수 있는 것을 뜻 한다; '매그니튜드'는 연속부분들로 나누어질 수 있는 것을 뜻한다; … 제한된 복수는 수이고, 제한된 길이는 선이다 … [아리스토텔레스, Metaphysics, 1020a, 5].

다음 인용문은 같은 단위로 잴 수 있는 매그니튜드들의 특별한 경우를 제외하고 기하학과 산술이 왜 연관이 없는지를 설명한다. 이 특별한 경우에는 매그니튜드들이 수로 생각될 수 있기 때문에 산술적 결과들이 응용될 수 있었다.

> 증명의 전제인 공리들은 둘 또는 그 이상의 학문에서 동일할 수 있다: 그러나 산술과 기하학 같은 서로 다른 두 개의 '속(genera)'에서는 다루고 있는 매그니튜드들이 수가 아닌 한 산술적 증명을 매그니튜드의 성질에 적용할 수 없다[아리스토텔레스, Posterior Analytics 75b, 5].

이 인용문에 있는 단어 속(genera; genus의 복수형)은 '출생' 또는 생성의 어떤 특성을 공유하는 대상들의 모임을 말하며 아리스토텔레스의 연산 방식을 결정하는 수학적 대상의 본질 또는 기원에 대한 차이를 밝힌다. 두 이론에서의 명제들이 비슷하

고 논리의 규칙들이 같다고 하여도, 그들은 다른 기원을 가진 대상에 무분별하게 적용될 수 없었다. 유클리드는 아리스토텔레스와 비슷하게 산술과 기하학의 분리를 주장하였다[Jones 1978, p. 377]. 〈원론(Elements)〉 1권부터 6권과 11권부터 13권은 기하학적인 것이고, 반면에 7권부터 9권은 산술적인 것이다. 10권을 제외하고 용어 수와 매그니튜드는 결코 같은 책에 같이 나오지 않는다. 그러나 명제 10-5는 다음과 같이 아리스토텔레스가 인정한 라이센스를 사용한다:

같은 단위로 잴 수 있는 매그니튜드들은 서로 수가 수에 대해 갖는 비를 갖는다.

아리스토텔레스의 인식론

아리스토텔레스에게, 개념들의 기원은 물리적 세계에 있었고 그들의 성질과 관계들은 자연으로부터 물려받은 것이었다. 지식을 얻기 위하여 자연을 잘 관찰하고 과학적 개념들을 추출하여야 했다. 같은 방법으로, 수와 매그니튜드는 다음 인용문에서 이해될 수 있는 것처럼, 물질세계에서 추출된 개념이었다:

> 그러면 이 모든 반대와 그러한 다른 것들이 수와 공간적 매그니튜드가 사물로부터 떨어져서 존재할 수 없다는 것을 분명하게 한다[아리스토텔레스, Metaphics, 1085b, 30].

그리스인들에게 알려질 수 있었던 것은 알고 있는 사람에게 외적이고 그로부터 독립적인 실체였다[Piaget 1950, 3장, "수학적 지식과 실체"에 대하여]. 이 인식론적 입장은 만족할만한 이론적이고 방법론적인 구조를 구성하게 하였으나 수학적 대상에 일련의 제한을 부과하였다. 우리의 목적을 위하여 수와 매그니튜드 개념과 그들 사이의 관계에서 발견될 수 있는 제한을 살펴볼 것이다.

수와 매그니튜드

〈원론〉에서 수의 개념은 구체적이고 개별적이고 나누어질 수 없는 사물들의 다수체 또는 집합체에 기초하였는데, 이들 각각은 추상적 단위와 동일시되었다:

> 단위는 존재하는 것들 각각이 그것에 의해 하나라고 불리는 것이다[〈원론〉 7권, 정의 1].
> 수는 단위들로 구성된 매그니튜드이다[〈원론〉 7권, 정의 2].

이 정의들은, 이전에 인용된 아리스토텔레스의 양자의 정의처럼, 단위의 개념과 사물들에서 "숫자를 읽는" 행위로서의 세는 과정과 관련된 수의 개념으로 우리를 이끈다. 그리스의 수의 영역은 어떻게 급수가 생성 되었는가 로부터 뿐만 아니라 그것의 원소들을 갖고 하는 연산으로부터 유도된 기본적인 구조를 가졌다.

일단 개념의 본질이 결정되면 — 외적인 물리적 실체의 반영으로서 — 이 개념들을 갖고 작용하는데(조작하는데) 요구되는 방법론이 정의되었다. 수 생성의 근본 요소인 단위는 전적으로 "사물(thing)"의 특이성과 관계있는 특징들을 추상화함으로써 나오는 개념이다. 그래서 그리스적 관점으로부터, 단위를 나누는 것을 생각하는 것은 의미가 없었다. 왜냐하면, 그것은 사물(사람, 말)이 그것의 에센스를 잃지 않으면서 나누어질 수 없는 것과 마찬가지로 그것의 에센스를 잃을 것이기 때문이다. 단위를 나누는 것이 불가능하다는 것은 아리스토텔레스가 정의한 것처럼 이산적 양의 에센스를 설명해 준다. 이산적 양의 분할은 단위를 넘어서 계속될 수 없었고, 결과적으로, 단지 유한 번의 분할이 수행될 수 있었다. 반면에, 기하학적 매그니튜드—연속적 양의 원형—는 이질적인 영역을 형성하였다. 길이, 넓이, 부피가 이 영역에 속했다. 그들은 잠재적으로 무한히 나누어질 수 있다는 성질을 공유했고, 그들이 같은 종(species)이라면, 그들 사이의 비와 비례를 확립할 수 있었다. 수의 영역에서는 그것과 비슷한 구조를 발견할 수 없었다. 예를 들어, 선분들은 각각으로부터 고립되고 독립적인 추상적 원소들의 집합을 형성하였다. 두 선분이 주어지면, 그들을 갖고 조작하고, 그들을 비교하고, 그리고 그들을 배열하는 것이 가능하였지만, 이것은 그들이 그들의 개별적 특성을 잃은 것을 뜻하지는 않았다. 그리스 기하학에서 직선은 단지 무한히 확장될 수 있는 선분이었지만, 현재 우리의 "수 직선(real line)"과 비슷한 개념은 없었다.

측정과정의 첫 번째 질적 단계인, 매그니튜드들을 그들의 비로 비교하는 것은 매그니튜드들 사이에 "상대적(절대적이 아닌) 같은 단위로 잴 수 있음(commensurability)" 개념으로 이끌었다. 그러나 이것은 아직 분류 — 동치관계의 의미에서 — 가 아니었다. 왜냐하면 한 번에 단지 두 개의 원소들만 택해졌기 때문이다. 나누어짐이 같은 단위로 잴 수 있음과 같은 단위로 잴 수 없음의 정의의 뿌리에 있었다. 두 개의 주어진 매그니튜드들을 동시에 "측정하는"(정확히 나누는) 유한한 매그니튜드를 찾을 수 있으면, 이 두 매그니튜드들은 같은 단위로 잴 수 있다고 하였다. 이 "단위—매그니튜드"를 찾는 것이 잠재적으로 무한한 분할에서 점점 더 작은 매그니튜드들을 찾게 하면, 그 매그니튜드들은 같은 단위로 잴 수 없다고 하였다. 첫 번째 경우에, 비는 수의 비와 비슷한 방법으로 작용하였고, 결과로, 원론의 명제 10-5에 따르면, 수의 비처럼 다루어질 수 있었다. 그렇지 않았다면, 매그니튜드와 수 사이에 아무런 연관이 없었을 것이다. 그리스 수학은 단위 매그니튜드의 존재를 측정을 하기 위해 필요한 것뿐만 아니라 같은 단위로 잴 수 있음이나 같은 단위로 잴 수 없음을 특징짓기 위해 이론적으로도 빼놓을 수 없는 것으로 생각하였다.

그리스의 실재론적 인식론에 따르면, 측정단위는 산술적 단위가 가졌던 "절대적" 지위를 가질 수 없었다. 왜냐하면 측정단위는 "외적" 실체를 갖지 않았기 때문이다. 단위 매그니튜드를 선택하는 것은 주체에 의해 부과되고 실체 자신으로부터 "읽힌" 것이 아닌 속성을 매그니튜드에게 주는 것과 동일할 것이다; 그래서 매그니튜드의 단위를 뽑는 것은 주체의 행위와 독립된 것이 아니었다. 그러나 두 개의 같은 단위로 잴 수 있는 매그니튜드들을 비교함으로써 나온 매그니튜드의 단위(그들의 "최대공통인자")는 비교된 두 매그니튜드들에게 고유한 단위이고 따라서 비교를 행하는 주체와 독립적이다. 이 단위는 그리스 수학이 부과한 이론적 특성을 갖고 있었지만, 그것은 비교되는 매그니튜드들이 변하면 달라졌기 때문에, 그것은 또한 항상 똑같지 않다는 단점을 갖고 있었다.

산술적 단위와 기하학적 단위가 다른 "속"에 대응된다는 것을 인정하면서, 그들의 행태를 요약하도록 하자. 산술적 단위는 수가 아니었다; 기하학적 단위는 매그니튜드였다. 산술적 단위는 절대적이었다; 기하학적 단위는 측정되고 있는 매그니튜드에 의존하였다. 산술적 단위는 수를 생성시켰다; 기하학적 단위는 매그니튜드를 생성시키지 않았다. 우리가 강조했던 두 영역의 차이들은 유클리드의 수학에서 수와 매그니튜드를 연산 단계에서조차 동일시하는 것을 불가능하게 하였다.

기하학적 상황에서의 변분

이제 오렘의 〈질과 운동의 형상에 관한 논문(Treatise on the Configuration of

Qualities and Motions)〉 (탁월한 영어 번역을 위해 Clagett, 1968 보기)를 살펴보자. 거기에는 기하학적 상황에서 변분에 대한 연구, 특히 흐르는 양(flowing quantity)에 대한 개념이 있다. 오렘은 질(quality)의 행태를 나타내기 위하여 기하학적 도형을 도입하였다. 그에 따르면, 물체에 대한 연구는 두 관점에서 볼 수 있다: 외연적인(extentional) 것 — 예를 들어 물체의 무게 — 으로 부터와 내포적(intentional) 관점 — 예를 들어 물체의 온도 — 에서. 후자의 경우에 측정은 점에 따라 이루어진다. "강도의 연속에 대하여(On the continuity of intensity)" 〔Oresme, Part Ⅰ, Ⅰ, pp. 165 - 169〕 단원을 읽으면 유클리드의 수에 대한 개념을 보는데, 거기서 오렘은 수를 제외한 모든 측정 가능한 것은 매그니튜드로 표현할 수 있다고 하였다; 즉, "연속적 양의 방식으로". 이것은 또한, 강도에 대해 말할 때, 왜 그가 "직선의 점들"이 조사되는 물체에서의 장소를 나타내기 위해 사용된 필요한 허구라고 말했는지를 설명한다. 물체에 행해진 각 내포적 측정은 선분으로 나타내졌다. 선분은 또한 물체 자신을 나타냈다. 오렘은 강도 전체의 집합을 변분연구에 이르는 길로 생각했다. 이 집합은 표면 위도(surface latitude)라고 불렸고, 그것은 강도의 변분에 대한 모든 정보를 포함하였다. 그러나 여기서 연구를 질적인 것으로 하면서, 표면 위도를 형태의 변분을 연구하는데 사용하였을 때 그의 관점의 전환이 보인다.

오렘의 속도에 대한 연구를 살펴보자. 속도는 움직이는 물체가 획득한 질로 상상된다. 용어 "균일한(uniform)"은 시간에 따라 변하지 않는 질을 말하기 위하여, 그리고 "균일하게 변하는(uniformly difform)"은 일정한 변화율을 가진 변하는 위도를 말하기 위하여 도입되었다. 오렘은 또한 "변화하며 변하는(difformly difform)" 표면 위도도 생각하였다.

비록 이 분류절차가, 일반적으로, 물리적인 고려와 독립적이었지만, 오렘이 변분을 생각한 방법은 그의 묘사적 모델에 의해 운동을, 특히, 기하학적으로 연구하게 하였다. 이 관점은 또한 갈릴레오의 〈두 개의 신과학(Two New Sciences)〉에서도 보인다. 그러나 갈릴레오의 개념적 구조는 매우 다르다. 갈릴레오의 정리 1(명제 1)을 보자.

> 정리 1(명제 1)
> 정지에서 출발하여 균일하게 가속되는 물체가 공간에서 지나는 시간은 가장 높은 속력과 가속이 시작되기 바로 전 속력의 중간값의 균일한 속력으로 움직이는 같은 물체가 같은 공간을 지날 시간과 같다.〔Struik, 1969, pp. 208 - 209에 있는 갈릴레오〕

머톤 규칙(Merton rule)이라고 알려진 이 정리와 비슷한 형태를 오렘의 〈질과 운동의 형상에 관한 논문〉에서 볼 수 있다. 거기의 표현은 다음과 같다:

> 모든 질은, 그것이 균일하게 변하면, 같은 주체의 가운데 점의 정도에 따라 균일한 같거나 동등한 주체의 질이 될 것과 같은 양으로 되어 있다.〔Oresme 1350, Part Ⅲ. vii, p. 409〕

이것에 대해 클라겟(Clagett)을 인용하면 깨우치는 것이 있게 된다. 그는 말하기를,

> 비록 오렘이 물론 머톤 정리를 알았고 사실상 다른 논문, 〈형상에 관하여(De Configurationibus)〉에서 그것에 대한 첫 번째 증명을 낙체의 자연스런 가속에 직접 적용하기보다는 관념적으로 균일한 가속에 적용한 것처럼 하였지만(우리의 강조), 〔오렘은〕 그러나 1330년대에 옥스퍼드에서 발견된, 균일하게 가속되는 속도를 그것의 중간 속력으로 측정하는 머톤 규칙을, 갈릴레오가 거의 300년 후에 한 것처럼, 자유낙하문제에 적용하지 않았다. 〔Clagett, Op. Cit, pp. 13 – 14〕

이것은 갈릴레오가 그 안에서 연구했던 개념적 구조가 오렘의 것과 같지 않다는 것을 분명하게 해 준다. 갈릴레오는 강도와 형상에 대한 일반적 연구에 관심이 있었고, 오렘은 매우 특별한 자유낙하 하는 물체에 대해 관심이 있었다.

수에 대한 신개념

1585년에 시몬 스테빈이 그의 책 〈산술(L'Arithmetique)〉〔Girard(ed.), 1634에 있는 Stevin 1585〕을 출판하였는데, 그것은 수학적 지식에서 인식론적 전환을 하게 하였다. 그것은 산술의 이론적인 면과 실용적인 면에 대한 책이었다. 10 단원에서 스테빈은 수에 대한 그의 (신)개념을 보였다. 그에게, "수는 그것을 통하여 각 사물의 양적인 면이 밝혀지는 것이다" (우리의 번역).

그리스 수학에서 양의 카테고리는 겹치지 않는 이산적인 것들의 모임과 연속적인 것들의 모임으로 분리되었었다. 스테빈은 이 분리를 고려하지 않았다. 고립된 원소로서의 수는 그에게 아리스토텔레스적 의미에서 "연속"이었다. 왜냐하면 그것은 무한히 나누어질 수 있었고, 어떤 경우 던, 그것은 양을 나타내고 있는 사물의 연속성 또는 이산성의 특징을 물려받았기 때문이다. 예를 들어 하나의 말(one horse)이라고

하면, 수 "하나(one)"는 이산적이다; 그러나 일 야드(one yard)에 있는 "일(one)"은 연속적이다. 이 표현으로, 연속과 이산은 본체론적 카테고리가 아니게 된다; 그들은 이제 단순히 양이 나타내진 사물의 상황적 성질이 되었다. 스테빈이 도입한 10진법 표기는 형태와 내용 사이의 장력(tension)에 의해 제기된 문제를 해결할 수 있었다. 사실, 이 새로 개정된 양의 카테고리 안에서는 아무런 구별이 주어지지 않았기 때문에, 산술연구의 대상과 기하학연구 대상 사이에 아무런 구별이 있을 수 없었다. 이 새로운 상황에 대처하는데 필요한 표현을 위한 도구는 이산적 양에 대한 문제와, 동시에, 나누어지는 것에 대한 문제를 다루기 위해 충분히 유연해야 했다. 단위의 일부에 대해 말하기 위해서는 10진법 표기가 유효하였다. 이 표현은 수의 새로운 개념과 깊이 연관되어 있었다. 이것은 적절한 기호를 사용한 표현이 어떻게 수학적 개념을 탐색하는데 도구가 되었나를 보여주는 가장 좋은 예 중의 하나이다.

유클리드의 수학이 경험적 추상화(empirical abstraction)-피아제의 발생적 인식론의 의미에서-에 의해 수 개념을 만들어낸 반면에, 스테빈의 개념은 반사적(reflective) 추상화의 결과였다. 스테빈은 측정하는 것을 일반화함으로써 그의 수 개념을 만들었다. 여기서, 이론적 수학과 응용 수학의 경계가 희미해지고 실용적 요구가 개발되어야 할 수학의 종류를 결정하게 되었다. 클라인(Klein)이 말한 것처럼, 스테빈은

> 그의 '실용적인' 상업적, 재정적, 그리고 공학적 경험을 사용하여 '이론적' 선입관을 갖도록 하였다. 반대로, 그의 '이론'을 그의 '실용적 행위'에 사용하였다.[Klein, 1968, p. 186]

스테빈은 연산적 측면을 〈산술〉 바로 전에 출판된 La Disme란 제목이 붙은 책에서 연구하였다. 그 책에서 그는 그때까지 이미 알려졌었지만 일반적으로 사용되는 것과는 거리가 멀었던 10진법 표기를 혁신하여 체계화한 것을 보여 주었다. 그는 〈산술〉에서 이론적 문제들을 다루었다. 거기서 그는 수에 관한 성질들을 연속적 양들로 생각하고, 연속성을 수로 생각하며 매그니튜드와 수를 동일시하였다. 이 시점 이후로 수학자들이 양에 대한 개념을 그것의 기호적 표현과 분리하는 것은 불가능하였다. 이것이 수에 대한 새로운 개념의 좀 더 추상적 본질을 확실하게 해 줄 것이다. 사실, 단위가 기본적 요소인, 수에 대한 그리스의 개념과 스테빈이 소개한 것을 한 번 더 비교하는 것은 흥미로운 일이다.

우리는 스테빈을 그의 수에 대한 개념으로 이끈 반사적 추상화 과정을 그 과정에 의해 산술 연산들이, 물질적 대상들이 양으로 간주될 수 있는 한, 이 대상들에 수행

된 작용 또는 변환을 "밝혀내는(revealed)" — 스테빈이 그의 수에 대한 정의에서 이 단어에 준 의미로 — 과정으로 해석한다. 스테빈에게 수는 각 사물의 양을 밝혀주었다. 그래서 산술연산들은 양들에 수행된 변환에도 적용되었다.

수의 영역을 넓히는 것을 향한 중요한 걸음은 수를 갖고 수행된 산술연산들의 결과가 수라고 생각하는 것이었다. 스테빈은 이 점을 여러 방법으로 보였다. 예를 들어, 다음의 논법이 스테빈에 의해 반복적으로 수행되었는데, 당시에 그는 그것 때문에 거칠게 비판을 받았다. 그것은 단위가 수라고 그가 주장한 데에서 처음 발견된다:

> 부분은 전체와 '같은 물질로' 되어 있다. 단위는 단위들의 다수체(multitude)의 한 부분이다. 따라서 단위는 단위들의 다수체와 '같은 물질로' 되어있다; 그러나 단위의 다수체의 물질은 수이다. 따라서 단위의 물질은 수이다. 〔스테빈 1585, p. 1〕[3)]

이 논법은 그것의 추상화 정도와 관련하여 눈에 띄는 양면 가치를 보여준다. 처음 전제인 "부분은 전체와 같은 물질로 되어 있다"는 물질적 대상을 말했고, 반면에 두 번째 것인 "단위는 단위들의 다수체의 한 부분이다"는 수학적인, 그래서 추상적인 대상을 말했다. 한 단계에서 다른 것으로 제한받지 않고 진전한 것은 물리적 실체가 스테빈을 위하여 수의 개념에게 준 표준적인 지지를 보여 주었다. 그는 수를 갖고 수행될 수 있는 산술적 연산과 물체에 대해 수행될 수 있는 (그것이 양으로 표시될 수 있는 정도까지) 변환에 대한 연산 자체를 근거로 하여 그의 수 개념을 지지하였다. 과정에서 끼어들어온 물체의 전체 양을 결과적으로 변화시키지 않는 이 변환들은 수학적 영역의 폐포(closurc)를 특징짓는 연산들이 되었다.

단위의 선택

단위가 나누어질 수 있다는 것은 수가 매그니튜드와 연관되어지는 측정과정과 관련한 데에 그 뿌리를 갖고 있다. 스테빈은 이것을 체계화하는 것에 근거한 이론적

---

3) QUE L'UNITE EST NOMBRE
La partie est de mesme matiere que son entier,
La unite est partie de multitude d'unitez,
Ergo l'unite est de mesme mariere que la multitude d'unitez;
Mais la matiere de multitude d'unitez est nombre,
Doncques la matiere d'unite est nombre.

구조를 제안하였다. 그는 10진 분할을 대중적으로 사용할 것을 제의하였다:

> 길이, 액체, 마른 것들, 돈, 등등의 측정이더라도, 모든 측정은 십진기수법에 의해 나누어질 것이며 이 유명한 종(species)들 각각은 코멘스먼트(Commencement: 시작단위를 일컬음(역자 주))라고 불릴 것이다; 예를 들어 금과 은의 무게를 재는, 무게의 코멘스먼트인 마르크(Mark), 다른 일상적 무게의 코멘스먼트인 파운드(Pound); 플란더즈 파운드, 영국의 파운드 스털링(Pound Sterling), 스페인의 더컷(Ducat), 그리고 모든 동전들의 코멘스먼트.〔Stevin 1585, p.221에 있는 La Disme〕

스테빈은 측정단위 한 개를 그들의 본질이나 확장과 무관하게 코멘스먼트(시작)이라고 불렀다. 그는 수의 단위를 코멘스먼트와 연관지었다. La Disme 전체에서, 스테빈은 실제로 측정함으로써 각 측정단위의 하나(그리고 모두)와 한 개의 자연스런 수의 단위가 동일함을 어떻게 확립했는지를 분명히 보여주었다. 스테빈의 단위는 그래서 대상들을 양으로 추상화한 결과일 뿐만 아니라, 주로 이 대상들을 측정하는 과정에서 수행되는 조정된 작용들로부터 추상화한 것의 결과였다. 이 논법이 왜 그의 수 개념이 반사적 추상화 과정의 결과였는지를 보여준다.

10진법 전개에 대한 몇 가지 코멘트를 지금 하는 것이 적절하다. 스테빈은 무한한 10진법 전개에 대한 이론적 존재를 부인하지 않았다. 사실, 그는 나눗셈에 의해서 무한 10진법을 우리가 원하는 만큼 가깝게 접근시키는 방법을 제의하였다. 〔Stevin, 1585, p.210에 있는 La Disme〕. 그러나 산술연산에 의해서 얻을 수 있는 (만들어질 수 있는) 대상들에 대한 관심이 지배적이었다. 같은 단위로 잴 수 없는 매그니튜드들을 언급하는 다음의 인용문은 스테빈의 인식론적 관점을 묘사한다:

> 우리는 두 개의 주어진 매그니튜드들이 같은 단위로 잴 수 없음을 이 경험을 통하여 결코 알 수가 없다; 첫 번째로 (완벽하게 보거나 나눌 수 없는) 우리의 눈과 손의 잘못 때문에, 우리는 같은 단위로 잴 수 있는 매그니튜드들과 같은 단위로 잴 수 없는 매그니튜드들 모두 같은 단위로 잴 수 있다고 마침내 결론내릴 것이다. 그리고 두 번째로, 비록 우리가 큰 양으로부터 작은 양을 수 백 수 천 번 빼고 이 방법으로 수 백 수 천 년 동안 계속할 수 있다 하여도, (만일 주어진 두 수들이 같은 단위로 잴 수 없다면) 마지막으로 무엇을 발견할 수 있을지 모른 채로, 항상 영원히 일할 것이다. 그러므로, 이 형태로 인지하는 것은 합리적이 아니다; 그것은, 우리가 자연이 정말로 무엇으로 이루어졌나를 선언하는 것을 불가능하게 할 것이다.〔Stevin, p. 125〕

이제 우리는 산술적 사고에서 대수적 사고로의 전이에 대한 몇 가지 면을 보도록 한다.

비에트와 해석적 방법

앞의 인용문은 스테빈의 생각에서 산술적 연산의 중요성을 보여준다. 스테빈의 연구결과에서 수의 개념은 그것이 모든 필요한 계산을 하게 할 수 있기 때문만이 아니라 그의 연구결과의 기호적 특성이 대수학의 발달과 일치하기 때문에 정당화된다. 스테빈은 "산술적 수"와 "기하학적 수"에 대하여 얘기하였다. 그에 의하면, 기하학적 수의 수적 가치가 알려지지 않았으면, 그 기하학적 수는 부정의 양(indeterminate quantity)으로서 대수적 계산에 들어갔다. 스테빈이 관련된 수들의 동종성을 요구하는 한 이것은 아직 순수한 대수적 변수가 아니었다. 즉 두 기하학적 양들은 둘 다 같은 카테고리, 즉 길이, 면적, 또는 부피에 속할 때만 더해질 수 있었다. 더욱이 이 부정의 양은, 그것이 비록 우리에게 알려지지 않았지만, 수이었다.

대수적 개념들은 17세기 초에 매우 미묘한 발전을 겪었다. 이 첫 번째 대수학에 대한 관점은 일종의 일반화된 산술과 같았다. 다른 관점은 비에트의 〈해석적 방법 입문(Artem Analyticem Isagoge)〉(1591) 〔Klein 1968에 있는 부록은 비에트의 논문의 영어 번역인 Introduction to the Analytic Art이다〕에 보여졌다. 이 논문에서 우리는 새로운 대수적 사고의 토대 중 하나를 본다:

> 동종의 매그니튜드들과 관련하여 생각되었기 때문에 동종성의 법칙(law of homogeneity)이라고 불리는, 최고이고 영원히 지속되는 방정식 또는 비율에 관한 법칙은 이것이다:
> 1. 동종의 매그니튜드들만 서로 비교된다. 왜냐하면 이종의 매그니튜드들이 어떻게 결합될 수 있는지를 아는 것이 불가능하기 때문이다. 그래서 매그니튜드가 매그니튜드에 더해지면, 그것은 동종이다. 매그니튜드가 매그니튜드에 의해 곱해지면, 곱은 둘 다에 대해 이종이다. 〔Viete 1591, Ⅲ장, p. 324〕

비에트의 논문에서 "매그니튜드"란 용어는 기하학적인 것만이 아니라 일반적 의미로 쓰였다. 예를 들어, 방정식을 풀 때 찾고 있는 매그니튜드는 수가 될 수 있다. 이와 관련하여, 우리는 클라인의 글을 인용한다:

> 이 '일반적 매그니튜드'의 특징은 그것이 부정이라는 것인데, 그렇기 때문에, 그것에 대하여 개념이 기호사용 절차 영역 안에서만 형성될 수 있다…〔유클리드의 표현〕은 기호사용 절차의 중심부를 이루는 두 가지 것을 하지 않는다: 그것은 나타내지는 대

> 상을 그것을 나타내는 수단과 동일시하지 않고, 그것은 대상이 실제로 정해지는 것을, 정해진 대상을 설명하는 대신에 정해질 수 있는 것을 상징할 부호로 표현되는 것처럼, 그것을 정해진 것으로 만들 가능성으로 대치하지 않는다. 〔Klein 1968, p. 123〕

이것은 기호수학을 확립하는 방향으로의 큰 걸음이었다; 그럼에도 불구하고 비에트는 여전히 동종성의 법칙을 요구하였다. 더욱이 비에트의 기호적 특성은 (스테빈의 경우에서와 같이) 반사적 추상화의 결과였다. 어떤 의미로 "새로운 학문"에 대한 개념이 그 개념의 전체 상황에 대한 반사에 의해 또는, 달리 말하면, "기호생성 추상화(symbol-generating abstraction)"라는 용어를 쓸 수 있는 과정에 의해 얻어졌다. 비에트의 논문은 이 새로운 학문에 대한 논문으로 볼 수 있다.

> 그의 책 〈정신 지도 규칙(Rules for the Direction of the Mind)〉 〔Kolak 1994에 있는 Descarte 1628〕에서 데카르트는 매그니튜드들 a와 b의 곱 ab를 세 번째 매그니튜드 c와 곱하는 문제를 다룬다. 그는 규칙 18에서 이것이 가능하기 위해서는, "우리는 (곱) ab를 직선으로 생각하여야한다" 라고 한다. 〔데카르트, p. 81〕

기하학적 제약으로부터 양들을 이렇게 분리하는 것은 결과로 나오는 추상적 기호 때문에 가능하였다. 연산하는 행위에 관련된 양들은 도형 자체가 아니라 기하학적 도형의 추상화였다. 수를 그것을 나타내기 위해 사용된 기호와 동일시하는 것은 수를, 더 이상 물질적인 것들을 세기 위해 사용된 그리스의 수(arithmos)로서가 아니고, 정신적 실재물로 개념화하게 하였다. 이런 식으로, 여전히 산술적이고 기하학적이었던, 비에트의 기호대수학은 사용된 기호의 차원(dimensionality)을 잃음으로써 데카르트의 손에서 완전히 기호적인 것이 되었다. 비에트 이전의 주된 행위는 수를 계수로 갖는 방정식의 근을 계산하는 공식(절차에 관한 규칙들의 집합)을 찾는 것이었다. 이 행위를 일반화된 산술로 볼 수 있다. 관련된 모든 연산은 수로 된 계수에 수행되었고, 결국, 연산에 미지수가 포함되게 되었다. 비에트의 연구로 이것이 급격히 변화하였다. 이제 연산(operation)이 새로운 연구 목표였다. 발생 인식론 용어로 우리는 개발의 내적대상화(inter-objectal) 단계에 들어갔다[Piaget and Garcia 1989, pp. 142–143]. 이미 우리가 보았듯이 이 새로운 단계로의 진행은 반사적 추상화 과정이 일어났기 때문에 가능하였다.

변수와 변분

대수학의 기호언어는 더 높은 수준으로 나타내진 모델을 구성하게 하였다. 이 연산의 체(field) 안에서, 기호들은 주어진 양들처럼 조작될 수 있었고 기호적 표현을 통하여 관련이 되었다. 이것은 일련의 단계들을 공부하기 위해 고안된 모델로서 함수들을 연구하는데 유용한 도구가 되었다. 값들의 표(table of values)는 이러한 종류의 모델의 좋은 예이다. 이 상황에서 좀 더 중요한 것은 아마도 수 값을 취하고 그래서 수의 기층에서 변하는 능력을 가진 대상으로 문자기호를 사용하는 것이다.

해석기하학이 만들어졌을 때, 기호로 나타낸 것(대수방정식)에서 시각적인 것(그래프)으로 움직일 수 있는 가능성이 확립되었다. 이 두 형태의 표현 사이의 상호작용은 관련된 개념에 대한 좀 더 깊은 의미들을 만들어내게 하였다. 관련성이 의미를 조정하였다; 그래서 기호적/대수적 그리고 시각적/기하학적 개념 사이의 만남에서, 기하학을 하는 새로운 공간 — 데카르트 평면 — 은 이전에 비데카르트식 표현을 갖고 운동에 대해 진지한 연구를 시작했던 오렘과 스콜라 학자들이 진전시킨 운동에 대한 기하학적 연구를 변형시켰다. 그럼에도 불구하고, 무한소계산학의 발전에 유용한 것으로 증명된 것은 공간에 대한 새로운 개념 — 기하학적으로 구성된 공간 — 이었다.

대수적 언어의 발달과 기하학적 상황에서의 운동에 대한 연구 사이의 관련에 대해 말하자. 머톤 규칙에서 물체가 지나온 거리가 면적으로 나타내졌다는 것은 중요하다. 이 사실과 모든 매그니튜드들을 선분과 동일시 한 데카르트의 규칙 18 사이에 연관이 있다. 비에트의 동종성의 법칙은 이 두 관점 사이에 놓이며 대수적 발전 이전 시대를 반영한다. 동종성의 법칙은 대수적 언어의 발전에 장애물이었다. 어떤 의미로, 모든 매그니튜드들을 같은 카테고리에 놓은 것은 기초 미분적분학에서 기하학적/역학적 모델의 출현을 가능하게 하였다.

다음 페이지의 표에서 이 발전을 요약할 수 있다. 새로운 "무차원(non- dimensional)" 대수의 연산적 체가 주어진 데카르트 평면은 변분 연구를 위한 모델을 만들어내게 하는, 필수적인 표현 도구를 제공하였다.

결론의 말

이 논문에서 공부한 수학적 개념들은 미분적분학의 토대 중 하나를 이룬다. 왜냐하면 그것이 17세기 후반부에, 주로 뉴턴과 라이프니츠에 의해 개발되었기 때문이다. 변분연구로 특징지워지는 이 수학적 시대는 다음을 포함한 개념적 구조 안에서만 가능하였다:

현상
(운동)

↓

표현
(현상의)

↓

특정한 물리적 상황으로부터
연산규칙을 끌어내기

↓

연산규칙의 일반화
(상황에 의존하는 특별한 의미들이 없어짐)

1. 이산적 양들과 연속적 매그니튜드들을 다룰 수 있는 통합된 수의 개념.
2. 변하는 양들이 (기하학적) 매그니튜드들로 생각되고 따라서 결코 끝남없이 나누어질 수 있는 것들로 생각되게 하는 기하학적 표현의 형태.
3. 수학적 과정에 대한 공부를 강조했던 새로운 대수적 언어.

▌참고문헌▌

[1] Aristotle: 1978, *The Great Books of the Western World*, vol Ⅷ, Encyclopædia Britannica, Chicago.

[2] Clagett, M.: 1968, *Nicole Oresme and the Medieval Geometry of Qualities and Motion*, University of Wisconsin Press, Madison, Wisconsin.

[3] Descartes, R.: 1994, *Rules for the Direction of the Mind* (1628), in *From Plato to Wittgenstein. The Historical Foundations of Mind*, Kolak, D. (ed.), Wadsworth Publishing Company, Belmont CA., pp. 41 – 82.

[4] Euclid: 1956, *The Elements*, in Sir Thomas Heath, *Euclid, The Thirteen Books of the Elements*, Dover Publications, Inc., New York.

[5] Jones, C. V.: 1978, *One as a Number*, unpublished doctoral dissertation, Toronto University.

[6] Kaput, J.: 1991, "Notations and representations as mediators of constructive processes," in E. von Glaserfeld (ed.), *Constructivism and Mathematical Education*, Kluwer, Dordrecht, Netherlands, pp. 53 – 74.

[7] Klein, J.: 1968, *Greek Mathematical Thought and the Origins of Algebra*, MIT Press, Cambridge.

[8] Oresme, N.: 1350, "Treatise on the Configurations of Qualities and Motions" in Clagett, 1968, Chapters Ⅰ and Ⅱ.

[9] Piaget, J. and Garcia, R.: 1989, *Psychogenesis and the History of Science*, Columbia University Press, New York.

[10] Piaget, J.: 1950, *Introduction à L'epistémologie Génétique*, vol. I: *La Pensée Mathématique*, Presses Universitaires de France, Paris.

[11] _____: 1978, *The Development of Thought: Equilibration of Cognitive Structures*, Blackwell, Oxford.

[12] Stevin, S.: 1585, *L'Arithmetique et la Practique d'Arithmetique*, in *Les Oeuvres Mathématiques de imon Stevin*, A. Girard, (ed.), Leyden, 1634.

[13] Struik, D. J. (ed.): 1969, *A Source Book In Mathematics, 1200 –1800*, Harvard University Press, Cambridge, Mass.

[14] Vieta, F.: 1591, "Introduction to the Analytical Art" in Klein, 1968, Appendix, pp. 313 – 353.

조합론: 역사적·교육학적 접근

Robin Wilson
The Open University, UK

1666년에 발표한 Dissertatio de arte combinatoria에서 Gottfried Wilhelm Leibniz는 조합론이 대상을 위치시키고, 순서를 배열하며, 선택하는 학문이라고 설명하였다. 그 이후, 이 학문의 범위는 크게 확대되었고, 현재 유한 또는 이산 수학 전체와 집합론, 컴퓨터 과학, 그리고 다른 여러 분야에 중복적으로 포함된다.

더 넓게 보자면, 조합론적 문제들은 다음과 같은 하나 또는 그 이상의 분류에 적합하다.

- 존재에 관한 문제: ~존재하는가? ~는 가능한 것인가?
- 구조적 문제: 만약 존재한다면 우리는 그것을 어떻게 만들 것인가?
- 계산 문제: 거기엔 몇 개나 있는가? 우리는 그것들을 전부 나열할 수 있는가?
- 최적화 문제: 만약 여러 개가 있다면 어떤 것이 가장 좋은 것인가?

조합론의 일반성과 다양한 적용성 때문에 위와 같은 문제는 모든 분야와 모든 단계 등 수학 전반에 걸쳐 나타난다. 특히 조합론은 연구 활동에 있어 결실이 많은 분야이긴 하지만 한편으로는 각각 수준이 다른 학생들을 가르치는데 많은 문제점을 양산한다. 이 논문에서 우리는 조합론의 네 가지 분야를 고려하고, 각각의 역사를 말하며 학생들이 풀만한 문제를 내었다. 문제들에 대한 해답은 논문 말미에 실었다.

순열과 조합

n개의 원에서 r개를 택하는 선택 문제는 4가지 유형이 있다.

- 만약 순서를 생각하고, 중복을 허락한다면, 선택 가능한 수는 n^r이다;
- 만약 순서를 생각하고, 중복을 허락하지 않는다면(순열), 선택의 수는 $(n)_r = n(n-1)\cdots(n-r+1)$이다;
- 만약 순서를 생각하지 않고, 중복을 허락하지 않는다면(조합), 선택의 수는 $\binom{n}{r} = \frac{n!}{r!(n-r)!}$ 이다.
- 만약 순서를 생각하지 않고, 중복을 허락한다면, 선택의 수는 $\binom{n+r-1}{r} = \frac{(n-r+1)!}{r!(n-1)!}$이다.

중복이 허락되고 순서가 정해진 선택에 대한 초기 예시는 기원전 7세기 I ching (변화의 책)에 나타난다. 여기서 음과 양의 기호는 $2^6 = 64$ 방식으로 육망성형 (六芒星形: 6개 기호 체계)안에 결합된다. 이중 나머지 반은 [그림 1]에 나타나 있다.

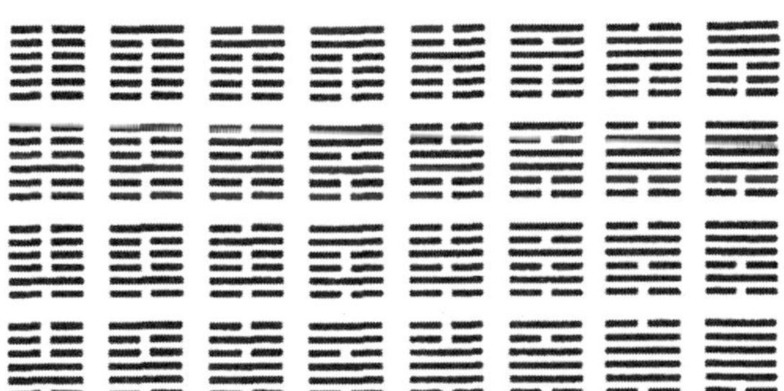

[그림 1]

문제 1. 64개의 육망성형 중 나머지를 그려라. Leibniz는 중국인들이 2진법을 발명하였다는 증거로서 이러한 육망성형을 이용하였다는 주장이 제기되어 왔다 (아마도 틀린 주장일 것이다). 어떻게 이런 주장이 제기되어 온 것일까?

인도에서도 초기의 예시를 찾아볼 수 있다. 의학 문서인 Susruta(기원전 6세기)에서는 6가지 기본 성질인 단맛, 신맛, 짠맛, 매운맛, 쓴맛 그리고 떫은맛으로 이루어진 입맛의 조합에 대한 설명이 있다. 체계적인 목록에는 각각의 성질이 한 개, 두 개, 세 개, 네 개, 다섯 개 그리고 전부를 포함할 때 가능한 모든 조합을 포함하고 있다.

문제 2. 6가지 기본 성질 중 3개가 포함될 때와 4개가 포함될 때 몇 가지 조합을 이룰 수 있는가?

다른 인두의 예는 기원전 200년 전 Jainas의 작품에서 나타난다. 거기에서는 남성, 여성 그리고 내시의 조합과, 짧고 긴 음절(예를 들어, − ⌣⌣ − − 그리고 ⌣⌣ − − −)의 주어진 수로부터 만들 수 있는 운율적 리듬에 관한 Pingala의 저작에서 조합에 대한 논의가 있다. 후에, 6세기의 Varahamihira의 Brhatsamhita에는 16가지 재료 중 4가지 재료를 선택하여 향수를 만드는데 정확히 1,820가지 방법이 있다는 점이 적혀 있다. 11세기에 Bhaskara의 Lilavati는 Sambhu 신의 여러 손에 들려있는 10가지 부속물(밧줄, 코끼리 갈고리, 뱀, 작은북, 해골, 삼지창, 침대틀, 단검, 화살, 활)을 교환하면서 생기는 변수의 개수에 대하여 물어보았다. 정답은 3,628,800로 정확히 주어졌다.

문제 3. Varahamihira와 Bhaskara가 어떻게 위의 정답을 구했는지 설명하라.

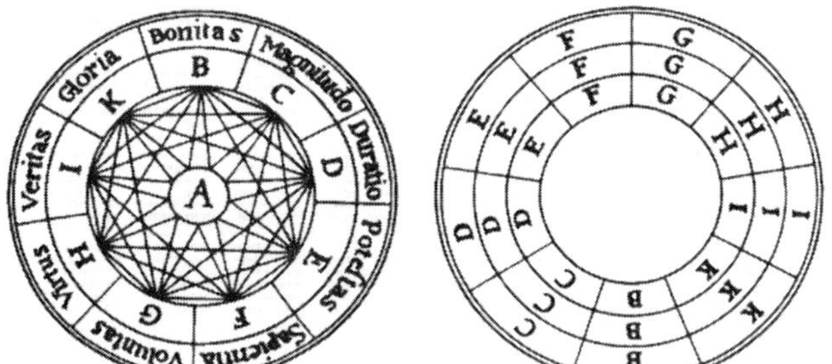

[그림 2]

순열과 조합에 대한 초기의 많은 관심은 유대인과 기독교인의 다양한 신학적 관심으로부터 시작되었다. 유대인 성서 sefer yetsirah(창조의 책)에는, 어쩌면 18세기부터, 22개의 헤브라이어 알파벳에서 2개의 서로 다른 문자를 선택하는 방법의 수를 계산하였다. 이러한 계산은 매우 중요하게 여겨졌는데, 이유는 문자의 다양한 조합은 초자연적인 힘을 가지고 있다고 믿었기 때문이다. 후에 유대인 작가 Rabbi ibn Ezra는 행성 간 연결이 가능한 수를 계산하는 천문학적 배경에 조합을 사용하였다. 13세기에 카탈로니아 신비주의자 Ramon Lull은 모든 지식은 기본 항목의 숫자로부터 시작된다고 하였다. 그리고 이 항목들의 모든 조합을 움직이면서 결국 모든 것을 발견한다고 하였다. 그는 조합표(그림 2)를 사용하여, 신성한 특성(여신, 힘 등)을 적극적으로 표현하고, 이것들의 조합을 설명하는 모델을 만들었다. [그림 2]의 오른쪽 표의 안쪽 원은 독립적으로 돌면서 문자의 모든 3변수 조합을 나타낸다.

Lull의 연구는 Marin Mersenne(음악과 관련하여 조합을 사용하였고, 90자리인 64!를 구하였다)과 Athanasius Kircher(18가지 특성을 324개의 순서쌍(雙)으로 이루어진 표를 표시하였고, 단어 ORA, AMEN, PATER의 문자에 대한 모든 순열을 배열하였다)를 포함한 다수의 르네상스 시대의 종교적 학자들에게 이어졌다. Leibniz 역시 초창기에는(나중에는 아니었다) Lull의 연구의 열렬한 지지자였고, Lull의 영향력은 이 논문의 처음부분에 언급된 초창기 연구에서 명백히 찾아볼 수 있다. Lull의 추종자에 대한 보다 더 자세한 내용은 Knobloch [6] 또는 Fauvel과 Wilson [7]에서 찾을 수 있다.

문제 4. 단어 AMEN의 문자에 대한 모든 순열을 나타내라.

조합에 대한 중요성은 조합론적 관심뿐만 아니라, 이항계수의 출현에서 유래되었다. 특히 이 점은 Blaise Pascal의 이름을 딴 '파스칼의 삼각형'에 나타난다. 파스칼은 이 삼각형에 대해 1665년에 발표한 Traité du triangle arithmetique에서 설명하였으나, 이는 이미 1303년의 중국 문헌과, Jordanus de Nemore의 De arithmetica(c.1225), al-Tusi의 분필과 먼지를 사용한 산술의 핸드북(1265), 초기 중국과 아랍의 저작에서 나온 부분이다.

$$
\begin{array}{ccccccccccc}
 & & & & & 1 & & & & & \\
 & & & & 1 & & 1 & & & & \\
 & & & 1 & & 2 & & 1 & & & \\
 & & 1 & & 3 & & 3 & & 1 & & \\
 & 1 & & 4 & & 6 & & 4 & & 1 & \\
1 & & 5 & & 10 & & 10 & & 5 & & 1 \\
\end{array}
$$

. . . .

'산술적 삼각형'과 이것의 역사에 대한 자세한 설명은 Edwards [8]에 나와 있다.

문제 5. 이 삼각형에서 다음에 나올 3열은 무엇인가? 나온 수들에서 어떠한 형태를 찾을 수 있는가?

Partitions (분할)

예전부터 지속되어왔던 문제 중 하나는 양의 정수 n을 양의 정수들로 분할하는 $p(n)$개의 방법을 찾는 것이다. 숫자가 나오는 순서는 무관하다. 예를 들어서, 숫자 4에서는 5개의 분할이 있다.

$$4,\ 3+1,\ 2+2,\ 2+1+1,\ 1+1+1+1;$$

따라서 $p(4)=5$이다.

n이 작은 숫자일수록 $p(n)$의 값을 구하기가 쉽다. 예를 들어,

$$p(1)=1,\ p(2)=2,\ p(3)=3,\ p(4)=5,\ p(5)=7$$

등이다. 그렇다면 자연적인 의문은 $p(n)$의 일반적 공식을 찾는 것이다.

문제 6. $p(6)$와 $p(7)$의 값을 구하라.

마찬가지로 임의의 주어진 수 n에 대하여 홀수부분, 짝수부분, 상이한(서로 다른 수)부분의 특정 형태로 분할할 수 있는 수를 질문할 수 있다. $n=4$일 경우, 이들은 각각 다음과 같다:

홀수 부분: 3+1과 1+1+1+1
짝수 부분: 4 와 2+2
상이한 부분: 4 와 3+1

1748년에 발표한 Introductio in analysin infinitorum에서 Euler는 아래 결과를 포함한 분할에 대한 다수의 정리를 발표하였다.

- n이 홀수부분으로 분할된 개수는 상이한 부분으로 분할된 개수와 같다.
- n이 상이한 부분의 홀수 분할된 개수는 상이한 부분의 짝수로 분할된 개수와 같다. 하지만 n이 1씩 차이가 나는 수인 $k(3k \pm 1)/2$ $(k=1, 2, \cdots)$의 형식일 경우에는 예외이다. 그들은 종종 Euler의 오각수라고 부른다.

문제 7. $n=6$, $n=7$일 경우, 적절한 분할을 사용하여, 결과를 나타내어라.

또한 Euler는 기본적인 분할 생성 함수를 구하였다.

$$1+p(1)x+p(2)x^2+p(3)x^3 \cdots +$$
$$=(1+x+x^2+\cdots)(1+x^2+x^4+\cdots)(1+x^3+x^6+\cdots)\cdots,$$

이로부터 $p(1)$, $p(2)$, $p(3)$, …을 연속적으로 계산할 수 있다. 이 결과를 증명하기 위하여 우변의 각 항의 곱은 좌변의 대응하는 항에 정확히 1만 더해진 것임을 유의하라. 예를 들면, 항 $p(3)x^3$은 우변의 $(x^3)(1)(1)$, $(x)(x^2)(1)$그리고 $(1)(1)(x^3)$로 이루어진 것이다. 우변을

$$(1-x)^{-1}(1-x^2)^{-1}(1-x^3)^{-1}\cdots$$

로 표시함으로써 좌변의 분할생성함수를 수학적 분석의 도구로 이용할 수 있다.

문제 8. 이 공식을 사용하여 $p(n)$의 초기 값들을 구하여라.

Euler의 분할생성함수의 유용한 결과는 $p(n)$와의 순환 관계이다.

$$p(n)=[p(n-1)+p(n-2)]-[p(n-5)+p(n-7)]+[p(n-12)+p(n-15)]-\cdots,$$

괄호안의 숫자 1, 2, 5, 7, 12, …는 위에서 언급된 $\dfrac{k(3k \pm 1)}{2}$ $(k=1, 2, \cdots)$형식의 오각수이다.

문제 9. $p(n)>100$일 경우, 위의 순환관계를 사용하여 n의 가장 작은 값을 구하여라.

$p(n)$의 값은 n에 따라 빠르게 증가한다. Euler는 $p(n)$의 값을 $n=69$일 때까지 계산하였다. 그리고 1890년대에 Percy NacMahon은 $p(200)=3{,}972{,}999{,}029{,}388$까지 계산한 분할숫자표를 만들었다. 하지만 이러한 결과는 1918년 Hardy와 Ramanujan의 논문과 비교하였을 때 그 의의가 희미해졌다. Hardy와 Ramanujan의 진정으로 주목할 만한 논문에서, 그들은 제곱근, 도함수(미분계수), 지수 그리고 24번째 단위근을 포함한 식의 가장 근접한 정수를 계산할 수 있는, 거의 믿을 수 없을 정도로 정확한 $p(n)$공식을 구하였다. 더욱 자세한 내용은 Shiu [9]에서 찾을 수 있다. MacMahon의 값의 표를 연구하면서, Ramanujan은 다른 몇 가지의 결과를 증명할 수 있었다. $p(5k+4)$는 항상 5로 나눌 수 있고, $p(7k+5)$는 항상 7로 나눌 수 있다는 점이다.

문제 10. $p(n)$가 15로 나뉘어 질 수 있는 n의 세 가지 값을 구하여라.

Designs (계획)

1839년 기하학자 Julius Plücker는 $n\equiv 1$ 또는 3(mod 6)일 경우에만 가능한, 임의의 두 점이 하나의 세 개 한 쌍(雙)(triple)에 존재한다는 전제하에 세 개 한 쌍들(triples)에 배열되는 n점의 $S(n)$ 체계를 관찰하였다. 예를 들어, $n=7$일 경우, 아래와 같은 7개의 세 개 한 쌍(雙)을 구할 수 있다:

1	2	3	4	5	6	7
1	2	3	4	5	6	7
2	3	4	5	6	7	1
4	5	6	7	1	2	3

문제 11. 위와 같은 체계일 경우, 점이 9, 13, 15, 19, 21일 때 각각 몇 개의 세 개 한 쌍(雙)(triples)을 구할 수 있는가?

Plücker의 이론은 J. J. Sylvester에 의해 Lady's and Gentleman's diary의 편집인이며, 그의 독자에게 상금이 걸린 문제를 제안한 William Woolhouse에 전달되었다.

Plücker의 $S(n)$ 체계는 $p=3$, $q=2$일 경우와 대응한다:

> "각각 n의 기호와 p의 기호를 이용하여 만들 수 있는 조합의 수를 구하라; q의 기호에 대한 어떠한 조합도 그들 가운데 어느 한쪽에 나타날 수는 있지만, 다른 쪽에서는 반복될 수 없다는 제한이 있다."

1847년 Thomas Penyngton Kirkman 신부는 이러한 형식의 임의의 숫자 n에 대한 $S(n)$체계가 어떻게 만들어졌는지 나타내었다. 그리고 3년 후 그는 5개의 세 개 한 쌍으로 된 7개의 집합으로 분할된 35개의 세 개 한 쌍(雙)(triple)으로 구성된 $S(15)$ 체계를 설명하였고, 이는 각 기호가 5의 각 집합에 오직 한 번씩 나타나는 방식으로 이루어졌다. 이러한 체계는 1850년에 나온 Kirkman의 여학생 문제에 대한 해답을 제공하였다.

> "15명의 여학생은 7일 동안 3명이 나란히 연속해서 학교를 나간다. 그 어떤 두 명도 중복해서 나란히 학교를 나가면 안 되기 때문에, 그들을 매일 배열해야 한다."

문제 12. 아래의 표를 완성하면서, '9명의 여학생 문제'를 풀어라. 9명의 여학생은 4일간 3명씩 무리지어서 학교를 나가야 하고, 그 어떤 두 명도 함께 한 번 이상 나가면 안 된다.

월요일	화요일	수요일	목요일
1 4 7	1 — —	1 —	1 — —
2 5 8	4 — —	6 — —	8 — —
3 6 9	5 — —	7 — —	9 — —

$S(n)$ 체계는 Kirkman이 연구한 후 몇 년이 지난 1853년 Jakob Steiner가 연구한 이래, Steiner 세 개 한 쌍(雙)(triple) 체계로 알려졌다. 1971년 D. K. Ray-Chaudhuri와 R. M. Wilson은 $n\equiv 3 \pmod 6$일 경우, Kirkman의 여학생 문제와 같이 분할 가능한 Steiner 세 개 한 쌍(雙)(triple) 체계가 존재한다는 점을 증명함으로써 오랫동안 지속되었던 문제를 해결하였다.

또한 Kirkman은 r^2+r+1의 점들과 r^2+r+1의 선에 $r+1$의 점들이 각각의 선 위에 있고, $r+1$ 선들이 각 점을 지나고, r은 4 또는 8 또는 소수인 기하학 체계를 만들었다. 이러한 체계는 현재 r차(次)(order)의 유한사영(射影)평면으로 불리고, 정확히 한 개의 선이 각 점의 쌍(雙)을 지나고, 정확히 한 개의 점이 각 선의 쌍(雙) 위에 있는 실복소 사영(射影)평면의 유한 유사물이다. 유한사영평면은 r이 소수의 멱일 경우 존재하는 것으로 밝혀졌다.

1900년에 Gaston Tarry는 6차(次)의 유한사영(射影)평면은 존재하지 않는다는 것을 증명하였고, 1980년대에 들어 오랜 기간의 컴퓨터 탐색 결과, Clement Lam은 10차(次)의 유한사영(射影)평면이 존재하지 않는다는 것을 증명하였다. 또 다른 r의 합성치에 대한 r차(次)의 사영(射影)평면의 존재 여부에 대해서는 밝혀진 바가 없다.

문제 13. $S(7)$가 어떻게 2차(次)의 유한사영(射影)평면인지 보여라. 그림으로 나타내어라.(결과로 나타낸 그림은 Fano 평면이라고 부른다.)

연관성이 없는 것처럼 보이지만, 독립적으로 발전된 것은 직각(直角)의 라틴 정방형(orthogonal latin square)이다. J. Ozanam은 그의 책 Récreations mathématiques et physiques(1725)에서 그 문제를 내었다. 한 벌의 카드에서 16개의 그림카드를 4×4 배열로 나열한다. 나열함에 있어서 각각의 값과 그림이 각각의 행과 열에서 볼 수 있어야 한다. 이 문제에 대한 해답은 아래와 같다.

J ◇ Q ♡ K ♠ A ♣
Q ♠ J ♣ A ◇ K ♡
K ♣ A ♠ J ♡ Q ◇
A ♡ K ◇ Q ♣ J ♠

각각의 기호 n이 각각의 행과 열에 한 번만 보여야 하는 $n \times n$ 배열은 라틴 정방형이라고 부른다. 2개 이상의 라틴 정방형은 만약, 그들이 겹쳐질 경우(함께 표시될 경우), 각각의 기호 n^2의 가능한 순서쌍(雙)이 한 번만 보일 경우 직각(直角)(orthogonal)이라고 부른다. 예를 들어, 위 그림의 J, Q, K, A 그리고 ◇, ♡, ♠, ♣인 라틴 정방형은 직각(直角)(orthogonal)이고, 아래의 두 라틴 정방형 역시 마찬가지이다.

A B C D   A B C D   AA BB CC DD
B A D C   C D A B   BC AD DA CB
C D A B   D C B A   CD DC AB BA

D C B A	B A D C	DB CA BD AC
latin square 1	latin square 2	1 and 2 superimposed

문제 14. 라틴 정방형 1과 2, 양쪽과 직각(直角)인 처음 열이 $a\ b\ c\ d$인 4×4배열의 라틴 정방형을 만드시오.

1782년, Leonhard Euler는 다음과 같은 질문을 제기하였다.

> "36명의 장교가 있는데, 이들은 각각 6개의 계급중 하나이고, 각각 6개의 다른 연대 소속이다. 이들을 정방형 안에서 각각의 행과 열에 서로 다른 연대와 계급으로 배열할 수 있는가?"

이 문제에 해답은 한 쌍(雙)의 6×6배열의 직각(直角) 라틴 정방형으로 나타낼 수 있다. 그러나 이러한 쌍(雙)을 찾지 못한 Euler는 이러한 쌍(雙)은 존재하지 않는다고 추측하였다. 더욱 일반적으로 그는 $4k+2$ 형식의 어떠한 n인, n차(次)의 직각(直角) 라틴 정방형의 쌍(雙)은 없다고 예상하였다. $n=6$일 경우에 대해서는 Euler의 예상은 G. Tarry에 의해 1900년에 증명되었다. 그러나 1959년과 1960년에 걸쳐, R. C. Bose, S. S. Shrikhande 그리고 E. T. Parker는 6보다 크고 $4k+2$의 형식을 갖춘 모든 n의 경우에 대해서 $n \times n$로 배열된 직각(直角) 라틴 정방형의 쌍(雙)을 만들어서 모든 이를 놀라게 했다. 이 결과는 다른 모든 경우에 있어서 Euler의 예상이 잘못되었음을 증명하였다. 문제 14에서 우리는 4차(次)의 직각(直角) 라틴 정방형 3개가 상호적으로 존재하는 것을 보았다. 1930년대에 Bose와 몇몇 학자들은 n차(次)의 유한사영(射影)평면이 n차(次)의 상호적인 직각(直角) 라틴 정방형 $n-1$의 집합과 대응한다는 점을 보여주었다. 그 결과 이 둘을 연관시키는 것은 무관한 주제로 보인다.

문제 15. 첫 열인 $A\ B\ C\ D\ E$를 다양하게 주기적으로 조합해서, 5차(次)의 상호적인 직각(直角) 라틴 정방형의 집합을 구하라.(이 집합은 31개의 점들과 31개의 선으로 이루어진 5차(次)의 유한사영(射影)평면과 대응한다는 점을 참조하라)

이러한 체계에 대한 최근의 관심은 논에 다양한 종류의 밀을 심어 쌍(雙)으로 비교되어야 하는 농업실험계획으로부터 나왔다. 이 분야에 대한 개척 작업은 1930년대에 Ronald Fisher와 Frank Yates로부터 수행되었다. 그리고 균형 잡힌 불완전한 구역 계획의 일반적인 연구로 이어졌다. 이러한 연구는 지난 몇 년간 광범위하게 이루어지고 있다.

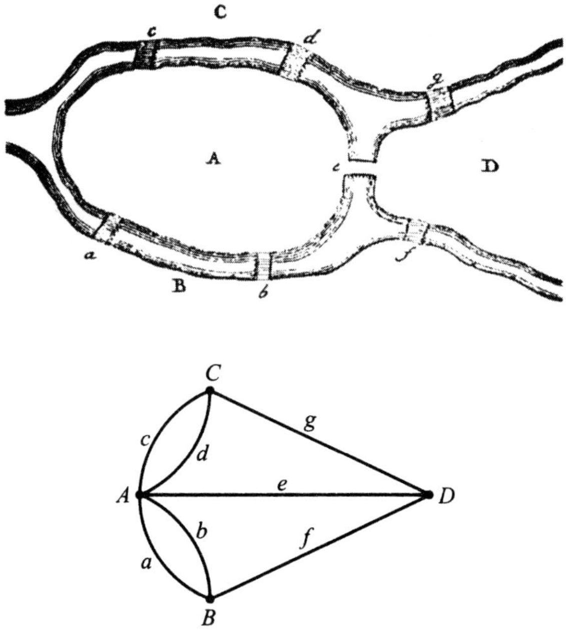

[그림 3]

Graph theory (그래프 이론)

그래프 이론은 1730년대에 7개의 다리로 연결되어 있는 4개의 육지를 다리를 한 번 씩만 건너는 경로를 찾는 Königsberg 다리 문제에 대해 Leonhard Euler가 찾은 해법에 기원한다. Euler는 그러한 경로는 없다는 것을 증명하였다. 그리고 그는 그의 방법이 섬과 다리를 연결하는데 적용시킬 수 있음을 보여주었다. 그의 접근법은 필연적인 그래프 이론이었지만, 그는 그래프를 사용하지 않았다. 통상 그 문제를 표시하기 위해 그리는 위에 나온 네 꼭지점 그래프(그림 3)는 19세기말 W. W. Rouse Ball이 그의 책 오락적 수학[12]에 Königsberg 문제를 포함시키기 전까지는 나오지 않았다.

문제 16. [그림 4]의 지도는 Euler의 1736년 논문에서 발췌되었다. 각각의 다리를 한번씩만 건너는 경로를 찾아라.

William Rowan Hamilton경의 비가환 대수학에 대한 연구는 그로 하여금 각 꼭지점을 한 번씩 지나는 12면체에 대한 주기를 고려하도록 이끌었다. 또한 그는 가로지르는 문제에 대한 다른 형태에 대해 논의하였다. 다면체에 주기가 있다는 연구를 한 Kirkman은 벌써 이러한 종류의 문제들에 논의하였다. 해답이 간단한 Euler의 문제와는 다르게, 이러한 종류의 가로지르는 문제는 풀기가 어렵다.

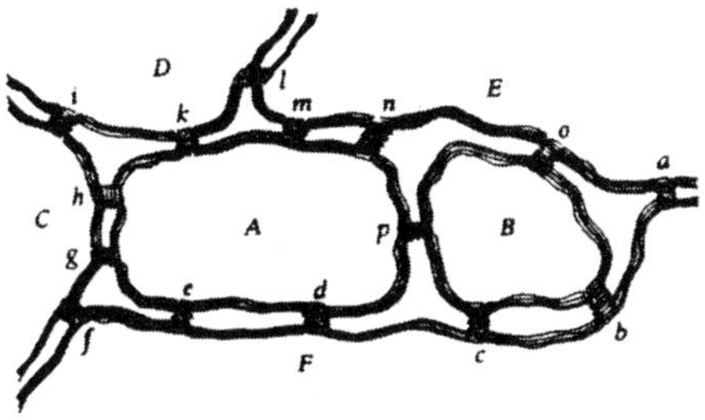

[그림 4]

문제 17. [그림 5]의 12면체에서 찾을 수 있는 모든 주기를 구하여라. 각 문자는 한 번씩만 지나서 출발점에 도달하여야 한다. BCPNM 또는 JVTSR에서 시작해서 몇 개까지 찾을 수 있는가? (Hamilton경은 1859년에 이 문제를 내었다.)

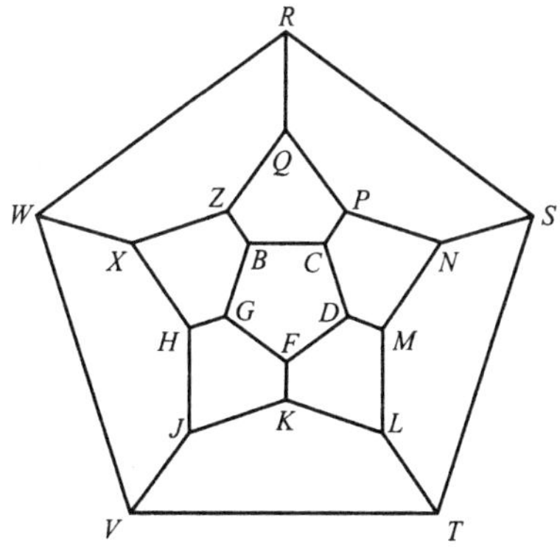

[그림 5]

문제 18. [그림 6]에서 각각의 도형에서, 문자를 한 번씩만 지나서 출발점으로

다시 돌아오는 것이 가능한가?

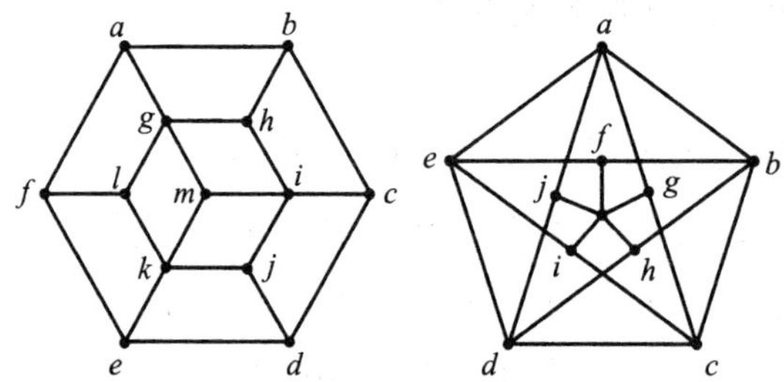

[그림 6]

[그림 7]

Euler와 Hamilton의 문제들이 본질적으로 오락적 특성을 띄고 있는 반면, 수형(樹形)에 대한 초기 연구는 화학적 분자의 계수와 깊은 연관성을 가지고 있다. 수형은 주기 없이 연결된 그래프이다. [그림 7]은 네 꼭지점들로 이루어진 두 개의 다른 형태의 수형을 보여준다.

문제 19. 5개의 꼭지점으로 각각 다른 3가지 형태의 수형을 그려라. 꼭지점이 6개일 경우엔 몇 개의 각각 다른 수형을 만들 수 있는가?

이제 우리가 탄소원자(원자가 4)의 네 꼭지점을 고려하였을 때, 우리는 충분한 수

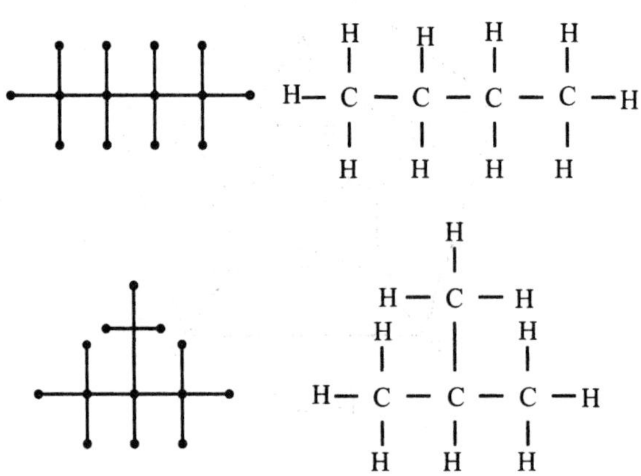

[그림 8]

소원자(원자가 1)를 더해서 각각의 탄소원자의 원자가를 4까지 만드는 C_4H_{10} 공식의 두 가지 화학적 분자를 만들 수 있다.

이런 종류의 수형도를 이용하는 것과, 분자를 '중심'으로부터 단계적으로 쌓아 나아가는 것으로, Arthur Cayley는 C_nH_{2n+2} 식의 화학적 분자(알칸)의 수를 결정할 수 있었다. 더욱 자세한 사항은 Biggs, Lloyd and Wilson [10]에 나와 있다.

문제 20. 문제 19에 나온 5개의 꼭지점으로 이루어진 C_5H_{12} 식의 화학적 분자를 그려라. 6개의 꼭지점으로 이루어진 C_6H_{14} 식은 몇 개의 분자로 이루어져 있는가?

그래프 이론의 가장 유명한 문제는 '4가지 색 문제'이다. 이는 인접한 나라를 각각 다른 색으로 칠하는 방식으로 하여 4가지 색으로 모든 나라를 칠할 수 있는지에 대한 문제이다. 이 문제는 1852년 Francis Guthrie에 의해 시작되었고, 이는 Augustus De Morgan에게 전해졌고, 그는 다시 다른 수학자들에게 전하였다. 1879년, Alfred Kempe는 모든 나라를 위와 같은 방식으로 색칠할 수 있다는 점을 증명하였으나, 1890년도 Percy Heawood에 의해 오류로 판명되었다. 정확한 증명은 1976년 Kenneth Appel과 Wolfgang Haken이 수백시간의 컴퓨터 시간과 거의 2,000개의 각각 다르게 구성되어진 나라에 대한 상세한 분석을 포함한 논거가 나오고 난 후에야 비로소 이루어졌다.

문제 21. [그림 9]에 나오는 나라들의 지도는 빨간색, 노란색, 초록색 그리고 파란색으로 칠해져야 한다. 만약 세 나라가 아래와 같이 칠해졌다면, 나라 A는 반드시 빨간색으로 칠해져야 함을 보이고, 나머지 나라들도 색칠하여라.

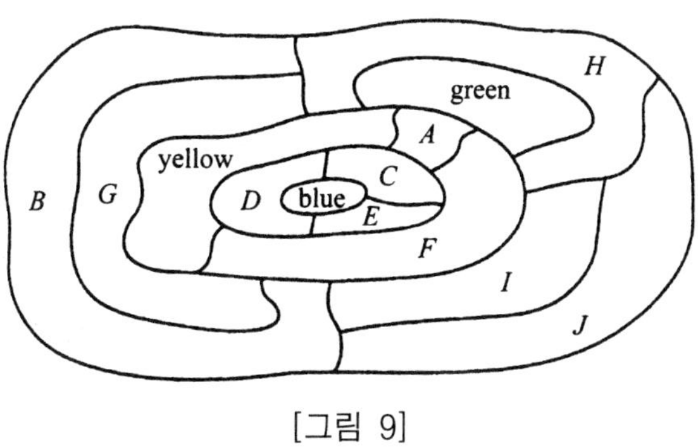

[그림 9]

Heawood는 또한 평면과 구가 아닌 표면의 지도에 필요한 색의 개수에 대한 공식을 구하였다. 즉, $\frac{7+\sqrt{1+48g}}{2}$ 의 정수 부분, $g(\geq 1)$는 표면에 있는 구멍의 개수이다. 예를 들어, $g=1$인 원환체(고리형 도넛) 위의 지도는 7가지 색으로 칠할 수 있다. 불행히도 Heawood의 증명은 불완전한 것이었고, 그 공백은 1968년 Gerhard Ringel과 Ted Youngs가 하기 전까지 채워지지 않았다.

문제 22. (a) 7가지 색이 필요한 원환체의 표면에 펼쳐진 지도를 찾아라.
(b) 이중 원환체(정확히 2개의 구멍이 있는 표면을 말한다)위에 펼쳐진 지도는 몇 가지 색이 필요한가?

문제에 대한 해답

1. 나머지 육망성형은 [그림 10]에 나와 있다. 64 육망성형의 2 기호를 0과 1로 교체하면 000000에서 111111까지 64개의 이진 단어가 된다.

[그림 10]

2. – 6가지 중 3개로 조합을 만들 경우 총 20개가 된다. 예를 들어, 단맛–신맛–매운맛, 신맛–짠맛–매운맛 그리고 짠맛–쓴맛–떫은맛 등이다.
   – 6가지 중 4개로 조합을 만들 경우 총 15개가 된다. 예를 들어, 단맛–신맛–짠맛–매운맛, 신맛–단맛–매운맛–쓴맛, 짠맛–매운맛–쓴맛–떫은맛 등이다.

3. – Varahamihira는 이렇게 말했을 것이다: 우선 16가지 재료중 하나를 선택, 두 번째는 나머지 15가지 재료 중 선택, 세 번째는 나머지 14가지 재료 중 선택, 네 번째는 나머지 13가지 재료 중 선택한다. 그러면 $16\times15\times14\times13$의 확률이 나온다. 그러나 순서는 무관하기 때문에 우리는 각각의 선택을 $4\times3\times2\times1$로 구하였다. 그러므로 선택의 수는 $\frac{(16\times15\times14\times13)}{(4\times3\times2\times1)}=1820$과 같다.

   – Bhaskara는 이렇게 말했을 것이다: 첫 특성은 10가지의 선택방법이 있고, 두 번째 특성은 9가지, 세 번째 특성은 8가지,…열 번째는 1가지가 있다. 총 $10\times9\times8\times7\times6\times5\times4\times3\times2\times1=3{,}628{,}800$이다.

4. AMEN, AMNE, AEMN, AENM, ANME, ANEM, MAEN, MANE, MEAN, MENA, MNAE, MNEA, EAMN, EANM, EMAN, EMNA, ENAM, ENMA, NAME, NAEM, NMAE, NMEA, NEAM, NEMA.

5. 다음에 나올 3열은 1–6–15–20–15–6–1, 1–7–21–35–35–21–7–1과 1–8–28–56–70–56–28–8–1이다.
   형태는 다양하다; 예를 들어 각각의 열은 앞으로 읽는 것과 뒤로 읽는 것이 같다. 각 숫자(1은 제외)는 위의 두 수를 더한 값이다. 각각의 열을 더하면 2의 승이 된다.

6. $p(6)=11$, $p(7)=15$

7. 첫 번째 결과:
   $n=6$, 각각의 유형에 4가지의 분할이 있다.
   홀수 부분: $5+1$, $3+3$, $3+1+1+1$, $1+1+1+1+1+1$;
   상이한 부분: 6, $5+1$, $4+2$, $3+2+1$.

   $n=7$, 각각의 유형에 5가지의 분할이 있다.
   홀수 부분: 7, $5+1+1$, $3+3+1$, $3+1+1+1+1$, $1+1+1+1+1+1+1$
   상이한 부분: 7, $6+1$, $5+2$, $4+3$, $4+2+1$.

두 번째 결과:

$n=6$, 각각의 유형에 2가지의 분할이 있다.

다른 부분의 홀수: 6, 3+2+1

다른 부분의 짝수: 5+1, 4+2

$n=7$, 처음 유형에는 2가지의 분할이 있고, 두 번째 유형에는 3가지의 분할이 있다.

다른 부분의 홀수: 7, 4+2+1

다른 부분의 짝수: 6+1, 5+2, 4+3

8. 오른쪽 변의 괄호를 곱하면, $1+x+2x^2+3x^3+5x^4+7x^5+\cdots$,이다. 여기서 우리는 $p(1)=1$, $p(2)=2$, $p(3)=3$, $p(4)=5$, $p(5)=7$ 등임을 알 수 있다.

9. 우리는 $p(6)=11$, $p(7)=15$, $p(8)=22$, $p(9)=30$, $p(10)=42$, $p(11)=56$, $p(12)=77$, 그리고 $p(13)=101$임을 연속적으로 추론할 수 있다. 그래서 $p(n)>100$일 경우, n의 최소값은 13이다.

10. 우리는 $5k+4$와 $7k+5$ 형식의 수를 구하고 있다. 즉 이러한 수들은 $35k+19$의 형태를 가지고 있다. 이러한 최소 3개의 수는 19, 54, 89이다.

11. 만약 n점이 있다면, 세 개 한 쌍(雙)(triple)의 수는 쉽게 $\frac{n(n-1)}{6}$임을 알 수 있다. 그러므로 세 개 한 쌍(雙)의 필요한 수는 12, 26, 35, 57, 70이다.

12. 월요일: 1−2−3, 4−5−6, 7−8−9

    화요일: 1−4−7, 2−5−8, 3−6−9

    수요일: 1−5−9, 2−6−7, 3−4−8

    목요일: 1−6−8, 2−4−9, 3−5−7

13. 우리는 세 점이 각각의 선에 있고, 3개의 선이 각 점을 지나는 7개의 점과 7개의 선을 가지는 유한사영평면을 구할 수 있다. $S(7)$의 7가지 세 개 한 쌍(雙)은

7개의 선에 점을 찍는다는 것을 보여준다(어떠한 평면도에서도 [그림 11]처럼 최소 한 개의 선은 휘어져야 한다).

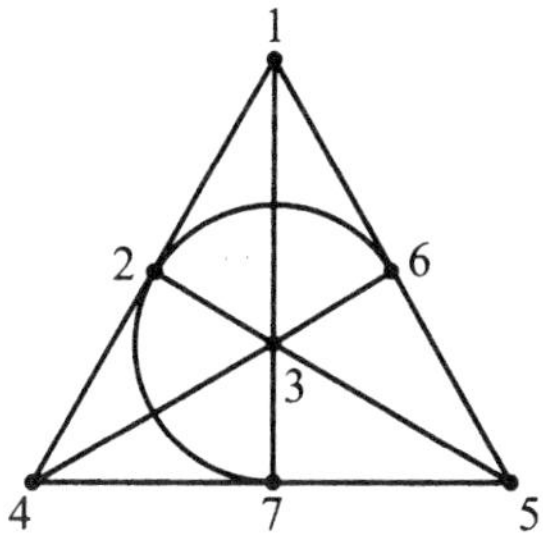

[그림 11]

14. $a\ b\ c\ d$

$d\ c\ b\ a$

$b\ a\ d\ c$

$c\ d\ a\ b$

15.

$A\ B\ C\ D\ E$	$A\ B\ C\ D\ E$	$A\ B\ C\ D\ E$	$A\ B\ C\ D\ E$
$B\ C\ D\ E\ A$	$C\ D\ E\ A\ B$	$D\ E\ A\ B\ C$	$E\ A\ B\ C\ D$
$C\ D\ E\ A\ B$	$E\ A\ B\ C\ D$	$B\ C\ D\ E\ A$	$D\ C\ B\ A\ E$
$D\ E\ A\ B\ C$	$B\ C\ D\ E\ A$	$E\ A\ B\ C\ D$	$C\ D\ E\ A\ B$
$E\ A\ B\ C\ D$	$D\ E\ A\ B\ C$	$C\ D\ E\ A\ B$	$B\ C\ D\ E\ A$

16. 지역 D 또는 E에서 시작할 경우, 몇 가지 방법이 있다. 예를 들어 우리는 E지역에서 시작하여 $a-b-c-d-e-f-g-h-i-k-m-n-p-o-l$의 순서로 다리를 건너서 최종적으로 D지역에 도달할 수 있다. 각각의 다리를 정확히 한 번씩 건너서 출발점으로 돌아오는 것은 불가능하다.

17. 여러 가지 방법이 있다. 예를 들어

$B-C-D-F-G-H-J-K-L-M-N-P-Q-R-S-T-V-W-X-Y-Z-B$이다.

$B-C-P-N-M$부터 시작하면, 두 가지 방법이 있다.

1) $B-C-P-N-M-D-F-K-L-T-S-R-Q-Z-X-W-V-J-H-G-B$

2) $B-C-P-N-M-D-F-G-H-X-W-V-J-K-L-T-S-R-Q-Z-B$

$L-T-S-R-Q$로 시작할 경우, 4가지 방법이 있다. 예를 들어, $L-T-S-R-Q-Z-X-W-V-J-H-G-B-C-P-N-M-D-F-K-L$이다.

18. 처음 그림: 그런 길은 없다.
두 번째 그림: 몇 개의 가능한 길이 있다. 예를 들어,
$a-b-f-e-i-c-g-k-h-d-j-a$

19. 5개의 꼭지점은 3개의 수형, 6개의 꼭지점은 6개의 수형이 있다.

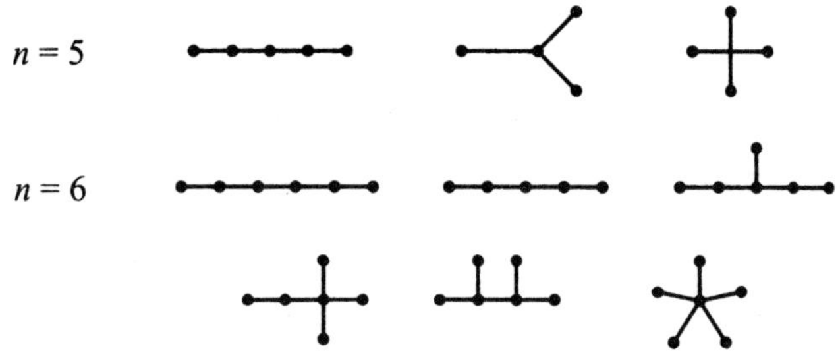

[그림 12]

20. 문제 19에서의 5개의 꼭지점을 가진 수형에서 나온 화학 분자는 [그림 13]에 그려져 있다. 6개의 꼭지점을 가진 수형에서는 단지 5개의 분자가 나왔다. 마지막 수형은 화학분자가 될 수 없다.

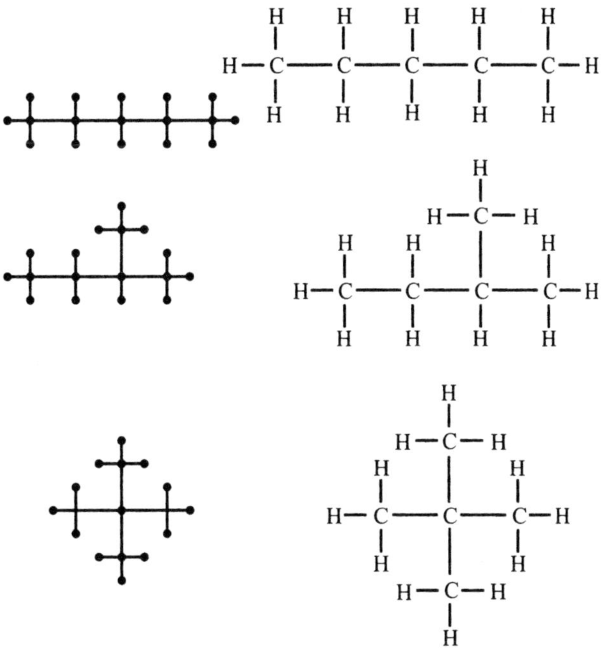

[그림 13]

21. 나라 A는 빨간색 또는 파란색으로 칠해져야 한다. 만약 A가 파란색일 경우, F는 무조건 빨간색, D는 초록색이어야 하고, C는 어떤 색으로도 칠할 수 없다. 그래서 A는 빨간색이어야 한다. 그렇게 한다면 F는 파란색, H는 빨간색, G는 초록색, B는 노란색, C는 초록색, D는 빨간색, E는 노란색, I는 초록색, 그리고 J는 파란색이다.

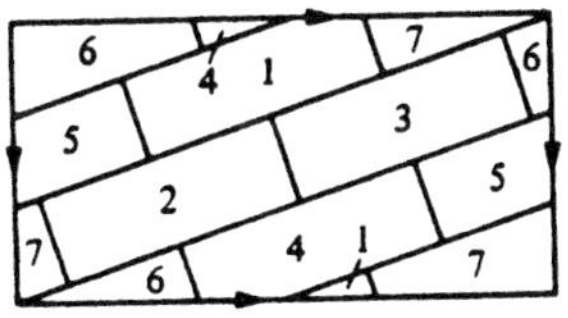

[그림 14]

22. (a) 가능한 지도는 [그림 14]와 같다. 원환체는 반대편 가장자리가 표시된 평면 형태로 나타내었다.

(b) 이중 원환체($g=2$)에서, Heawood의 공식은 $(7+\sqrt{97})/2=8.424$, 즉 8인 정

수 부분을 제시한다. 그러므로 이중 원환체의 모든 지도는 8가지 색으로 칠할 수 있다.

▌참고문헌▐

이 논문 중 역사적 자료에 대한 자세한 설명은 Biggs, Lloyd와 Wilson [1], Wilson and Lloyd [2]에서 찾을 수 있다. 논문의 요약본은 Wison [3]에서 찾을 수 있다. 조합론에 대한 초기 연구는 Biggs [4]와 Katz [5]에서 더 자세히 언급되었다. 르네상스 조합론에 대한 자세한 정보는 Knobloch [6]과 Fauvel과 Wilson [7]에서 찾을 수 있고, 파스칼 삼각형은 Edwards [8], Hardy와 Ramanujan의 분할에 대한 연구는 Shiu [9]에서 찾을 수 있다. 그래프이론의 자세한 역사적 정보는 Biggs, Lloyd와 Wilson [10]에서 찾을 수 있고, 이 논문에서 언급된 연구에 대한 발췌도 포함하고 있다. 이 논문에 나온 몇몇 문제들은 Open 대학 강좌(MT365)인 *Graphs, Networks and Disign* [11]에서 발췌하였다.

[1] N. L. Biggs, E. K. Lloyd and R. J. Wilson: 1995, "The history of combinatorics," *Handbook of Combinatorics* (ed. R. Graham et al.), Elsevier science B. V., pp. 2163 - 2198.

[2] R. J. Wilson and E. K. Lloyd: 1994, "Combinatorics," *Companion Encyclopaedia of the History and Philosophy of the Mathematical Sciences* (ed. I. Grattan-Guinness), Routledge, pp. 952 - 965.

[3] R. J. Wilson: 1996, "History of combinatorics," *Historia e Educaçao Matematica* (ed. E. Veloso), Brage, Portugal, pp. 95 - 100.

[4] N. L. Biggs: 1979, "The roots of combinatorics," *Historia Mathematica* 6, pp. 109 - 136.

[5] V. J. Katz: 1996, "Combinatorics and induction in medieval Hebrew and Islamic manuscripts," *Vita Mathematica: Historical Research and Integration with*

Teaching (ed. R. Calinger), Mathematical Association of America, pp. 99 - 106.

[6] E. Knobloch: 1979, "Musurgia universalis: Unknown combinatorial studies in the age of Baroque absolutism," *History of Science* 17, pp. 258 - 275.

[7] J. Fauvel and R. J. Wilson: 1994, "The Lull before the storm: combinatorics and religion in the Renaissance," *Bull. Inst. Comb. Appl.* 11, pp. 49 - 58.

[8] A. W. F. Edwards: 1987, *Pascal's Arithmetical Triangle*, Griffin.

[9] P. Shiu: 1997, "Computations of the partition function," *Mathematical Gazette* 81, pp. 45 - 52.

[10] N. L. Biggs, E. K. Lloyd and R. J. Wilson: 1998, *Graph Theory 1736 ~ 1936* (paperback reissue), Clarendon Press, Oxford.

[11] *MT 365, Graphs, Networks and Design*: 1995, Open University Course, The Open University, Milton Keynes, England.

[12] W. W. Rouse Ball: 1892, *Mathematical Recreations and Problems of Past and Present Time* (later entitled *Mathematical Recreations and Essays*), Macmillan, London.

비유클리드 기하의 역사

Torkil Heiede

Royal Danish School of Educational Studies Copenhagen, Denmark

삼각형의 안각의 합과 평행성

만약 당신이 수학자가 아닌 누군가에게 질문한다면, 삼각형의 안각의 합은 180도라는 거의 확실한 기하학적인 사실을 당신에게 줄 것이다. 하지만 만약 같은 질문을 수학자에게 한다면 당신은 대답으로 또 다른 질문을 받을 것이다. "기하학적인 사실이 무엇을 뜻합니까?" 이것은 태도에 기인한 재미있는 차이점이다. 비수학자는 당신에게 한 가지 수학적인 사실을 제공하려고 하지만 반면에 수학자들은 의문을 가지고 수학적 사실의 모든 쟁점들을 내놓는다. 차례대로 비수학자들은 (그가 또는 그녀가) 수학을 배운 방식으로 무언가를 하려고 한다. 수학학습이 대부분 학교에서 일어났기 때문에, 학교에서 사용하는 각기 다른 교과서에 기하학적 사실이 어떻게 표현되었는지를 조사하는 일은 도움이 될 것이다.

많은 초등학교 교과서는 학생들에게 색종이의 삼각형을 오리거나 모서리를 찢어서, 그것들을 함께 놓은 후에 살펴보면서(겉으로) 자와 일치하는 것을 알도록 요구한다. 이것은 모든 수업에서 모든 학생들에게 일어났으므로 그 명제가 참이라는 것이 분명하다. 여기서는 기하와 물리의 경계선이 없다. — 기하학적 주장의 참은 실험에 의해서 결정된다. 때때로 같은 아이디어라도 약간 다르게 표현된다. 모서리를 찢는 대신에 어떤 이는 삼각형의 밑변의 한 점에서 만나도록 모서리들을 한 번씩 접는다. 더 자세히 말하면, 학생들은 실제 종이를 삼각형으로 접는 것을 하지 않을 수도 있고, 단지 그것에 대해 생각을 하도록 질문받거나, 접혀있지 않는 것과 접혀진 삼각형을 그려서 대답을 할 수도 있다. 실험이란 추론할 수 있게 하는 일종의 사고의 실습이다. 기하에 관하여 학생들의 마음속에 일어난, 모든 삼각형에 대해 그러한 접기가 가능하다는 가정은 물론 언급되지 않았다. 그러나 그 이면에는 평행성에 관한 가정이 있다. 즉 삼각형은 네 개의 직각을 가진 사각형으로 접혀지는데 그것은 직사각형이 존재하고 또한 평행선들도 존재한다는 (숨겨진)가정이 있는 것이다.

매우 자주 접하게 되는 또 다른 주장이 있다. 삼각형의 한 변 위에 있는 작은 선분이 삼각형의 변을 따라 움직이며 그것의 모서리를 돌아서 원래의 자리로 돌아오는 것은 겉보기에는 360도를 순환한 것처럼 보인다. 그러나 한 변이 구의 적도의 1/4이 되고, 나머지 두 변은 경선의 북극점까지 뻗어 올라간 구면 위의 커다란 삼각형을 생각해 보자. 앞과 동일한 방법으로 작은 호의 부분을 이 삼각형의 모서리를 돌아서 자신의 위치로 돌아오게 움직이면 이 삼각형의 안각의 합 역시 180도인 것처럼 보인다. 그러나 그것은 270도라는 것이 명백하게 되는데, 이 논제는 홀로 성립할 수가 없다. 그것은 오직 평행성(아마 언급되지 않은)의 가정 위에서만 타당하다. 즉 평행한 이동에서만 오직 가능하다. 사실 평행이동은 구의 표면 위에서는 평행선들이 없기 때문에 불가능하다. 두 직선—즉, 두 개의 대원—은 두 점에서 항상 만난다. 그런데 구의 표면에는 직사각형이 존재하지 않으므로 삼각형을 접는 것에 대한 논제에는 평행이라는 숨겨진 가정들이 포함되어 있다는 것을 우리는 다시 한 번 깨닫게 된다.

또한 우리는 평행이란 논제—또는 설명—를 삼각형의 모서리를 찢는 상황에서 좀 더 색다르게 다룰 수 있다. 서로 다른 삼각형들을 한 점에서 교차시켜 각의 합이 180도가 될 때까지 첨가하여, 합동인 삼각형들로 평면의 테셀레이션(tessellation)을 만드는 것이다. 하지만 여기서 또 아무런 언급 없이 평행성이 중요하다는 것을 보여준다. 어느 지점부터 진실로 그런 평행한 띠들이 각각 세 방향으로 만나는 것이 가능한 것을 알았을까?

초등학교 교과서에 아주 많지는 않지만 여전히 볼 수 있는 고전적인 논제가 있다. 그것은 삼각형의 변들 중 평행하면서 마주보는 모서리를 지나는 임의의 직선문제이다. 평행선에서 각들의 정리를 사용하면 모서리에서의 각과 함께 두 개의 각은 다른 두 개의 각과 삼각형 안에서 합하면 180도가 되어 합동이 되는 것을 알 수 있다. 물론 평행선 위에서의 각에 대한 이 정리는 우선 증명이 되어야 하지만 (아마도 다른 정리들로부터), 그러나 최종적으로는 평행선들에 대한 몇 가지 가정에 의거해야만 한다.

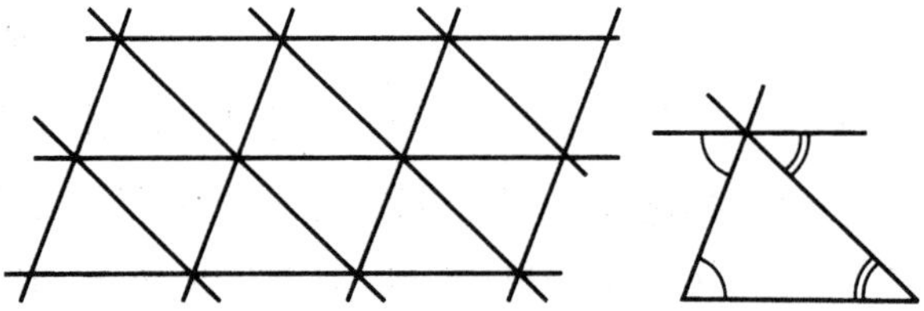

[그림 1]

이 논제는 정말로 고전적이다: 이 문제에 대한 원천으로 알려진 가장 오래된 것은 유클리드가 직접 다룬 그의 원론의 1권, 정리 32이다. 남아있는 모든 필사본을 가지고 하이버그(John Ludvig Heiberg, 1854~1928, 덴마크)에 의해 100년 전에 만들어진 것이 현존하는 번역본 중 가장 믿을 만하다. 하이버그의 원문을 헤스(Thomas L. Heath, 1861~1940, 영국)에 의해 번역된 명제가 여기 있다.

정리 32. 어떤 삼각형에서, 만약 한 변이 연장되면, 외각은 두 개의 내부에 마주 보고 있는 대각들과 같으며, 삼각형의 세 내각의 합은 두 직각과 같다.

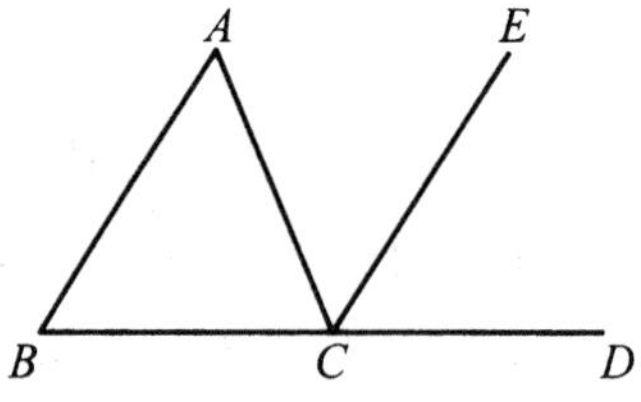

[그림 2]

도형은 위에서 언급된 것과는 약간 다르지만 아이디어는 같고 증명에 남겨진 부분은 평행하는 직선들에 관한 기본적인 가정들로서 1권 처음에 나오는 유클리드의 유명한 다섯 번째 공준(또는 공리)이다.

5. 만약 임의의 직선이 두 직선을 횡단하게 될 때 같은 쪽에 있는 내각의 합이 180도 보다 작으면, 두 직선을 무한히 연장하였을 때, 180도보다 작은 각들과 같은 쪽에서 만난다.

그것은 삼각형의 각들의 합과 많은 관련이 있음이 분명하다. 만약 두 직선이 어디에선가 만나면 세 직선은 삼각형을 이룰 것이라고 유클리드는 이야기한다. 이 때 삼각형의 세 각의 합이 항상 180도이면, 처음 두 각의 합은 180도보다 작아야 할 필요가 있는 것이다. 공리가 말하고자 하는 것은 두 직선이 궁극적으로 만나기 위해서는 이것이 필요조건뿐만 아니라 충분조건이라는 것이다. 부언하면 만약 처음 두 각의 합이 정확하게 180도이고, 삼각형의 세 각의 합이 항상 180도이면, 세 번째 각은 언급할 필요도 없이 두 직선은 만날 수 없다.

모든 것에는 질서가 있으므로 걱정할 필요가 없다고 생각할 수 있다. 그러나 바로 시작부터 유클리드의 평행선공리는 의심스러운 것처럼 보인다. 그의 다른 공리들은 모두 한 장의 종이 안에서 다 이루어지는 것처럼 보인다.

공 준

다음을 가정하자.

1. 임의의 점에서 임의의 점으로 직선을 긋는 것

2. 유한인 직선을 계속하여 직선으로 연장하는 것

3. 임의의 중심과 임의거리를 가진 원을 그리는 것

4. 모든 직각들은 한 직각과 같다.

이와 대조적으로 평행선 공리에서 설명된 상황은 앞에서 언급한대로 교점을 찾기 위하여 한 변에서 매우 멀리 나갈 것을 요구한다. 얼마나 멀까? 유클리드가 살았고 연구했던 알렉산드리아 뮤제이온(Museion)에 있는 유클리드의 방의 벽까지, 또는 아프리카의 끝까지, 아니면 달까지, 아니 그 이상? 어떻게 그런 주장에 대해 진리라고 확신할 수 있을까? 앞의 4개의 공준은 모두 자명한 것으로 이해되었다.

평행선 공리를 증명하기 위한 시도

유클리드 자신은 평행선 공리를 뭔가 특별한 것으로 생각한 것 같다. 4개의 공리를 처음부터 곧바로 자유롭게 사용한 반면에, 평행선 공리는 삼각형에서 각들의 합에 대한, 정리 32에 이르기 바로 전, 정리 29의 증명에서 처음으로 사용하였다. (1권은 모두 48개의 정리로 구성되어 있는데, 마지막 2개가 피타고라스의 정리와 그 역이다.)

이미 고대의 많은 수학자들이 다른 공리들로부터 평행선 공리를 증명하기도 하고, 또 평행공리를 어떤 정리로 대신하면서 유클리드의 원론을 개선하려고 시도했다. 그들은 운이 없었다. 아니면 시도했을 때 평행공리를 사용하지 않고서는 증명할 수 없는 시점이 되면 달리 무엇인가를 신중하지 못하게 설정하여 왔다.

또한 어떤 이들은 평행선에 대한 유클리드의 정의를 변경함으로써 문제를 해결하려고 시도했다: **23. 평행한 직선들은, 같은 평면에서 양쪽 방향으로 무한히 연장되며, 어느 방향에서도 만나지 않는 직선이다.**

그들은 마지막 문장을 이것으로 바꾸었다: **양쪽 방향에서 그들 사이의 거리는 같다.** 그러나 만약 당신이 한 직선에서 같은 거리에 있는 점들을 모두 취한다면, 그 점들이 한 직선을 구성한다고 정말로 확신할 수 있겠는가? 우리는 그렇게 상상할 수 있다. 그러나 그것은 평행선 공리를 증명하기 위한 어떤 시도로 보여진다. 때때로 우리는, 전체 이슈를 흐려놓기 때문에, 아마도 평행선 공리가 얼마나 나쁜 아이디어인지조차 모르는 저자들이 집필한, 학교 교과서에서 이 정의를 여전히 직면한다.

고대의 위대한 천문학자 프톨레미(Claudius Ptolemy, C.85～C.165)는 평행선 공리를 증명하려고 노력했던 그리스인이었다. 또 유클리드의 원론 1권을 자세하게 설명한(우리가 아는 한) 해설서를 쓴 수학사가 프로클러스(Proclus, 410～485)가 있다. 그는 유클리드 원론의 제1권 정리 30과 대우명제이므로 동치가 되는 다음의 정리를 증명했다. 만약 임의의 직선이 두 평행한 직선 중 한 직선과 만나면, 그 직선은 또한 다른 평행한 직선과도 만난다.

이것으로부터 그는 평행선 공리를 증명했다. 하지만 그의 주장을 증명하기 위해서 그는 다음의 가정을 사용했다: **두 평행한 직선 사이의 거리는 위로 유계이다.** 이것으로 증명되었다고 생각할 수 있었으나, 그렇지가 않다: 그것은 평행선 공리와 동치인 것으로 증명되었다. 많은 다른 명제가 때때로 평행선 공리를 대신하여 시도되었다. 그것들 중에서 여기 있는 것들은 마지막 실험에서 평행선 공리와 동치임이 밝혀진 것이다.

- 같은 직선에 평행한 두 직선들은 서로 평행하다.(유클리드 1권, 정리 30)
- 직선 밖의 한 점을 지나면서 그것과 평행인 직선은 많아야 하나이다. (유클리드 1권, 정리 31)
- 합동은 아니지만 닮음이 될 수 있는 삼각형들이 있다. 다른 크기의 닮은 삼각형들이 존재한다.
- 같은 모양이지만 크기가 다른 삼각형들이 존재한다.
- 교차하는 두 직선 밖에 있는 한 점을 지나는 직선은, 두 직선과 만나며 오직 하나 존재한다.
- 모든 삼각형은 외접원(그 꼭지점들을 지나는 원)을 하나 갖는다.
- 서로 다른 세 점을 지나는 것은 직선 또는 원이다.

세 번째, 네 번째 그리고 다섯 번째 명제는 명백하게 서로 동치이다. 그것들은 유클리드 구면 위에서는 참이 아니다. 유클리드 구면 기하학의 정리에서는 만약 두 삼각형의 각이 같으면 합동이기 때문이다. 마지막 세 명제는 유클리드 구면 위에서 참인데, 예를 들면 '직선 위의 점들 사이의 거리는 위로 유계가 아니다'와 같은 조건을 첨가하면 결과적으로 평행선 공리와 동치가 되었다. 처음의 두 명제는 같나고 말할 수 있는데 이것들은 유클리드 구면 위에서는 평행선들이 존재하지 않기 때문에 참이다. 8개 명제 중 마지막 2개는 명백하게 서로 동치이다. 그 중 첫 번째는 볼리야이(Farkas Bolyai)가 (나중에 알겠지만) 평행선 공리를 증명할 때 사용했다.

그것은 평행선 공리와 동치인 여기 있는 모든 명제들과는 너무 거리감이 있으므로, 우리는 한 예로 두 번째인 플레이페어(Playfair)의 공리에 주목하자. 그것은 유클리드 1권, 정리 31과 같은 것이라고 이미 위에서 언급되었으며 이것들로 유도된 유클리드의 다른 공리와 정리들 그리고 평행선 공리로부터 뒤따라 나오는 한 증명에서 발견할 것이다. 역으로, 플레이페어의 공리와 유클리드의 처음 4개의 공리를 가지고 평행선 공리를 증명하고, 또 그것들로 정리들을 증명하여 보자.

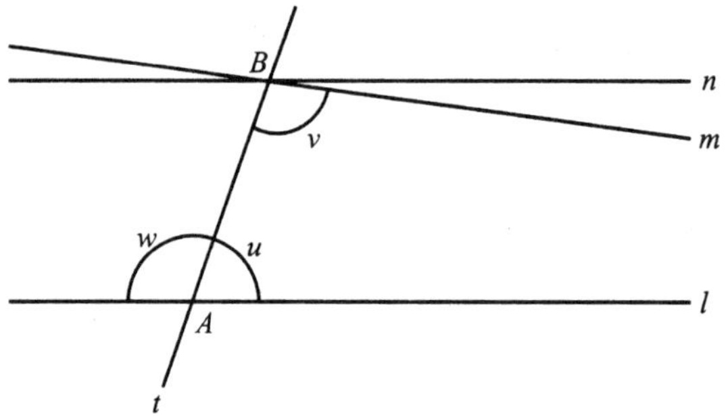

[그림 3]

직선 l과 m은 점 A, B를 포함하는 횡단선 t에 의해 절단되고, t의 한쪽 면에서 내각 u와 v의 합이 180도보다 작다고 하자. 이제 w를 A에서 u의 보각이라고 하자. 왜냐하면 $u+w=180$이고, $v<w$이기 때문이다. n은 횡단선 t와 w만큼의 내각을 만들면서 B를 지나는 직선이라고 하자. 유클리드 1권의 정리 23과 정리 27에 의하여, 직선 n은 존재하고 n과 l은 평행하다. 더욱이 w는 v하고 같지 않으므로 n은 m과 다르다. 따라서 플레이페어의 공리로부터 m은 l과 평행할 수 없으며 m은 어떤 점 C에서 l과 만난다. 만약 C가 횡단선 t의 왼편, 즉 u, v와 반대편에 있다고 가정하면 v는 삼각형 ABC의 외각이 될 것이고, 유클리드 1권 정리 16으로부터 $v>w$이 되어 모순이 된다. 따라서 C는 횡단선 t의 오른쪽에 u, v와 같이 있다. 프톨레미와 프로클러스 이후 평행선 공리를 증명했던 많은 수학자들을 언급해 보면 다음과 같다.

알하젠(Alhazen, 965~1041, 아라비아),
오마르 카얌(Omar Khayyam, 1048~1131, 페르시아, 위대한 시인)
크리스토퍼 클라비우스(Christopher Clavius, 1537~1612, 독일)
피에트로 안토니 카탈리(Pietro Antoni Cataldi, 1548~1626, 이탈리아)
존 월리스(John Wallis, 1616~1703, 영국)
지롤라모 싸케리(Girolamo Saccheri, 1667~1733, 이탈리아)
요한 하인리히 람베르트(Johann Heinrich Lambert, 1728~1777, 독일)
루이 버트란드(Louis Bertrand, 1731~1812, 스위스)
존 플레이페어(John Playfair, 1748~1819, 스코틀랜드)
아드리안 마리에 르장드르(Adrian Marie Legendre, 1752~1833, 프랑스)

다른 사람들도 더 있지만, 이 사람들이 가장 중요하고, 그 중에서도 싸케리와 람베르트 두 사람은 두드러진다. 그들은 둘 다 평행선 공리의 간접증명을 시도하였으며 성공하리라고 믿었지만 그러하지 못했다. 그럼에도 불구하고, 현저한 결실이 이루어진 것은 바로 이 간접증명의 실패였던 것이다.

싸케리와 람베르트

지롤라모 싸케리(Girolamo Saccheri)는 논리학자였으며 간접증명의 논리에 대해 강한 흥미를 느꼈다. 그는 모든 평행선 공리의 직접증명들이 연구될 것 같지 않았으므로 간접증명을 시도했다. 그는 같은 길이를 갖는 두 개의 대변과 그 변에 수직인 사변형을 가지고 시작했다. 오마르 카얌(Omar Khayyam) 역시 같은 길이가 아닌 그러한 사변형으로 연구했으나 오늘날은 대부분 거의 싸케리 사변형이라고 불린다. 싸케리는 직각이 아닌 나머지 두 각이 같다는 것을 증명했다. 또한 그는 만약 두 각이 사변형에서 둘 다 직각이면 그러한 사변형들에서 모두 똑같이 성립되고, 만일 두 각이 둔각이거나 예각이더라도 마찬가지임을 보였다. 이제 세 가지 경우 중 첫 번째는 평행선 공리가 참이라는 것이 명백하다. 한편 싸케리는 세 경우 중 첫 번째에 또는 직각이라는 가정을 집어넣음으로서 평행선 공리를 증명할 수 있었다.

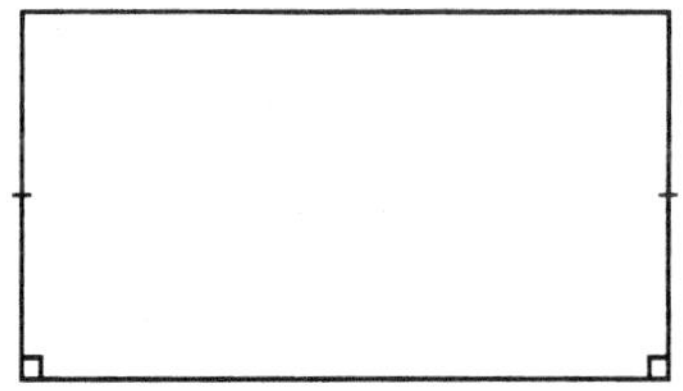

[그림 4]

싸케리는 계속해서 세 경우 중 두 번째를 증명하였다.—둔각이라는 가정—은 이미 언급되었던 직각이라는 가정이 따라나옴으로써 평행선 공리를 또 증명할 수 있었다. 하지만 평행선 공리 증명에서 싸케리가 사용했던 유클리드 1권, 정리 16은 언급되지 않은 가정에 종속되어 있었는데 그것은 이미 우리가 만났던 직선 위의 점들 사이의 거리는 위로 유계가 아니라는 가정이다. 이 가정은 둔각의 가정에서는 성립하지 않는다. 그러나 이 방법으로 싸케리는 만약 두 각이 다 둔각이라면, 나머지 둘 다 직각이 되는 명백한 모순으로 분명하게 접근했다. 그러므로 또한 만약 그가 세 번째 경우에서 모순을 추론해낸다면 — 예각이라는 가정 — 그는 평행선 공리의 간접증명을 해결하는 것이다.

이것은 싸케리가 시작한 것으로서 그가 모순으로 끝낼 수 있는지를 알아보기 위하여 예각의 가정으로부터 결론을 얻은 후에 그 결론을 명시한 것이다. 그는 비슷한 아이디어를 가진 초창기의 어떤 사람보다도 더욱 이상한 결과를 발견했다. 하지만 비록 그가 이상한 점들을 발견했을지라도 그들은 서로 모순이거나 공리(평행선 공리가 아닌) 또는 이상한 결과들로부터 추론된 정리들이어서 솔직히 말을 할 수가 없었으므로 다음과 같은 결론에 도달하기 전까지 계속해서 결과들을 이끌어냈다: 교차하지 않는 두 직선 사이의 거리는 무한히 감소시킬 수가 있으며 직선들은 서로 접하는 무한히 먼 한 점에서 공통 수선을 갖는다. 이것을 그는 직선의 본질이 갖고 있는 모순이라 생각했으며 그 모순을 찾기 위해 노력했다. 그러나 그는 그것에 만족하지 못했으며, 한 직선과 직선으로부터 거리가 같은 점들로 이루어진 곡선을 사용해서 더 나은 것을 찾으려고 시도했다. 그의 선배들과는 달리, 그는 예각의 가정아래 그러한 곡선은 직선이 아닌 것을 매우 잘 알고 있었다(그런데 이것은 또한 둔각의 가정아래서의 경우였다: 유클리드 구면에서 대원까지 거리가 같은 곡선은 평행한 원이며 대원은 아니다). 싸케리는 이제 싸케리 사변형 위에 있는 꼭지점들을 연결함으로서, 등거리 곡선의 호의 길이를 (무한소를 사용하여) 계산했다. 이 호는 바로 이 꼭지점들을 연결한 선분보다는 길어야만 한다(사각형의 네 번째 변). 그리고 그는 이것이 사각형의 밑변보다 길다는 것을 보였었다(이 모든 과정은 예각이라는 가정하에). 그러나 그는 계산에서 실수를 했고 이 호는 밑변과 같은 길이를 가진다는 것을 발견했다. 이 모순 때문에 그는 또 다시 예각이라는 가정을 거부했다. 그는 여전히 만족하지 못하였으며, 예각의 가정아래 도달하였던 둔각의 경우와, 둔각의 가정아래 도달하였던 명확한 모순들을 비교하면서 난점의 해설서인 그의 저서 〈유클리드는 모든 결점을 정당화했다〉를 끝마쳤다. 아마도 그가 얻기 원했던 결과였을 것이고, 그 책은 사실상 그가 죽은 후에 출판되었다.

반세기 후에 요한 하인리히 람베르트(Johann Heinrich Lambert)에 의해 비슷한 접근이 시도되었는데 주요한 차이점은, 그는 세 개의 직각을 가진 사변형으로부터 출발했다(네 번째 각이 직각이거나 둔각 또는 예각이라는 것이 질문인).

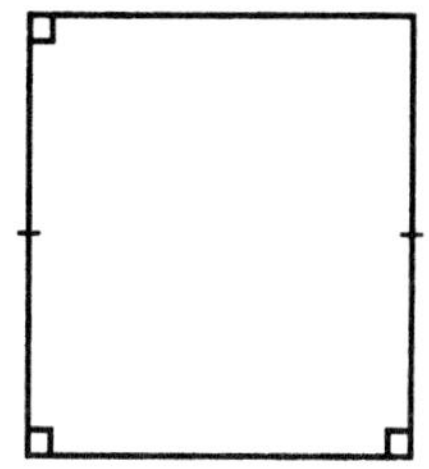

[그림 5]

알하젠(Alhazen)도 그러한 사변형들을 연구하였지만 오늘날 대부분 알려진 것은 람베르트 사변형이다. 람베르트 사변형은 싸케리 사변형의 절반으로 생각할 수 있었기 때문에 람베르트가 처음으로 직각의 가정에서 평행선 공리가 주어진다는 것을 보일 수 있었던 것도, 그 다음으로 둔각의 가정에서는 모순이 주어진다는 것과, 마지막으로 예각의 가정에서는 긴 목록의 이상한 결과들이 주어진다는 것은 놀라운 것이 아니다.

그는 심지어 싸케리보다 더 많은 이상한 결과들을 찾았고 특별히 그는 모든 삼각형의 각의 합이 180도보다 작다는 것을 알아냈다. 그러나 (Saccheri와 같이) 그는 직선으로부터 등거리인 모든 점들에 관한 어떤 것에 또 다시 모순으로 종결짓게 된다. 그의 저서(평행선 이론)는 그가 죽은 지 9년, 그가 그 책을 쓴 지 20년 후에야 출판되었다. 람베르트의 가장 눈에 띄는 명제는 바로 일반 구에서 둔각의 가정 하에 나오는 결과들과 마찬가지로 허구위에서 예각의 가정 하에 나오는 모든 이상한 결론들이다. 허구가 어떻게 생겼는지를 명확하게 그는 말하지 못하였다.

싸케리 이후 100년, 람베르트 이후 50년 뒤에 세 명의 매우 다른 수학자들은 (거의 같은 시기에) 결코 모순이 나타나지 않는다고 확신하게 되었다. 즉,

칼 프레드리히 가우스(Carl Friedrich Gauss, 1777~1865, 독일, 수학의 황제)
니콜라이 이바노비치 로바체프스키(Nikolai Ivanovich Lobachevsky, 1792~1856, 러시아)
야노스 볼리야이(Janos Boliyai, 1802~1860, 헝가리)

이다.

세 사람 모두 프로클러스에서부터 르장드르(Legendre)에 이르기까지 긴 역사 동안 전혀 의심받지 않았던 진리의 유일한 기하학이었던 유클리드 기하학과는 다른 기하학을 가질 수 있는데, 이 기하학에서는 평행선 공리를 부정함으로서 생긴 모든 이상한 결과들이 이제는 타당한 기하학의 정리가 되었다.

가우스, 볼리야이와 로바체프스키

처음으로 비유클리드 기하학이 존재한다는 확신을 가진 사람은 칼 프리드리히 가우스(Carl Friedrich Gauss)였다. 1820년경의 일이었지만 긴 생애동안 비유클리드 기하에 관한 그의 연구 결과는 조금도 출판되지 않았다. 그는 단지 그것을 자신의 즐거움을 위하여 몇 통 되지 않는 서신에만 기록했다. 그는 그 시대의 가장 유명한 수학자였으므로 이러한 생각들을 출판하면 논쟁을 초래할 것이 매우 확실했기 때문에 그는 그 자신의 말대로 보이오티안스(Boiotians)의 고함치는 자들에게 자신을 노출시키지 않았다. (고대에는 Boiotia의 사람들은 그리스 사람들에게 매우 열등하고 영리하지 못하다고 생각되었다.) 이런 이유로 이 주제에 대한 Gauss의 연구는 단지 그가 죽은 후 출간된 편지와 노트로부터만 알 수가 있다.

야노스 볼리야이(Janos Boliyai)는 가우스의 오랜 친구이자 동료인 파카스 볼리야이(Farkas Boliyai, 1775~1856)의 아들이다. 아버지 볼리야이는 평행선 공리를 연구하였으나 신통한 결과를 얻지 못하였으므로 그의 아들에게는 그것에 관하여는 조금도 관심갖지 말라고 경고했다. 하지만 1823년에 아들은 아버지에게, 無에서 출발하여 이상한 새로운 세계를 창조했노라고 글을 썼다. 1832년에 그는 그 발견들을 (그의 아버지가 저술한 큰 책에) 라틴어로 써서 부록으로 발간했다. 역시 라틴어로 쓰여진 이 책은 평행선 공리를 증명하기 위한 노력의 광범위한 개론이었다. 개론은 보통, 시도(attempt) (그 책의 매우 긴 제목 중 처음단어 다음에 있는)라고 불린다. 부록 역시 (이것은 단지 시작이라는) 긴 제목을 가졌다. 〈절대적 진실인 공간과학의 부록(Supplement containing the absolutely true science of space)〉은 보통, 공간의 과학(science of space) 또는 간단하게 볼리야이의 부록이라고 불린다. 아버지 볼리야이는 그의 아들의 발전된 부록의 사본을 가우스에게 보냈고 그는 그 자신이 몇 년 전에 똑같은 생각을 가지고 있었기 때문에 오랜 친구의 아들의 연구를 칭찬할 수 없다고 적어 보냈다. 야노스 볼리야이는 물론 분노했고 그는 결코 다시 그 주제에 관하여 기록하지 않았다. 그러나 그의 아버지는 1851년 〈시도했던 간단한 스케치(A short sketch of an attempt…)〉라는 책을 발간했는데 거기서 평행선 공준이 증명되었다고 믿고 있었다. 그는 우리가 이미 언급했던, 한 직선위에 있지 않는 세 점은 원을 지난다는 사실을 가정했는데, 사실 이것은 평행선 공리와 동치이다. 슬프게도 그는 그의 아들의 발견을 이해하지 못하였다.

니콜라이 이바노비치 로바체프스키(Nikolai Ivanovich Lobachevsky)는 그의 일생을 대부분 모스코바에서 동쪽으로 720km 떨어진 볼가(Volga)의 카잔(Kazan)에서 보냈다. 그는 거기서 자랐으며, 1804년에 설립되었고 세계에서 가장 동쪽에 있는 카잔대학교의 학생이었다. 그는 그 대학교의 교수가 되었고 마침내는 부총장이 되었다. 로바체프스키의 대학시절 스승 중에 바틀(Bartles)이 있는데 그는 브런스윅(Brunswick)에서 가우스의 스승이기도 했다. 1815~1817년에 로바체프스키는 평행선 공리를 증명하려고 시도했던 것으로 보인다. 하지만 1823~1825년에 그는 그 증명이 불가능하다는 것을 확신하게 된다. 그는 1826년에 그의 발견에 대한 첫 강연을 하였고, 1829년에는 첫 번째 학술논문 〈기하학의 원리(On the principles of geometry)〉를 카잔대학교의 저널에 발표하였다. 로바체프스키가 비유클리드 기하학의 첫 번째 발견자가 아니더라도 그는 그것을 처음으로 발표하였다. 하지만 발표 장소는 러시아였고 수학의 중심지인 유럽과는 너무도 멀었다.

수년 동안 그는 교수직과 행정직을 수행하면서도, 가상기하학(imaginary geometry)이라고 부르는 기하학에 대하여 많은 논문과 책들을 썼다. 그는 러시아어뿐만 아니라 독일어, 프랑스어로도 논문을 썼는데 그의 가치 있는 아이디어들은 전혀 주위를 끌지 못하였다. 확실히 수학의 세계에서 카잔의 무명 수학자가 생각해 낸 것에 대해 별로 많은 관심을 갖지 않았다. 만약 Gauss가 그 주제에 대해 발표했더라면 확실하게 달랐을 것이다. 그러나 로바체프스키는 1840년에 그의 저서 〈평행선 이론에 관한 기하학적 연구(Geometrical researches on the theory of parallel lines)〉를 가우스에게 보냈고, 가우스는 그것을 보고 기쁘게 답장을 했으며, 로바체프스키는 괴팅겐의 과학아카데미 회원으로 선출되었다. 세 사람은 신기원을 이룬 발견으로 기억되었으나, 1868년 이탈리아에서 오직 이 세 사람만의 추측(conjecture)이 증명되기 전까지는, 무슨 일이 일어났는지 진정으로 이해하거나 주목하는 사람은 아무도 없었다: 이 새로운 비유클리드 기하(낡은 유클리드 기하학이 숨어있던 모순들이 드러나지 않는 상상할 수 없는 기하)에서는 모순이 일어나지 않는다. 그 후 세 발견자는 모두 죽었다.

벨트라미, 리만, 클라인과 포앙카레

네 명의 수학자들이 비유클리드 기하학의 다음 시대에서의 역사에서 특별히 중요하다.

베른하르트 리만(Bernhard Riemann, 1826~1866, 독일)
안제니오 벨트라미(Engenio Beltrami, 1835~1900, 이탈리아)
펠릭스 클라인(Felix Klein, 1849~1925, 독일)
앙리 포앙카레(Henri Poincare, 1854~1912, 프랑스)

1868년 벨트라미(Engenio Beltrami)는 유클리드의 공간 기하학에서 가우스, 볼리야이 그리고 로바체프스키의 평면기하학에 대한 모델을 만들 수 있었다. 다시 말하면, 유클리드 공간에서 "본질적인(intrinsic)" 또는 "내면적(inner)" 기하의 한 곡면이 비유클리드기하임을 알 수 있다. 평면기하학의 선들을 취합함으로써 곡면 위에서 곡선들을 찾을 수 있고, 평행선 공리를 부정하는 대신에, 평행선 공리를 제외하면, 모든 유클리드 공리들을 만족한다. 만약 유클리드 기하학을 인정한다면, 어떤 의미에서 그 속에 모순이 나타나지 않을 것이라고 당연히 받아들일 것이고, 그러면 그러한 모델의 존재성을 인정(비유클리드 기하학에서는 모순이 전혀 일어나지 않는다)하라고 우리에게 강요하는 것이다. 왜냐하면 모델이 유클리드 공간에 포함되기 때문이다. 그리고 비유클리드 기하학에서도 인정하라고 강요받는다.

그러한 모델의 존재에 대한 벨트라미의 증명은 결정적인 전환점이 되었다. 왜냐하면 그 때까지 모든 관심을 거기에 집중하여 유클리드나 비유클리드기하학 중 둘 중의 하나만이 참이라고 믿고 있었기 때문이다. 유클리드 기하학을 참이라고 확신하는 사람들은 비유클리드 기하학을 인정하지 않았다. 그러나 벨트라미의 연구는 만약 유클리드 기하학이 참이라면 비유클리드 기하학 역시 참이라는 것을 명확히 보여주었다.

한편, 로바체프스키는, 만약 비유클리드 공간을 상상한다면, 전에 상상했던 사람은 거의 없었지만 비유클리드의 "본질적" 기하학인 곡면이 유클리드 기하학이 되는 한 유형을 찾을 수 있으므로, 유클리드 기하학과 비유클리드 기하학은 동등하게 참인 것을 알고 있었다. '진리(truth)'란 단어는 수학에서 이처럼 그 의미를 변화시켰다. 이러한 움직임이 있기까지, 수학 특히 기하학은 우리를 둘러싼 세계에 대하여 자명한 진리로부터 연역된 참인 명제들의 시스템으로 이해되었었다. 그러나 이제는 수학이 인간이 상상하는 그 어떤 것으로 매우 다르게 인식되었다. 또한 유클리드 공간은 이제 더 이상 비유클리드 공간보다 현실적이지도 않았다. —두 공간 모두, 단지 우리가 상상할 수 있는 것이었고 이러한 수학은 전에는 도무지 알려지지 않았던 새로운 방법으로서의 독립과학이 되어갔다. 그것은 자연과학에서 떨어져 나와, 비슷한 영역도 없는, 아주 독특한 개별과학이 되었고, 음악과 시각미술과 같은 예술의 한 부분, 또는 예를 들어 체스나 설계도 밑그림 같은 게임의 커다란 시스템에 밀접한 영향을 미치기 시작했다.

1854년에 리만(Bernhard Riemann)은 〈기하학의 기초에 대한 가정〉이라는 제목으로 강연을 했고, 그것은 그가 죽은 후 1868년에 발간되었다. 이 강연에서 리만은 벨트라미의 결과와 완벽하게 들어맞는 것을 보일 수 있었다. 즉, 만약 유클리드의 다른 공리들이 다소 완화된다면 둔각에 관한 싸케리와 람베르트의 가정은 더 이상 모순을 유도하지 않는다. 이러한 방식으로 평행한 선들이 없으며 삼각형의 각들의 합이 180도보다 크다는 정리가 성립하는 기하의 세 번째 유형을 얻었다. 또한 합은 남은 평면에서 900도보다는 작아야만 한다. 왜냐하면 평면의 나머지 각들의 합—같은 꼭지점들과 같은 변들을 가진 삼각형—또한 180도보다 커야한다. (만약 처음의 원래 삼각형의 각들이 u, v, w라 하면 여각 삼각형(complementary triangle)의 각은 $360-u$, $360-v$, $360-w$이다.)

유클리드의 공간 기하학에서 리만의 비유클리드 기하학의 적당한 모델은 대원이 직선들로 취급되는 유클리드 구면위에서 본실적인 단순한 기하학이다. 물론 이 기하학은 고대로부터 알려져 있었지만, 전에는 이와 같은 방법을 아무도 알지 못하였다. 이것과 비교해 보면, 본질적 기하학인 벨트라미의 유클리드 표면은 모델이 의구(peudo-sphere)인 로바체프스키의 비유클리드 기하학의 모델이었다. 보통 구(반지름이 1인)의 가우스 곡률은 모든 점에서 1이고, 의구의 가우스 곡률은 -1이다.

그것은 리만이 강연하고 가우스가 청중이었을 때 언급되었다. 리만의 강연은 그의 박사 학위논문 중 일부였고, 그는 관례대로 그의 강연과 함께 세 가지 다른 주제를 제출해야만 했는데, 그 중 하나는 가우스가 발표하려고 마음먹었던 기하학적인 것이었다. 지금 우리는 모두 똑같이 참인 세 개의 평면기하를 갖는다: 로바체프스키 기하, 유클리드 기하, 그리고 리만 기하인데, 쌍곡적 기하학, 포물선 기하학 그리고 타원기하학이라고 불린다. 이러한 새로운 통찰력 또는 완전한 수학적 결과에 대한 이해로서 19세기의 마지막 25년간 수학의 세계에 신속하게 펴져나갔다. 영국의 수학자인 윌리엄 킹덤 클리포드(William Kingdom Clifford)가 이미 1872년에 로바체프스키를 수학의 코페르니쿠스라고 부른 것은 주목할 만하다. 왜냐하면 그가 새로운 세계를 열었기 때문이다. 그 시대 수학을 이끌어가던 펠릭스 클라인(Felix Klein)과 앙리 포앙카레(Henri Poincare) 두 사람은 비유클리드 쌍곡적기하학과 그것이 어떻게 사용되는지를 많은 놀라운 방법으로 수학의 여러 분야에 적용할 수 있는지를 열정적으로 연구하였다. 그들은 로바체프스키 기하학의 평면 유클리드 모델 (유클리드 표면의 곡선 상에서 벨트라미의 모델에 반대되는)을, 클라인은 1871년에, 포앙카레(심지어 2개 version)는 1882년에 작도했다. 클라인의 모델과 포앙카레의 모델 중 하나는 유클리드 원판 D의 내점들을 비유클리드 기하의 점들로 사용한다. 또 다른 포앙카레의 모델들은 유클리드 반평면 H의 내점들을 사용한다. 클라인의 모델은 D의 유클리드 현들을 비유클리드의 직선들로 사용하는 반면에, 포앙카레의 모델들은 각각 D에서 D의 경계(D의 지름을 포함하는)와 수직인 유클리드 원호와 H의 경계와 수직인 H의 유클리드 반원들과 반직선들을 사용한다. 물론 이 세 모델들의 거리는 왜곡되어 있다; 클라인의 모델에서는 각이 왜곡되어 있지만 포앙카레의 두 모델에서는 그렇지 않다.

비슷한 변화가 수학의 다른 분야에서 발생하여 새로운 지각에 기여하였다. 대수에서 복소수들과 평면상의 점들 사이의 대응을 1797년에 카스퍼 베셀(Caspar Wessel, 1745~1818)이, 1806년에는 장-로버트 아르강(Jean-Robert Argand, 1768~1822, 스위스), 가우스가 (1848년 이전 그의 어떤 출판물에서도 명백히 사용하지 않았다.) 각각 독립적으로 입증하였다. 이미 1797년 베셀은 복소수를 공간의 점들과 비슷한 대응 방식으로 일반화하려고 시도했었으나 헛되이 되어버렸다. 논문은 주목받지 못하였다. 1837년 윌리엄 로완 해밀턴(William Rowan Hamilton, 1805~1865, 아일랜드)은 복소수를 실수들의 짝으로 해석한 논문에서 베셀과 같은 희망을 표현했다. 1843년 그는 실수의 3개 1조(triplet)는 일반화할 수 없지만 4개 1조(quadruple)는 일반화 할 수 있다는 것을 발견했고, 그리하여 4원수(quaternion)를 창안하게 되었다. 이 발명은 가우스, 볼리야이 그리고 로바체프스키가 기하학에서 했던 것과 같이 해밀턴이 대수학에서 그러했다.

만약 당신이 수학자가 아닌 사람에게 두 수의 곱에서 인수의 차수를 묻는다면 당신은 임의적이라는 답을 얻을 것이다. 엄밀히 말하면 이것은 사원수에서는 성립하지 않는다; 사원수들은 교환법칙이 성립하지 않기 때문이다. 아버지 볼리야이와 아들 볼리야이 두 사람 모두 이 문제를 연구했다. 아버지 볼리야이는 그의 삶의 대부분을, 그리고 아들 볼리야이는 그의 유년시절과 1833년 군대로부터 제대한 후 이따금씩 보낸 고향인 트랜실바니아(Transylvania, 그 때는 헝가리, 지금은 루마니아)에서 이 문제에 관하여 손을 댄 것은 흥미로운 일이다. 1837년 그들은 라이프지그(Leipzig)에 있는 과학 협회에서 주최한, 상금이 걸린 콘테스트에 참가하여 허수에 관하여 엄밀한 기하학적인 작도를 해결했다. 아버지 볼리야이의 답은 그의 텐타멘(Tentamen)에서 가져온 것이었고, 아들 볼리야이의 답은 위에서 언급했듯이, 해밀턴의 해와 유사했고 그 해에 출간되었지만 16년 후에야 사원수에 관한 그의 논문과 연계되어 널리 알려지게 되었다. 아버지와 아들 볼리야이는 아무도 상을 타지 못하였다. 상금의 반은 헝가리 교수인 세 번째 출전자에게 주어졌다.

당시의 수학은 진실로 수학 그 자체만을 다루었다. 수학자들에게 그것은 이상한 것이고(그러나 물론 즐거움으로) 수학 그것의 외부 현상을 설명하는데 사용될 수 있어야 한다.

비유클리드 기하와 물리학, 철학 그리고 예술

비유클리드 기하는 1830년경에는 뚜렷한 한 영역으로 나타났으나 1870년경부터 그들의 학문인 수학자들의 인식에 결정적인 변화를 일으켰다. 기하는 더 이상 물리학의 한 분야가 아니었다. 물론 여전히 그것을 물리적 상황과 현상을 설명하는데 사용할 수는 있었지만, 이제는 다른 기하들 사이에서 선택할 수가 있었다. 이런 선택은 수학자에 의해서가 아니라 물리학자에 의해서 이루어졌다. 물리학자는 자기의 실험이나 최고 이론을 가장 적합하게 설명해주는 기하를 선택하기 때문이다. 수학적으로 그것들이 동등하게 참이기 때문에 "참"인 기하를 선택하는 것이 아니었다.

시간이 지나자 수학자들은 물리학자들에게 선택할 많은 기하들을 주었다. 또한 새로운 기하가 물리학자들의 이론 설명에 적합하도록 우연히 발명될 수도 있다; 아인슈타인의 상대성 이론과 같은 경우였다. 심지어 유한기하라 불리어지는 것이 발명되었다. 예를 들어, 각각의 직선 위에 세 개의 점들을 가진 12개의 '직선'과 9개의 '점'으로 구성된 평면을 가질 수 있게 되었다. 심지어 그런 기하들은 탁월하게 실용적인 응용력이 있었다.

물리학자나 다른 업종에 종사하는 사람들에게는 이제 기하가 작도를 위한 도구함이 되었고, 이론을 위한 가이드라인도 되었으나, 반면에 수학자에게는 다양한 기하에 대한 연구가 되었다. 그들은 서로 다르게 반응하고, 한 기하에 대한 반응은 점과 직선과 평면 사이의 기초적 관계들을 어떻게 선택하느냐에 달려있다. 이 때 수학자는 자유롭고 독립적으로 선택한다. 수학자에게, 기하는 물리적 공간의 체계에서 가질 수 있는 직관적 아이디어와는 꽤 다른 점이 있다. 이런 아이디어는 영감을 주는데 사용될 수 있지만, 기하는 많은 방법으로 만들어질 수 있고 물리적 아이디어와 아무런 관련 없이도 연구되어질 수 있다.

수학과 물리학 세계의 외부에서 새로운 기하학의 통찰력은 보다 천천히 때로는 반대를 누르면서, 많은 철학자들은 심지어 분노하면서 이의를 제기한다. 가우스가 비유클리드 기하에 관한 것을 조금도 발표하지 못한 한 가지 이유는 아마 독일의 철학자 임마누엘 칸트(Immanuel Kant, 1724～1804)가 1781년 그의 매우 유명하고도 영향력 있는 책 〈순수이성비판〉에서 유클리드 기하를 선험적인 이해의 한 형태로서 제기했기 때문이었다. 가우스가 보이티안스들에게 강연했을 때 그는 수많은 학생들과 칸트의 추종자들에게 매우 좋은 인상을 주었다.

비유클리드 기하가 시작된 이래, 줄곧 그 용어에 도달할 수 없었던 철학자들이 있었다. 코펜하겐(Copenhagen) 대학에서 38년(1884～1922)동안 철학과 교수였고 1914년까지 나의 연구소에서 교육학을 강의했던 크리스티안 크로만(Kristian Kroman, 1846～1925, 덴마크)이 나에게 한 가지 이상한 예를 언급했다. 1920년 후반에 그는 덴마크어와 영어로 자그마한 책을 하나 출간했는데, 그는 그 책에서 평행선 공리를 증명했다고 믿었으며 그 때문에 비유클리드 기하를 반박했다. 그가 했던 것은 단지 누구나 가끔 접할 수 있는 논쟁에 사용되어졌다.—우리가 초등학교 교과서에서 본 적이 있는 것과 같은—작은 선분이 삼각형의 변들과 모서리 주위를 움직이는 것.

그러나 많은 예술가들은 새로운 수학적 아이디어를 큰 흥미를 가지고 포착한다. 많은 현대 예술은 가장 최근의 입체파에서부터 비유클리드 기하나 3차원 이상의 기하로부터의 발달된 영감 없이는 상상할 수 없다—유클리드와 지난 19세기에 수학자들이 개량하기 시작했던 비유클리드 둘 다—이와 연결하여 특히 그래픽 예술가 엣셔(M. C. Escher, 1898～1972, 덴마크)를 언급해야만 한다; 그의 많은 인상적인 그림은 쌍곡기하의 모델 포앙카레의 원위에서 직접 만들어졌다.

그러나 수학자, 물리학자, 철학자 그리고 예술가들의 모임 밖에서는 비유클리드 기하의 존재를 인정하는 사람은 매우 적었다. 이것은 많은 수학 교사들에게, 특히 대부분의 아동들이 기하에 관하여 가지고 있는 인상이나 개념을 초등학교와 중학교 저학년에서는 아마도 참된 것이다.

비유클리드 기하와 수학교사

많은 수학교사들은 자신들이 교육받았을 때, 비유클리드 기하에 대하여 조금도 들어본 적이 없었다. 따라서 기하가 실제로 물리의 한 영역이 아니며 근본적으로 물리적 환경들을 다룬 것도 아니고, 기하의 정리들이 단순한 직관으로는 참이 아니라는 것이 그들에게 충격으로 다가왔을지도 모른다. 그 다음에 그것이 125년 전에 모두 알려지기 시작했을 때, 많은 수학자들이 놀랐으며 고뇌하였고, 그들 중 대다수가 바로 이런 새로운 아이디어에 어렵지만 익숙해져 갔다는 것이 위안이 되었을지도 모른다.

그러나 누군가 질문할 수도 있는 비유클리드 기하를, 만일 교사가 모른다면 그것은 문제가 있다. 교사가 모른다면 어느 누구도 아이들에게 그것을 가르쳐주리라고는 기대할 수가 없다. 때문에 그 질문에 대한 대답은 확실히 문제가 있는 것이다. 만약 교사가 기하학이 자신의 조건만으로도 참이 되고 일종의 물리적 현상 또는 물리의 일부분이 아니라는 것을 안다면, 교사는 아마도 그들이 종래에 해왔던 다른 방법으로 유클리드 기하를 가르칠 것이다. 더욱이 비유클리드 기하학의 존재에 대한 지식은 수학이란 진정 무엇인가에 대한 다른 관점을 주고 수학을 가르치는 여러 곳에서 그 흔적을 남길지도 모른다.

한편, 학교의 많은 교과목에서는 — 물리, 화학, 생물, 문학, 역사 — 등을 업그레이드 시키려고 시도한다. 어떤 사람은 아동들에게 지금까지 이런 교과목들이 성립하게 된 감동과 그 뜻을 가르쳐 주고 싶어한다. 그러나 교사가 가르치는 수학이 새로운 것이라는 이유만으로 수학에서 똑같은 방법으로 하는 것은 매우 어려운 일이다. 이미 고대에 이차방정식의 풀이가 해결되었고, 포물선이 그려졌다. 방정식과 곡선의 연결성을 창조한 좌표계는 1640년경에 창안되었다. 미적분학의 최초의 교과서는 1700년경에 쓰여졌다. 그것은 물론 모두가 진리는 아니다. — 그러나 적어도 200년

전에 학교에서 오직 수학을 가르쳤다는 것은 거의 진실이다. 만일 수학이 그 시대에 실제적으로 무엇인가를 아동들이 말할 수 있는 태도를 가르치는 것이 바람직하다. 이것은 수학교사 자신이 이러한 정신을 알고 있을 때에만 가능하다. 따라서 교사들은 비유클리드 기하에 대해 알아야만 한다.

다음은 또 다른 질의이다: 교사들은 학교교육이나 또 다른 학교교육에서 그러한 지식을 어디로부터 얻을 수 있을까? 비유클리드 기하학에 대한 특별한 과정은 좀처럼 제공되지 않았을 것이다. 기하학의 한 부분이 자연스러운 영역이었을 것이다. 우리는 지금의 경우보다 미래에는 더 자주 이러한 일이 발생하기를 희망한다. 또 다른 명백한 가능성은 수학사에서의 과정이다. 그런 과정은 만약 비유클리드 기하가 언급되지 않았다면 매우 불충분했을 것이다. 많은 국가에서 수학사는 교육과 더 나아가 교수법에서 더욱 두드러지고 있으며 수학사의 많은 교과서는 비유클리드 기하를 한 장(chapter) 전체를 또는 한 절(section)이지만 한 장에 달하는 양만큼을 할애하고 있다.

마지막으로 수학이 진실로 무엇인가에 대한 모든 연구물과 함께, 유클리드 기하학만이 오직 가능한 것이 아니라는 사실보다는, 학교 수학에 비유클리드 기하학의 어떤 문제들을 가정할 수 있는지를 질문할 수 있다. 그러한 주제는 물론 다소 구체화되고 직관적이 될 것이다; 가능한 선택은 삼각형의 면적이다. 유클리드 기하에서 삼각형의 각들의 합은 그 삼각형의 면적이 무엇이 되었든지 당연히 180도이다. 그러나 타원기하에서 — 본질적으로 유클리드 구면의 곡면 상에서 만들어진 — 볼록한 삼각형이 되어 각들의 합이 180도를 넘으며, 각의 합은 삼각형의 면적에 비례하는 것을(또는 만약 면적이 편리한 단위로 측정 되어졌다면 그것과 같다.) 보이는 것은 어려운 것이 아니다. 그것은 쌍곡적 기학에서 — 예를 들어 포앙카레의 원에 의해 만들어진 — 오목한 삼각형, 즉 각들의 합이 180도보다 더 작다는 뜻(180도와 비교해서 모자라다.)이고, 삼각형의 넓이에 비례한다.(또는 만약 면적이 편리한 단위에서 측정되었다면 그것과 같다.) 사실상 그런 연구의 절정은 극한 삼각형이라 불리우는, 즉 삼각형의 꼭지점이 무한히 멀어져서 각의 합이 0도인, 삼각형의 변들이 평행한 삼각형의 면적을 발견하는 것일지도 모른다!

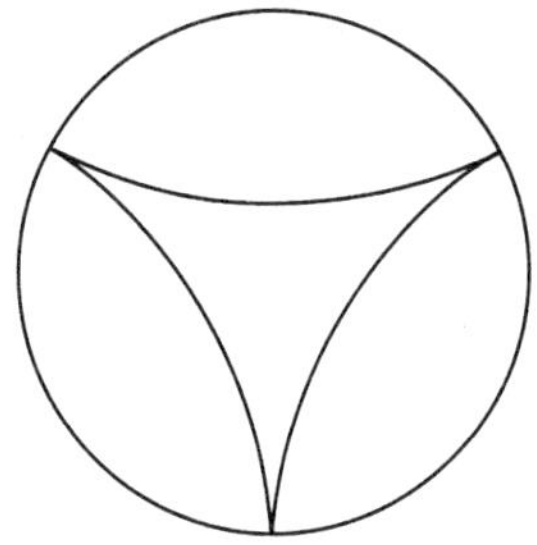

[그림 6]

포앙카레 모델에서 그런 삼각형의 꼭지점들은 유클리드 원의 원둘레 위에 있으며 각은 각기 120도가 선택되어질 수 있으며, 이 삼각형의 비유클리드 면적과 그것의 유클리드 면적을 비교하는 것은 흥미롭다.

학교수학에서 가볍게 언급하기 쉬운 또 다른 주제는 타원평면, 유클리드평면 그리고 쌍곡평면의 정다각형을 가지고 테셀레이션을 하는 것인데 타원평면과 쌍곡평면은 역시 포앙카레의 원이 모델이다. 타원의 경우, 다섯 가지 정다면체와 대응되는 다섯 가지의 정다면체 테셀레이션이 있다(그리고 무한히 많은 2각형을 가진 테셀레이션도). 유클리드평면의 경우에는 세 가지가 있다.(삼각형, 사각형 그리고 육각형) 그러나 쌍곡평면의 경우(이것은 놀라운 일이다)에는 무한히 많으며 실제로 무한히 많은 삼각형, 무한히 많은 사각형, 무한히 많은 오각형, 무한히 많은 육각형, 무한히 많은 칠각형 등등… 이런 아름다운 모양에서 변형은 끝이 없고 또한 예술가들에게 영감을 주었다; 예를 들어 엣셔(Escher)의 작품 하나는 타원평면에(구위에 그려진), 하나는 유클리드평면에 그리고 나머지 하나는 쌍곡평면에 그려진 (포앙카레원 위에 그려진) 작품 "천사와 악마"를 보아라.

▌참고문헌▐

다음 목록은 비유클리드 기하학과 그에 관련된 많은 책과 논문들 중에서 선정한 것이다. 이 목록은 오직 이 주제로만 또는 이것은 주된 주제로 선정하였으므로, 기초적인 것도 있지만 그렇지 않은 것도 있으며, 긴 것도 있고 짧은 것도 있고, 다소 철학적이며, 다소 역사적이고, 교육적인 면도 있다. 그러므로 필자는 이 목록이 많은 독자들에게 유용하게 활용되기를 바란다. 목록에 있는 대부분의 저서와 논문들은 교사들과 학부 학생들이 읽을 수 있는 것들이며, (특히 [1], [10], [18], [21], [23], [34], [46], [48], [49], 그리고 [50])는 고등학교 학생들도 읽을 수 있다.

[1] Bier, Martin: 1992, "A Transylvanian Lineage," *The mathematical Intelligencer* 14 (2), pp. 52–54.

[2] Bolyai, János: 1987, *Appendix: The Theory of Space*, Amsterdam. (New translation with commentary.)

[3] Bolyai, John: 1955, *The Science of Absolute Space*, translated by George Bruce Halsted. (Supplement I in [4].)

[4] Bonola, Roberto: 1955, *Non-Euclidean Geometry*, Dover, New York. (Reprint of the translation (1911) by H. S. Carslaw of the Italian original (1906).) Includes John Bolyai, *The Science of Absolute Space* and Nicholas Lobachevski, *The Theory of Parallels*, both translated by George Bruce Halsted.

[5] Burton, David M.: 1985, *The History of Mathematics: An Introduction*, Allyn & Bacon, Newton, Massachusetts: 2nd ed., Wm. C. Brown, Dubuque, Indiana 1991; 3rd ed., McGraw-Hill, New York, 1997. (Contains a chapter on non-Euclidean Geometry.)

[6] Calinger, Ronald (ed.): 1982, *Classics of Mathematics*, Moore, Oak Park, Illinois; 2nd ed. Prentice Hall, Englewood Cliffs. New Jersey, 1995. (Collection of sources with commentaries.)

[7] Coxeter, H. S. M.: 1942. *Non-Euclidean Geometry* University of Toronto Press, Toronto; 3rd ed. 1957; 6th ed., Mathematical Association of America, 1998.

[8] Dávid, L. v.: 1951, *Die beiden Bolyai*, Birkhäuser, Basel.

[9] Engel, Friedrich & Paul Stäckel: 1895, *Die Theorie der Parallellinien von Euklid bis auf Gauss*. Teubner, Leipzig; repr. New York, London, 1968. (Collection of sources with commentaries; see also [33].)

[10] Ernst, Bruno: 1976, *The Magic Mirror of M. C. Escher*, Ballantine, New York. (Translated from Dutch.) (Escher's non-Euclidean "Circle Limit" prints are treated

pp. 108 - 109.)

[11] Euclid: 1908, *The Thirteen Books of Euclid's Elements*, Translated and with commentaries by Thomas L. Heath, Cambridge University Press, Cambridge; 2nd ed. 1926; reprinted in three volumes, Dover, New York.

[12] Eves, Howard: 1990, *Foundations and Fundamental Concepts of Mathematics*, Prindle, Weber & Schmidt, Boston; 3rd ed. of Howard Eves & Caroll V. Newsom, *An Introduction to the foundations and the Fundamental Concepts of Mathematics*, Rinehart, New York, 1959. (Contains a chapter on non-Euclidean geometry.)

[13] Faber, Richard L.: 1983, *Foundations of Euclidean and Non-Euclidean Geometry*, Marcel Dekker, New York.

[14] Fauvel, John & Jeremy Gray (eds.): 1987, *The History of Mathematics: A Reader*, Macmillan, London, in association with Open University, Milton Keynes; repr. 1988. (Collection of sources with commentaries).

[15] Gillespie, Charles Coulstom (ed.): 1970 - 80, *Dictionary of Scientific Biography*, Scribner, New York; 2nd ed. in 8 vols, 1981. (Contains, e.g., articles on Beltrami, F. Bolyai and J. Bolyai (by D. J. Struik), Euclid (by lvor Bulmer-Thomas and John Murdoch), Gauss (by Kenneth O. May), Lambert (by Christoph J. Scriba), Lobachevsky (by B. A. Rosenfeld), Proclus (by Glenn R. Morrow), Riemann (by Hans Freudenthal) and Saccheri (by D. J. Struik).)

[16] Gray, Jeremy: 1987, "The Discovery of Non-Euclidean Geometry," In Esther R. Phillips (ed.), *Studies in the History of Mathematics*, Studies in Mathematics vol. 26, The Mathematical Association of America, Washington, DC.

[17] Gray, Jeremy: 1979, *Ideas of Space: Euclidean, Non-Euclidean and Relativistic*, Claredon, Oxford.

[18] ______: 1987, *Non-Euclidean Geometry*, Topics in the History of Mathematics, unit 13. Open University, Milton Keynes. (Refers extensively to [14].)

[19] Greenberg, Marvin J.: 1974, *Euclidean and Non-Euclidean Geometries: Development and History*, Freeman, San Francisco.

[20] Halameisär, Alexander & Helmut Seibt: 1978, *Nikolai Iwanowitsch*

Lobatschewski, B. G. Teubner, Leipzig.

[21] Heiede, Torkil: 1992, "Why Teach History of Mathematics?," *The Mathematical Gazette* 76, pp. 151 - 157.

[22] ______: 1996, "History of Mathematics and the Teacher," In Ronald Calinger (ed.), *Vita Mathematica: Historical Research and Integration with Teaching*, The Mathematical Association of America, Washington, DC.

[23] Henderson, Linda Dalrymple: 1983, *The Fourth Dimension and Non-Euclidean Geometry in Modern Art*, Princeton University Press, Princeton, New Jersey.

[24] Katz, Victor J.: 1993, *A History of Mathematics: An Introduction*, Harper Collins, New York. (Contains—in different chapters—long sections on the development of non-Euclidean geometry.)

[25] Kelly, Paul & Gordon Matthews: 1981, *The Non-Euclidean, Hyperbolic Plane*, Springer, New York.

[26] Kline, Morris: 1972, *Mathematical Thought from Ancient to Modern Times*, Oxford University Press, Oxford. (Non-Euclidean geometry is treated in Chapter 36.)

[27] ______: 1980, *Mathematics: The Loss of Certainty*, Oxford University Press, Oxford.

[28] Kroman, Kristian: 1920, *Mathematics and the Theory of Science*, Det Kongelige Danske Videnskabernes Selskab, Filosofiske Meddelelser I, 1. Host, Copenhagen. (A philosopher's misguided attempt to refute non-Euclidean geometry.)

[29] Lobachevski, Nicholas: 1955, *The Theory of Parallels*, translated by George Bruce Halsted. (Supplement II in [4].)

[30] Mainzer, Klaus: 1980, *Geschichte der Geometrie*, BI-Wissenschaftsverlag, Mannheim.

[31] Martin, George E.: 1975, *The Foundations of Geometry and the Non-Euclidean Plane*, Intext, New York; 2nd ed, Springer, New York, 1982; repr. 1986.

[32] Meschkowski, Herbert; 1954, *Nichteuklidische Geometrie* Vieweg, Braunschweig; 3rd pr. 1965. Translation by Abe Shenitzer; *Noneuclidean Geometry*, Academic Press, New York, 1964.

[33] Perron, Oskar; 1962, *Nichteuklidische Elementargeometrie der Ebene*, Teubner, Stuttgart.

[34] Petit, jean-Pierre: 1980, *Les Aventures d'Anselme Lanturlu: Le Geometricon*, Belin, Paris. Translation by A. Pierre and P. Weber, *Die Abenteuer des Anselm Wüsstegern: Das Geometrikon*; English translation expected. (A volume in a mathematically reliable cartoon series.)

[35] Proclus: 1970, *A Commentary on the First Book of Euclid's Elements*, Translated and with commentaries by Glenn R. Morrow, Princeton University Press, Princeton, New Jersey. (See especially pp. 150 - 151 and pp. 284 - 295.)

[36] Riemann, Bernhard: 1959, *Über die Hypothesen, welche der Geometrie zu Grunde liegen*, Wissenschaftliche Buchgesellschaft, Darmstadt. (Photo-mechanical reprint of the original from 1867.)

[37] Rosenfeld, B. A., *A History of Non-Euclidean Geometry: Evolution of the Concept of a Geometric Space*, Springer, New York 1988. (Translated by Abe Shenitzer from the Russian original, Moscow 1976.)

[38] Runion, Garth E. & James R. Lockwood: 1978, *Deductive Systems: Finite and Non-Euclidean Geometries*, National Council of Teachers of Mathematics, Reston, Virginia.

[39] Saccheri, Girolamo: 1920, *Euclides Vindicatus (Euclides ab omni naevo vindicatus, Euclid Freed of all Blemish)*, Latin text with English translation by George Bruce Halsted, Chicago; 2nd ed (with English translation of notes by Stäckel and Engel), Chelsea, New York, 1986.

[40] Shirokov, P. A.: 1964, *A Sketch of the Fundamentals of Lobachevskian Geometry*, Noordhoff, Groningen. (Translated by Leo F. Boron from the Russian original.

[41] Sjöstedt, C. E. (ed.): 1968, *Le axiome de paralleles de Euclides a Hilbert*, Interlingue-Fundation, Uppsala, Natur och Kultur, Stockholm. (An extensive collection of sources in facsimile with parallel translations in Interlingua, with portraits and commentaries.)

[42] Smith, David Eugene: 1959, *A Source Book in Mathematics 1-2*, Dover, New York, 1959 and later; original edition 1929. (A collection of sources, with

portraits and commentaries.)

[43] Stahl, Saul: 1993, *The Poincaré Half-Plane: A Gateway to Modern Geometry*, Jones & Bartlett, Boston.

[44] Stillwell, John: 1989, *Mathematics and Its History*, Springer, New York. (Contains a chapter on non-Euclidean geometry.)

[45] Sullivan, John Wiliam Navin: 1926, "Mathematics as an Art," In J. W. N. Sullivan (ed.), *Aspects of Science*, Second Series, Knopf, New York. Also in William L. Schaaf (ed.), *Mathematics: Our Great Heritage*, Harper, New York, 1948, and in James R. Newman, *The World of Mathematics 1-4*, Simon & Schuster, New York 1956 and later.

[46] Sved, Marta: 1991, *Journey into Geometries*, with preface by H. S. M. Coxeter and illustrations by John Still-well, The Mathematical Association of America, Washington, DC. (Alice, Lewis Carroll and others discovering a non-Euclidean wonderland.)

[47] Trudeau, Richard J.: 1987, *The Non-Euclidean Revolution*, with introduction by H. S. M. Coxeter, Birkhäuser, Boston. (Treats also the role of Kant's philosophy.)

[48] Wolff, Peter (ed.): 1963, *Breakthroughs in Mathematics*, Signet, New York. (Collection of sources with commentaries; contains a chapter with excerpts from Euclid and Lobachevsky.)

[49] Zeitler, Herbert: 1970, *Hyperbolische Geometrie*, Bayerischer Schulbuch-Verlag, Munich. (A texbook for the Austrian gymnasium.)

[50] Zheng, Yuxin: 1992, "Non-Euclidean Geometry and Revolutions in Mathematics," In Donald Gillies (ed.), *Revolutions in Mathematics*, Clarendon, Oxford.

Houël에게 보낸 Beltrami의 편지에서 나타난 과학적 연구와 교육적인 문제들

Livia Giacardi

University of Turin, Italy

수학적 추론의 과정은, 인간 사고의 수학적인 현으로 만들어진 지성의 수금에서 연주되는 일련의 화음들과 같다. 그리고 수학의 새로운 가지를 발견하는 것은 새로운 화성적인 음조의 발견과 비견될 수 있다. —Beltrami to Gustav Wolff

"수학이라는 과학에서는 새로운 개념의 승리가 이전에 획득된 진리를 무효가 되게 하는 일이 일어날 수 없다. 가능한 것은 오직, 기존 진리의 위치나 논리적인 기초를 변경하거나, 그 가치와 사용을 확대 또는 축소할 수 있을 뿐이다. 뿌리 깊은 비판도 그 과학적 구조의 견고함을 손상시키지는 못하며, 오히려 그 구조에 대한 진정한 토대를 발견하고 인식을 분명하게 하도록 이끈다."[1] 이것은 1868년에 벨트라미(Eugenio Beltrami)가 음의 상수인 곡률을 갖는 의구면을 이용하여 로바체프스키(Lobachevsky) 기하학에 대한 하나의 해석을 제공함으로써 쌍곡기하학의 진정한 토대를 제공한 그의 저서 '비유클리드 기하학의 해석에 대한 하나의 시도(Attempt at an interpretation of non-Euclidean geometry)'를 시작하면서 썼던 말이다.

이 시기는 비유클리드 기하학이 유럽에 막 알려지기 시작했을 때이다. 프랑스에서 비유클리드 기하학을 가장 적극적으로 알렸던 사람들 중의 하나는 하우엘(Jules Hoüel)이었는데, 이는 그의 지칠 줄 모르는 자료들의 번역, 논평과 방대한 양의 서신왕래에서 잘 알 수 있다. 이탈리아에서 같은 역할을 했던 사람은 바탈리니(Giuseppe Battaglini)(2)인데, 그는 자신이 편집자였던 Giornale di Matematiche를 로바체프스키의 쌍곡기하학을 폭넓게 전파시키는 기관지로 바꾸어 놓았다. 그러나 프랑스와 이탈리아 모두에서 비유클리드 기하학은 불신되거나 때로는 단호히 거부되었다. 버트란드(Joseph Bertrand)는 비유클리드 기하학을 '논리의 남용(une débauche de logique)'(3)이라 불렀으며, 카탈란(Eugène Catalan)은 비유클리드 기하학이 '무해하지만 아마 몽상가들에게는 꼭 필요할 것(inoffensifs et peut-être très utiles réveurs)'(4)이라고 했다. 또 파리 과학원에는 평행 공리에 대한 가상의 증명들이 쏟아져 들어왔다. 벨트라미는 이탈리아의 상황을 타디(Placido Tardy)에게 보낸 편지에서 이렇게 설명했다. "나는 당신이 비유클리드 기하학이라는 이름으로 알려지고 있는 아이디어들의 체계에 관심을 기울여 보았는지 모르겠습니다. 내가 알고 있는 바로는, 체리니(Chelini) 교수는 그것에 분명히 반대하며 벨라비티(Bellavitis)는 그것을 정신병원 기하학이라고 부르는 반면, 크레모나(Cremona)는 그것이 논쟁의 여지가 있다고 여기고 바탈리니는 거리낌없이 그것을 받아들이고 있습니다."(5)

벨트라미의 시도

벨트라미가 1868년에서 1881년 사이에 하우엘에게 써 보낸 65통의 편지들(6)은, 비유클리드 기하학에 대한 당시 과학계의 입장을 좌우했던 주된 의문과 오해들이 무엇이었는지, 특히 벨트라미는 어떻게 이 분야에 대한 연구를 시작하게 되었는지를 밝히는데 도움을 준다. 또한 그 편지들은, 수학을 가르치는 문제에 대한 그의 관심이나 그가 의구면을 실제로 구성한 것 등과 관련된, 잘 알려지지 않았던 벨트라미의 모습을 알게 해준다.

'비유클리드 기하학의 해석에 대한 하나의 시도'의 밑바탕에 깔려있는 착상의 주된 원천은, '휘어진 곡면에 대한 일반적 고찰(General Investigations of Curved

Surface)'(7)에서 상술된 것과 같은 가우스(Gauss)의 곡면 이론, 비유클리드 기하학에 대한 로바체프스키의 연구, 음의 상수인 곡률을 갖는 곡면에 대해 마인딩(Ferdinand Minding)이 1839 ~ 1840년에 얻어낸 몇 가지 결과들에서 찾을 수 있다. 여기에 벨트라미 자신의 몇 가지 연구가 더 추가되어야 한다. 그는 지리학의 지도에 대한 라그랑쥬(Lagrange)의 논문을 읽고 고무되어, 측지선이 직선으로 표현되는 것과 같은 방식으로 평면 위에서 표현될 수 있는 곡면이 존재하는지의 여부를 밝히려 했다. 1865년의 논문(8)에서, 그는 이러한 곡면들의 곡률은 반드시 상수이어야 함을 보였다.

그러나 벨트라미가 피사에서 측지학을 가르치고 있던 바로 그 때, 리만(Riemann)도 그곳에서 2년의 시간을 보냈음에도 불구하고, '비유클리드 기하학의 해석에 대한 하나의 시도'는, 1854년 리만의 유명한 강연 '기하학의 토대를 이루는 가설들에 대하여(On the hypothesis which lies at the foundations of geometry)'(9)에서 설명되었던 혁신적이고 풍성한 아이디어들로부터는 조금도 영향을 받지 않았다. 벨트라미는 제노치(Angelo Genocchi)에게 쓴 편지에서 다음과 같이 말한다. "작년, 리만의 이러한 기본적인 연구에 대해 아무도 몰랐을 때 나는 우리의 좋은 친구 크레모나(Cremona)에게, 내가 비유클리드 평면의 기하에 대해 하나의 해석을 제공한 나의 논문(내게는 만족스럽게 여겨졌던)에 대해 이야기했다."(10) 그리고 다시 하우엘에게 쓴 편지에서도 그는 이렇게 썼다. "나를 놀라게 한 것은, 내가 리만과 이야기했던 모든 시간 동안(그의 슬픈 마지막이 있기 직전, 그가 피사에서 보낸 2년 동안) 그는 이러한 아이디어를 내게 전혀 이야기 하지 않았다는 것이다. 그런 명석한 천재라도 좋은 초안을 만드는 것이 하루아침에 해 낼 수 있는 일이 아니니만큼, 정밀 긴 시긴동안 그기 그 아이디어들을 갖고 있었음이 분명한데도 불구하고 말이다."(11)

곡면에 대한 가우스의 연구는 벨트라미에게 기반이 되었다. 그는 헬름홀츠(Helmholtz)에게 다음과 같이 썼다. "내가 유도해 낸 결과는 모두 $ds^2 = Edu^2 + 2Fdudv + Gdv^2$이라는 가우스의 공식에 의한 곡면의 표현에 의거한 것이다. 이제 이 방법에서는, 곡면과 그것을 둘러싼 공간 사이의 관계가 전적으로 간과된다. 곡면은, 3차원의 어떤 의미도 갖지 않는 존재로 간주된다."(12) 사실 잘 알려져 있듯이, 가우스는 '휘어진 곡면에 대한 일반적 고찰'에서 곡면을 '어떤 입체의 경계로서가 아니라, 두께가 없는, 유연하지만 늘어나지는 않는 어떤 하나의 입체'(13)로 보았으며, 곡면의 고유기하학에 대한 일반적인 이론을 공식화했다. 그는 곡면의 점들에 대한 곡선 좌표를 소개했고 곡면에서의 호의 길이를 그 요소의 제곱으로 표현되는 다음과 같은 함수로 나타내었다.

$$ds^2 = Edu^2 + 2Fdudv + Gdv^2 \text{ (이를 1차 기본 형식이라 한다)}$$

곡면이 갖는 기하학적인 성질들 중 구부러지는 변형과는 독립적인 성질들, 즉 선형 요소들의 식에서 나타나는 E, F, G와 그들의 미분을 이용해 표현될 수 있는 기하학적 성질들은, 곡면의 고유 기하학을 구성한다. 가우스는 특히, 곡면의 곡률이 고유 기하학에 속하는 성질임을 증명했다(가우스의 '놀라운 정리'). 선형 요소들의 식이 같아지도록 변환될 수 있는 두 곡면은 같은 고유 기하학을 가지며, 서로에게 옮겨질 수(국소적으로만) 있다. 이는 하우엘은 파악하지 못하고 있던 것으로, 벨트라미는 그것을 그에게 거듭 설명했었다.(14) 곡면에 대한 가우스의 이론이 평행공리에 의존하지 않는다는 점을 벨트라미가 강조한 것 또한 중요하다. 그는 하우엘에게 보낸 편지에서 다음과 같이 썼다. "내 생각에 이 이론은, 그 누구도 이 중요한 사실, 말하자면 이 이론이 유클리드의 공리에 대해 전적으로 독립적인 것임을 아직까지도 알아채지 못했을 정도로, 일반적으로 완전히 이해된 것 같지 않다."(15)

가우스의 연구는 마인딩에 의해 계속되었는데 그는 특히 음의 상수 곡률을 가진 곡면에 관심이 있었다. 1839년의 논문(16)에서 마인딩은 서로에게 옮겨질 수 있는 세 개의 회전면을 발견하였는데 그 중에는 호곡선(tractrix)을 그 점근선 주위로 회전시켜 얻을 수 있는 곡면, 즉 벨트라미의 의구(pseudosphere)가 포함되어 있었다. 그는 1840년의 논문(17)에서 또 다른 흥미로운 결론에 도달했지만 그것의 중요한 함의는 알아차리지 못했다. 그는 음의 상수인 곡률을 갖는 곡면에서 측지선으로 이루어지는 삼각형들의 삼각함수적인 관계가, 반지름 R인 구 위의 구면 기하학의 대응되는 공식에서 R에 $\sqrt{-1}$을 곱함으로써 얻어질 수 있다는 것을 관찰했다. 마인딩은 이 공식들이 로바체프스키가 그의 '가상적인 기하학(Imaginary Geometry, 1837)'에서 정립시킨 쌍곡평면에서의 공식들과 일치한다는 것을 알지 못했지만, 벨트라미는 이 사실을 알았고 '비유클리드 기하학의 해석에 대한 하나의 시도'에서 그것을 발전시켰다.

그는 음의 상수 $-\frac{1}{R^2}$을 곡률로 갖는 곡면의 선형 요소들의 제곱에 대한 다음과 같은 식에서부터 시작한다.

$$ds^2 = R^2 \frac{(a^2-v^2)du^2 + 2uvdudv + (a^2-u^2)dv^2}{(a^2-u^2-v^2)^2}, \ (a^2\text{은 임의의 상수})^{(18)} \quad \cdots\cdots [1]$$

그가 이 식을 택한 것은, u와 v를 포함하는 모든 선형 방정식이 측지선을 나타내며 그 역도 성립한다는 장점 때문이었다. 점 $(u,\ v)$에서의 좌표계가 이루는 각의 사인 값과 코사인 값을 제공하는 그 식으로부터, $u^2+v^2 \leq a^2$에 대한 u, v의 허용치를 구할 수 있음을 보일 수 있다. u, v의 좌표를 보조 평면의 직교좌표 x, y로 보아서, 벨트라미는 음의 상수인 곡률을 가진 곡면, 또는 그것의 점들 전체가, 극한원 $u^2+v^2=a^2$의 내부와 일대 일로 대응됨을 보였다. 이 표현에서 곡면의 측지선은 원의 현으로 대응되고, 극한원은 곡면의 무한점들에 대응된다. 더 나아가, 원 내부의 두 점이 유일한 현을 결정하므로 곡면 위의 임의의 두 점은 유일한 측지선을 결정하게 된다.

여기서의 곡면은 단지 2차원 다양체로 간주되는 것이며 ds^2에 관한 식은 무한히 가까운 두 점 사이의 거리를 측정하는 법을, 3차원 유클리드 공간으로 이 다양체를 매장하는 등장사상이 존재하는가의 문제와는 독립적으로, 제공하는 것임에 주목해야 한다.

두 측지선이 이루는 각과 그에 대응되는 현들이 이루는 각 사이의 관계에 대해 연구하여 벨트라미는 다음을 발견하였다.

(1) 극한원의 내부에서 만나는 두 현은, 곡면 위에서 0°와 180°가 아닌 각을 이루며 유한한 거리의 한 점에서 만나는 두 측지선에 대응된다.
(2) 극한원의 둘레에서 만나는 두 현은, 0°의 각을 이루며 무한점에서 만나는 두 측지선에 대응된다.
(3) 극한원의 외부에서 만나거나 평행한 두 현은, 곡면의 확장 전체에서 만나지 않는 두 측지선에 대응된다.

벨트라미는 (2)의 측지선을 '평행하다'고 했는데, 이는 그것들이 서로 교차하는 선들 전체에서 교차하지 않는 선들로 변화하는 것을 보여주기 때문이다. 따라서 한 측지선이 주어졌을 때(그림 1의 현 AB), 그 측지선에 속하지 않는 곡면 위의 모든 점에 대하여 그 점을 지나며 주어진 측지선에 평행한 두 개의 측지선(그림 1의 PA와 PB)을 그릴 수 있다. 따라서 유클리드의 다섯 번째 공준은 성립하지 않게 된다.

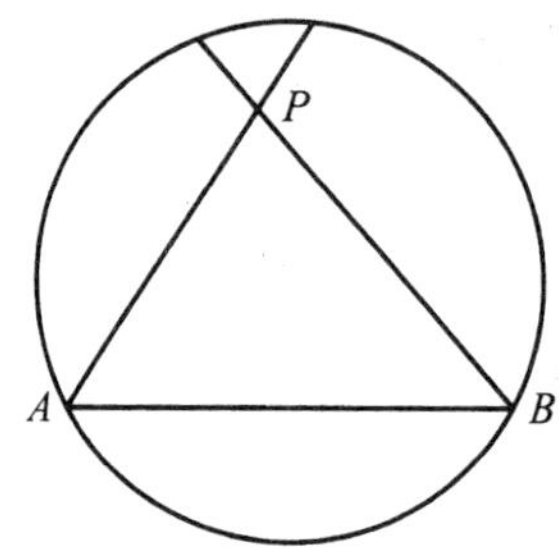

[그림 1] 현 AB로 표현되는 측지선에 평행한 두 측지선을 표현하는 현 PA와 PB

따라서 벨트라미는 로바체프스키의 비유클리드 평면에 대한 기하학이, '직선'을 '측지선'으로 바꿈으로써, 음의 상수인 곡률을 갖는 곡면 위에서 해석될 수 있음을 보인다. 위에서 기술된 모델은, 유클리드 평면 안에 비유클리드 평면을 표현한 것으로 로바체프스키의 평면에 대한 기하학의 무모순성에 대한 첫 번째 증명이다. 이 결과는 또한, 평행공리를 직선과 평면에 관련된 다른 공리들로부터 연역한다는 것이 불가능하다는 것에 대한 모든 의심을 제거했다. 사실, 음의 상수인 곡률을 가지는 곡면 위에서는 나머지 공리들은 모두 증명되지만 다섯 번째 공리만은 그렇지 않다. 만일 평행공리가 다른 공리들로부터 논리적으로 연역된다면, 그것은 모델에서도 참이 되어야만 하는데 이 경우엔 그렇지 않은 것이다.

그 후 벨트라미는 로바체프스키와 볼리야이(Bolyai)의 것과 일치되는 결과들을 얻으면서 음의 상수인 곡률을 갖는 곡면에 대한 기하학의 문제들을 발달시켰다. 삼각법과 관련하여 그는 앞서 언급한 마인딩의 논문과 그 후에 이어진 코다찌(Delfino Codazzi)(19)의 발전된 결과들을 언급했다. 그 자신은 측지선으로 만들어지는 삼각형의 각들의 합과, 그 삼각형의 면적과 그 합 사이의 관계에 관한 정리를 얻었다. 그 후 그는 로바체프스키의 것과 같은 공식에 도달하면서 어떤 거리 δ와 대응되는 평행각(angle of parallelism)을 찾아냈다.

'비유클리드 기하학의 해석에 대한 하나의 시도' 두 번째 부분에서, 벨트라미는 계속해서 통상점, 이상점, 초이상점을 각각 중심으로 하는 측지원에 대해 생각했다. 주어진 중심을 갖는 측지원들은 하나의 고정된 통상점을 지나는 측지선들이 직교하는 곡선이다. 같은 방식으로 벨트라미는 그 연장선이 극한원의 밖이나 둘레 위의 한 점에서 만나는 현들로 표현되는 측지선들에 직교하는 곡선을 생각하였다. 벨트라미는, 극한원의 밖에서 만나는 측지선들에 직교하는 곡선을 이상 중심(ideal center)을 갖는 측지원(geodesic circumference), 극한원의 둘레에서 만나는 측지선들에 직교하는 곡선을 무한 거리의 중심을 갖는 측지원이라고 불렀다. 여기서 후자인 평행한 측지선들에 직교하는 곡선은 로바체프스키의 계선(horocycle)에 해당되는 것이다(그림 2).

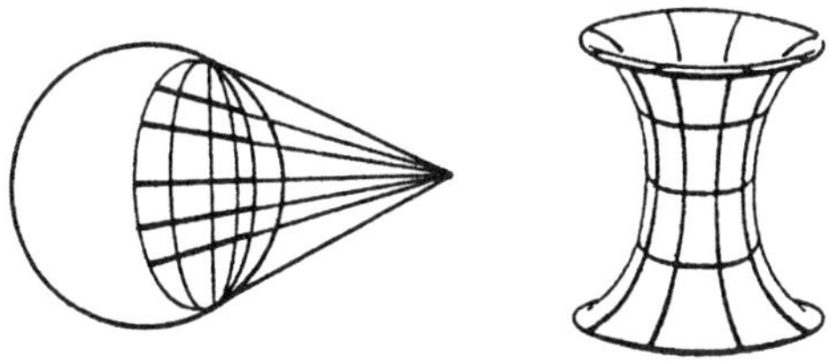

이상 중심을 갖는 측지원

통상 중심을 갖는 측지원

무한 거리의 중심을 갖는 측지원

[그림 2]

이 세 가지 경우 각각에 대해, 벨트라미는 회전면에 옮겨질 수 있는 의구면의 특정 영역을 생각했다. 세 번째 경우의 회전면은 소위 포물선 유형이다. 평행한 측지선들과 직교하는 곡선을 좌표계 $\sigma=k$, $\rho=m$으로 택하면, [1]의 선형 요소는 $ds^2=d\rho^2+e^{-\frac{2\rho}{R}}d\sigma^2$의 형태가 되는데 이는 의구, 또는 호곡선을 회전하여 얻는 호곡면(tractroid)의 선형 요소이다.(20)

무한 거리의 중심을 갖는 측지원이 로바체프스키의 계선에 해당되는 것이기 때문에, 같은 중심을 갖는 계선들은, 그 곡면을 구부림으로써, 의구의 평행선 체계로 변형되며 평행한 측지선들인 $\sigma=k$는 곡면의 경선(meridian)을 나타내게 된다. 벨트라미는 직선 $\rho=0$(평행선의 반지름이 R과 같게 택해졌을 때)의 한 쪽에 놓이는 의구면의 영역을, 호곡면 또는 의구가 무한번 '감싸고 돈다'고 설명한다.(21)

의구가 쌍곡 평면 전체를 나타내는 것이 아니라, 계선부채꼴(horocyclic sectoer)이라 불리는 제한된 영역만을 나타내는 것임을 지적할 필요가 있다. 이 점이 의구를 의미 있는 쌍곡 도형을 그리는 도구로는 전혀 쓸모없게끔 하는 요인이 된다. 단순한 경선이 아닌 모든 측지선들은 한 방향으로 진행해 감에 따라 원뿔 주위를 돌게 되지만, 그 반대 방향에서는 뜻밖에도 뾰족한 모서리에 의해 잘려진다.

로바체프스키의 평면 기하학에 대한 '비유클리드 기하학의 해석에 대한 하나의 시도'에서의 해석을 명시적으로 처음 비판한 것은, 1870년~1871년 사이에 헬름홀츠와 클라인(Klein)으로부터 각각 나왔으며, 1877년 제노치에 의해 보다 더 상세하게 제기되었다. 그들은 유클리드 공간 내에서 무한히 확장된 의구면의 존재성에 대해 의문을 제기했다. 헬름홀츠는 다음과 같이 썼다. "우리의 공간 내에서는, 회전축에 대해 무한히 확장된 의구면을 구성할 수 없다. 우리는 항상 샴페인 잔처럼 하나의 극한에 도달하거나 반지의 경우처럼 두 개의 극한에 도달하게 된다."(22) (그림 3을 보라) 클라인 또한 음의 상수인 곡률을 가진 곡면의 쌍곡 기하학에 대한 그 해석은 "음의 상수인 곡률을 가진 곡면이 항상 뾰족한 모서리의 경계를 만들기 때문에 전체 평면을 이해하게 하지 못한다"(23)고 했다. 제노치는 특히 "음의 상수인 곡률을 갖는 곡면을 나타내는 편미분 방정식이, 의구에 요구되는 모든 조건들을 만족시키는 그런 적분을 적어도 하나는 허용한다는 것이 증명되어야만 한다"(24)고 생각했다.

[그림 3] 쌍곡, 타원, 포물선 형태의 의구면에 대한 석고 모델[튜린(Turin) 대학 수학과]

여기서 강조할 것은 벨트라미가 미결인 채로 남겨두었던, 그러나 그의 편지로 보아 그도 알고 있었던 것으로 보이는 문제에 관한 것이다. 유클리드 공간 내에서, 음의 상수인 곡률을 갖는 곡면의 2차원 다양체 전체를 표현하며 그 기하학은 로바체프스키의 평면 전체에 대한 기하학과 일치하는 그런 곡면이 존재하는가의 여부가 그것이다. 예를 들어 그는 하우엘에게 다음과 같이 썼다. “나는 ‘비유클리드 기하학의 해석에 대한 하나의 시도’에서, 의구면이 변수 u, v로 표현되는 한, 모든 방향으로 ‘무한정 확장’되어 있으며 ‘단순 연결’이라고 했는데, 이것은 완벽하게 참이다. 그러나 x, y, z 좌표계에서 이 곡면의 ‘일반적인’ 적분은 알려져 있지 않다(현재의 미적분학이 그 답을 주기에는 너무 요원한 그런 적분이다). 결과적으로는 이 곡면의 ‘보다 일반적인’ 형태가 알려져 있지 않으므로, 그것이 ‘통상적인’ 공간에서 ‘무한정 확장된’ 동시에 ‘단순 연결’인 상태로 존재할 수 있는지는 (선험적으로) 증명될 수 없다.”(25)

이 문제는 1901년 힐베르트(Hilbert)에 의해 해결되었는데, 그는 로바체프스키 평면의 기하학이 완전하게 타당한 해석적인 곡면이 3차원 유클리드 공간 내에서는 존재하지 않음을 (즉, 특이점이 전혀 없는 공간은 없음을) 증명하였다.(26)

벨트라미의 ‘비유클리드 기하학의 해석에 대한 하나의 시도’가 출판된 지 얼마 후, 클라인은 케일리(Arthur Cayley)(27)에 의해 도입된 사영 계량(projective metric)과 비유클리드 기하학 사이의 관계를 발표하였다. 그는 케일리의 절대형이 비퇴화 원뿔이면 그 내부의 사영평면의 부분이 로바체프스키 평면과 등장임을 보였다.(28) 앞에서 기술된 원 내부의 벨트라미 모델은 클라인 모델의 원뿔이 원인 경우의 특수한 경우이다.

벨트라미가 케일리의 연구와 자신의 연구 사이에 어떤 관계가 있다는 막연한 느낌을 가진 것은 적어도 1869년 여름 이전인 것으로 보이는데, 이는 하우엘에게 보낸 다음과 같은 편지에서 알 수 있다. “만일 내가 그것에 구체적인 형태를 줄 수만 있다면, 이러한 가설들(29) 중에서는 두 번째의 것이 더 중요할 것이다. 왜냐하면 그것은 의심할 여지없이 진실에 기초한 것임에도 아직까지는 내 머리 속에 매우 모호한 개념으로만 존재하고 있기 때문이다. 그것은 원뿔의 절대형의 도움을 받은 ‘계량적 관계의 해석적 근원’에 대한 케일리의 이론과, 의구의 기하학 사이에서의 치밀한 유추, 아니 어쩌면 동일시에 의한 가설이다.”(30) 그러나 벨트라미는 이 추측을 계속 연구하지는 않았고, 1872년 여름에 클라인의 결과를 배우면서 그 뛰어난 독일인이 자신의 방법을 가로채도록 그가 해 주었음을 깨달았을 때, 자신이 그것을 소홀히 한 것을 후회하게 되었다. 그는 하우엘에게 다음과 같이 썼다. “나는 내가 이미 자료를 가지고 있었지만 그 중요함을 놓치는 실수를 범해서 클라인이 나를 앞지르도록 해 주었다는 것이 너무나 안타깝다. 게다가, 문제를 바라보는 이러한 방식은 전적으로 새로운 것이 아니었고, 바로 이것이 내가 나의 관찰을 서둘러 출판하지 않은 이유이다. 그것은 이미 체이슬(Chasles)이 두 직선이 이루는 각에 관하여 복비의 로그값으로 관찰한 것들과 밀접하게 관련되어 있으며, 벌레이(Laguerre Verlay)의 정리와도 연관되어 있다."(31)

의구면에 대한 판지 모델

1872년에 벨트라미는 '의구면의 모델이 될 수 있는 회전면에 관하여(On the surface of revolution which serves as a pseudospherical surfaces)'라는 짧은 논문을 제출하였다. 이 논문에서 그의 목적은 그 자신이 말하듯이, "곡면 그 자체를 물질적인 실체로 구성하기 위한 기하학적인 요소들을, 가능한 한 간단하고 정확하게 준비하는"(32) 것이었다. 그가 하우엘에게 다음과 같은 편지를 보냈던 1869년 이후로, 벨트라미는 의구면을 물질적인 실체로 구성하는 것에 실제로 관심이 있었다. "그동안 나는 다듬어지지 않은 하나의 아이디어를 갖고 있었는데, 그것을 당신에게 말하려 한다… 나는 그 위에서 비유클리드 기하학의 정리들이 실현되는 의구면을 물질적인 실체로 구성하고 싶다…"(33) 같은 편지에서 그는 종이로 곡선 사다리꼴들을 자르고 붙여 만든 의구면에 대한 두 가지의 모델을 자세히 설명하고 있다. 그는 다음과 같이 썼다. "만일… 당신이, 어떤 길이가 넘는, 평면으로 교체 가능할 만큼 충분히 서로 가까운 두 경선 사이에 있는 곡면을 생각해 본다면, 약간의 종이를 적절한 형태로 잘라 정확한 곡면을 얻을 수 있는 곡선 사다리꼴을 만들 수 있을 것이다."

우리는 벨트라미가 적어도 4개의 판지 모델을 만들었다고 알고 있는데, 그 중 하나는 지금도 파비아(Pavia) 대학의 수학과에 보존되어 있다. 이것은 그가 자신의 친구 크레모나에게 1869년 4월 25일에 선물로 보낸 것(34)으로, 그 모델을 산업적으로 생산하는 가능성과, 앞서 언급된 1872년의 논문을 벨트라미로 하여금 쓰게 했던 아이디어에 대한 암시를 주는 편지와 함께 보내진 것이었다.

그 모델(그림 4a)은 두꺼운 종이로 만들어진 곡선 사다리꼴들로 이루어져 있는데, 필요에 따라 자르고 붙여서 만들어졌으며, 그 각각은 두 경선과 두 평행선 사이에 놓인 의구면의 한 부분을 근사한 것이다.

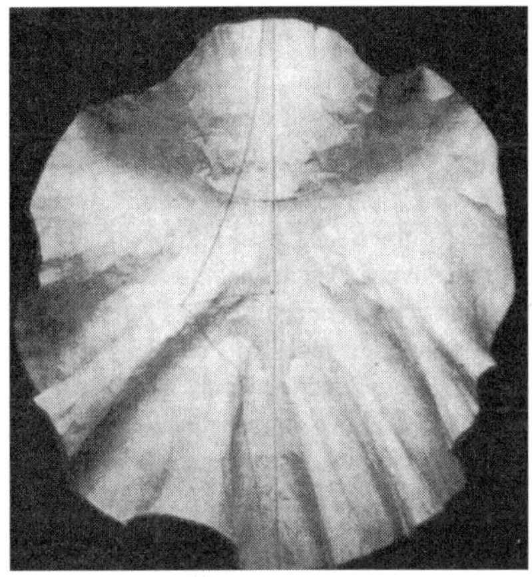

(a) 파비아 대학 수학과에 보존되어 있는 벨트라미의 판지 모델

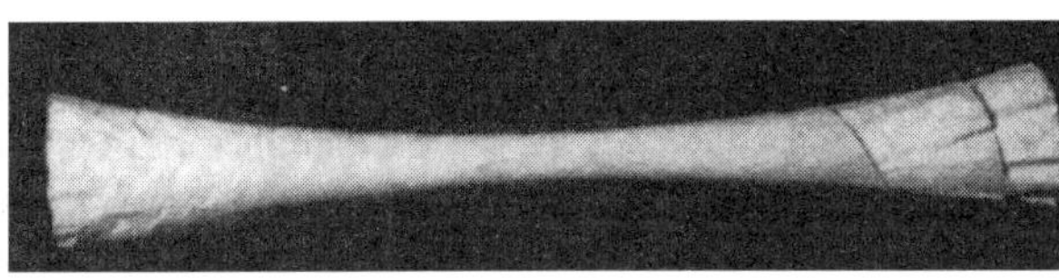

(b) 쌍곡선 유형의 의구면에 따라 접은 모델

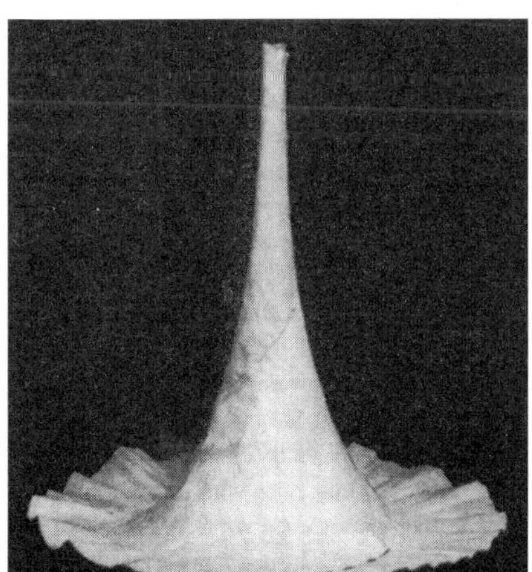

(c) 포물선 유형의 의구면에 따라 접은 모델

[그림 4]

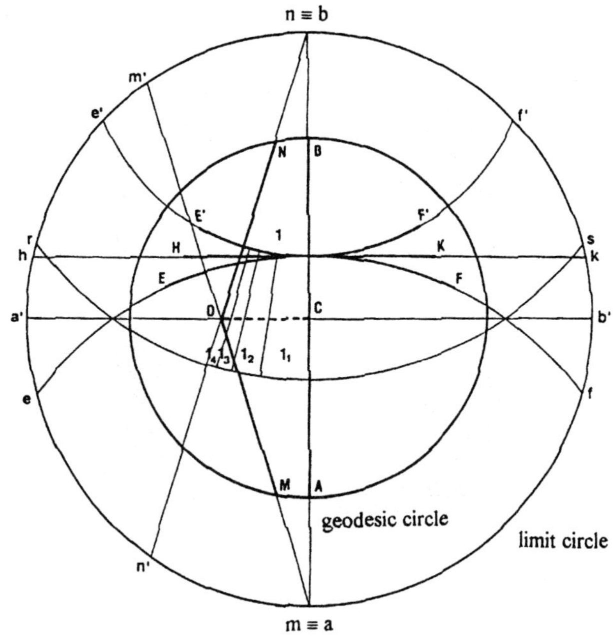

[그림 5] 보조 평면 위의 모델

모델이 전체적으로 하나의 측지원과 비슷하기 때문에, [그림 5]에서와 같이, 지름 AB인 원에 의해 표현되는 (극한원은 지름 ab인 원이다) 보조 평면을 사용해서 묘사될 수 있다. (그림 5)에서는 벨트라미가 그의 모델에 그린 것에 해당되는 선들이 굵게 표현되어 있다.

이 그림에서

* 지름 AB는 1.029미터이다.
* 측지선분 OC는 지름 AB를 수직이등분한다.
* 계선의 호 EF와 $E'F'$은 서로 접하며 그 중심은 각각 무한의 a, b이다. 그리고 측지선 HK는 AB에 수직이며 두 계선 EF와 $E'F'$에 모두 접한다.

그 모델은, '비유클리드 기하학의 해석에 대한 하나의 시도'에서 방정식 $ds^2 = d\xi^2 + \cos h^2\frac{\xi}{R}d\eta^2$으로 언급되었던 쌍곡선 유형의 의구면(그림 4b)이나, 그 선형 요소가 $ds^2 = d\rho^2 + e^{-\frac{2\rho}{R}}d\sigma^2$으로 주어지는 포물선 유형의 의구(그림 4c)에 따라 접혀질 수 있는 반면, 식 $ds^2 = d\rho^2 + \left(R\sin h\frac{\rho}{R}\right)^2 d\phi^2$으로 정의되는 타원 유형의 의구면

에 따라서는 자르지 않고는 접을 수 없다.(35)

벨트라미는 의구를 실제로 만들어보는 것에 대한 자신의 흥미가 기행으로 여겨지지 않을까 걱정했으며, 얻어진 결과를 확인하는 도구로서, 또 새로운 성질이나 정리들을 발견하는 도구로서 이렇게 실제로 만들어보는 것이 중요하다는 것을 기회있을 때마다 그의 편지에서 빠뜨리지 않고 강조했다. 다음은 그가 얻은 하나의 새롭고 멋진 결과이다. "로바체프스키에 따라, 직선 *AB*를 그리고, 그 위의 각 점 *M*에서 직선 *MT*를, *AE*에 평행한 방향으로 *AM*의 길이에 따라 그려라. 이 직선들을 덮는 것이 의구면의 경선이다. 결과적으로 접선까지의 거리 *MN*은 상수가 된다."(36)

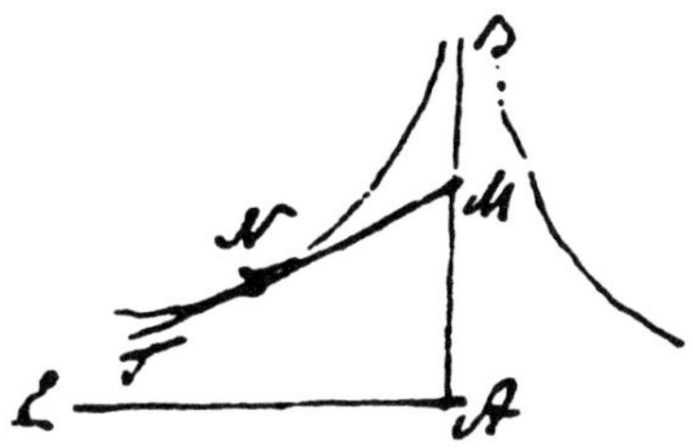

[그림 6] '의구 기하학의 정리'와 관련한 벨트라미의 그림 – 1869. 3. 13. 하우엘에게 보낸 편지에서

벨트라미와 초급 기하의 지도

하우엘에게 보낸 편지로부터 나타나는, 잘 알려져 있지는 않지만 흥미 있는 벨트라미의 측면은, 중등학교와 대학에서 가르치는 문제에 관해 그가 기울였던 관심이다. 그는 마음을 열려고 하지 않는 당시 이탈리아 교사들의 태도를 매우 아쉬워했다. "이곳에서 자신의 교과에 대해 고민하는 중등학교 교사의 수는 극히 적다. 관심이 있는 교사들이라 하더라도 독일의 경우처럼 어려운 논문을 세심하게 읽어내는 교수학적이고 과학적인 연대감을 지니고 있지 못하다."(37) 이러한 관심은 그로 하여금 학교를 조사, 감독하는 위원회에 자주 참여하게 했을 뿐만 아니라, 1884년 교육부의 중등학교 수학 교수요목 개선(38)에 공동연구자로서 참여하게 했고, 공교육을 위한 자문 회의의 임원이 되도록 했다.

그리고 간접적이기는 했으나, 1867년 10월 10일 코피노(Michele Coppino) 장관에 의해 반포된 법령으로 촉발된, 초등 기하를 가르치는 문제에 관한 열띤 토론에도 그는 참여했다. 유클리드의 원론을 전통적인 중등학교의 교과서로 도입하는 이 법령은, 당시 새로운 교수요목을 만들어내는 것을 목적으로 하던 특별 위원회의 한 멤버였던 크레모나의 아이디어였다.

크레모나의 확신은, 수학 공부가 "일반적 문화의 수단, 즉 추론 능력을 발달시키고 우리가 단지 참인 것처럼 보이기만 하는 것으로부터 참인 것을 구분해낼 수 있도록 해 주는 올바르고 건강한 판단을 돕기 위해 설계된, 정신을 위한 체육"(39)이 되어야 하며, 이 목표를 달성하게 해 주는 데에는 유클리드 원론만큼 적합한 교재는 없다는 것이었다. 1867년에 플로렌스에서, 간단히 '베티-브리오쉬(Betti-Brioschi, 저자들의 이름이다)'로 알려져 있는 유명한 책이 발표된 것도 크레모나의 격려에 의한 것이었는데, 그 책은 중등학교 학생들을 위해 주석을 단 유클리드 원론의 새로운 변역이었다.(40)

하우엘 또한 1868년에 'Educational Times'에서 출판된 윌슨(J. M. Wilson)의 논문, '초급 기하 교재로서의 유클리드(Euclid as a textbook of elementary geometry)'(41)의 이탈리아 번역본이 'Giornale di Matematiche'에서 출판됨으로써 촉발된 논쟁에 참여했다. 윌슨은 "유클리드 원론이 낡고 인위적이며, 비과학적이어서 교과서로서는 적합하지 않다"(42)며 과학적으로도 교수학적으로도 결함을 갖고 있음을 단호하게 지적하였다. 당연히 크레모나와 브리오쉬는 이 글에 대해 과격하게 대응했으며, 그들이 편집자인 바탈리니(Giuseppe Battaglini)에게 공동으로 보낸 편지(43)는 Giornale 다음 권에 실렸다. 편지에서 그들은 윌슨의 비판을 논파하려 했으나 완전하게 논박하지는 못했으며, 실제로 그들은 유클리드 원론의 부족함을 인정하고 원론은 곡해당할 것이 아니라 개정되어야하는 것이라고 말함으로써 그들의 글을 맺었다.

그러나 이 주제에 대해 한동안(44) 관심을 가져왔으며 바탈리니의 친구이자 동료였던 하우엘 자신은, 유클리드를 옹호하는 것이 자신의 의무라고 생각했고, Giornale에 보낸 편지에 다음과 같이 썼다. "나는 윌슨이 유클리드가 낡고(antiqoato) 인위적이며(artifizioso) 비논리적이고(illogico) 교과서로 적합하지 않다(e inadatto come libro d'istituzione)고 주장한 것에 대해 할 말이 많이 있다. 유클리드가 낡았다고 말하는 것에 대해서는 그럴 수 있다고 생각된다. 나 자신도 종종 그렇게 말하곤 한다. 인위적이라는 평가에 대해서는, 현대 연구들의 $\frac{3}{4}$정도보다는 그렇겠지만 그 이상은 아닐 것이다. 그러나 비논리적이라는 것은 받아들일 수 없으며, 나는 그가 유클리드를 완전히 이해하지 못한 것이라고 믿는다. 교과서로 적합하지 않다는 것에 대해서는, 그렇기도 하고 아니기도 하다고 생각한다." 그는 계속해서, "만약 설명 없이 암기하기만 함으로써 유클리드를 학습하게 하는 영국의 시스템을 따른다면"(45) 원론은 교과서로 적합하지 않을 것이라고 말했다.

하우엘과 주고받은 편지에서 벨트라미는 이 논쟁을 자주 언급했으며, 그 자신의 관점은 다음 글에서 분명하게 드러난다. "수학에서 최근의 문제는 (수년간 권장되어 온) 유클리드 방법의 유용성에 대해 이야기하는 것이며, 그 의견은 나누어져 있다. 어떤 교사들은 그것을 편안하게 느끼며 그것이 좋고 유용하다고 생각하지만, 다른 이들은 르장드르(Legendre)의 기하학에서 명쾌하게 요약될 수 있는 이전의 방법을 더 좋아한다. 그러나 내가 말할 수 있는 것은, 후자의 경우는 상투적으로 판에 박힌 것을 따르는 부류, 말하자면 진부한 것을 가르치는 것으로 환원하는 것 외에는 필요로 하는 것이 없는 사람들이라는 것이다. 게다가, 정말로 전통적인 논문들을 공부할 필요가 있는 사람들이 기초적인 논문들을 쓰는 현상이 통상적으로 존재해 왔다. 나는 종종 그들에게 귀스티(Giusti)의 다음과 같은 멋진 경구를 일깨워주고 싶어진다. 책을 쓰는 것? 고민하지 마라. 당신의 독자가 그 책을 통해 아무것도 배우지 않을 것이라면."(46)

▌참고문헌▐

비유클리드 기하학의 역사에 관한 참고 자료는 다음과 같은 것들이 있다.

[1] H. S. M. Coxeter, *Non-Euclidean geometry*, The Mathematical Association of America, 1998. (1st ed., University of Toronto Press, 1942)

[2] B. A. Rosenfeld, *A History of Non-Euclidean geometry: Evolution of the concept of a geometric space*, Springer-Verlag, Heidelberg 1988. (Original Russian ed. 1976)

의구(pseudosphere)에 관한 보다 자세한 내용은 다음에서 찾을 수 있다.

[3] F. Schilling, *Die Pseudosphäre und die nicht-Euclidische Geometrie*, Teubner, Leipzig 1931.

▌미주▐

(1) E. Beltrami, "Saggio di interpreta- zione della geometria non euclidea," *Giornale di Matematiche* 6(1868), 284-312, quotation on p. 284; *Opere Matematiche*, 4 vols., 1902-1920, Milano Hoepli, I, 374-405.

(2) Apropos of this cf. P. Calleri, L. Giacardi, "Le lettere di Giuseppe Battaglini a Jules Hoüel(1867~1878). La diffusione delle geometrie non euclidee in Italia," *Rivista di Storia della Scienza* (2) 3(1) (1995), 127-209.

(3) J. Bertrand, "Sur la somme des angles d'un triangle," *Comptes Rendus Hebd. des Séances de I'Académie des Sciences de Paris* 69(1869) 1265~1269, quotation on p. 1266.

(4) P. Barbarin, "La correspondance entre Hoüel et de Tilly," *Bulletin des Sciences Mathématiques* (2) 50(1926), 50-64 e 74-88, quotation on p. 78.

(5) Letter from Beltrami to Tardy, 14 November 1867, *Cassetta Loria*, Genoa University Library.

(6) These letters are all preserved in the Archives of the Académie des Sciences of Paris, with the exception of one which is in the Bibliothèque of the Institut de France; the critical edition of the letters in L. Boi, L. Giacardi and R. Tazzioli, *La découverte de la géométrie non euclidienne sur la pseudosphère: Les lettre d'Eugenio Beltrami à Jules Hoüel* (1868~1881), Paris, Blanchard, 1998.

(7) K. F. Gauss, "Disquisitiones generales circa superficies curvas," *Commentationes Societatis Regiae Scientiarum Gottingensis Recentiores 6* (1828), 99-147; *Werke*, 12 vols., 1863-1933, Göttingen Königlichen Gesellschaft der Wissenschaften, Ⅳ, 217-258.

(8) E. Beltrami, "Risoluzione del problema: riportare i punti di una superficie sopra un piano in modo che le linee geodetiche vengano rappresentate da linee rette" (Solution of the problem: represent the points of a surface on a plane in such a way that the geodesics are represented by straight lines), *Annali di Matematica Pura ed Applicata* 7(1865), 185-204; Opere I, 262-280.

(9) B. Riemann, "Über die Hypothesen, welche der Geometrie zu Grunde liegen,"

Habilitationsvortrag(1854), Göttingen, published for the first time in *Abhandlungen der K. Gesellschaft der Wissenschaften zu Göttingen* 13(1868), 133 - 152; cf. also *Bernhard Riemann gesammelte Werke, wissenschaftlicher Nachlass und Nachträge* (ed. R. Narasimhan) 1990 Leipzig Teubner, 304 - 319(first ed. 1876, second ed. 1892).

(10) Letter from Beltrami to Genocchi, Bologna, 23 July 1868, *Fondo Genocchi, Busta M*, Municipal Library of Piacenza.

(11) Letter from Beltrami to Hoüe, Bologna, 4 December 1868. For all Beltrami's letters to Hoüel, see Boi, Giacardi, Tazzioli quoted in note 6.

(12) Letter from Beltrami to Helmholtz, Bologna, 24 April 1869, cf. L. Koenigsberger, *Hermann von Helmholtz*, 3 vols., 1902～1903, Braunschweig Friedrich Vieweg und son, II p. 154.

(13) "Non tamquam limes solidi, sed tamquam solidum, cuius dimensio una pro evanescente habetur, flexibile quidem, sed non extensibile," Gauss, *Werke* IV, quoted in note 7, Art. 13, p. 238.

(14) cf. for example Beltrami's letters to Hoüel, Pordenone, 12 October 1869 and Bologna, 19 December 1869.

(15) Letter from Beltrami to Hoüe, Bologna, 19 December 1869.

(16) F. Minding, "Wie sich entscheiden lässt ob zwei gegebene krumme Flächen auf einander abwickelbar sind oder nicht; nebst Bemerkungen über die Flächen von unveränderlichem Krümmungsmasse" (How to decide whether two curved surfaces are mutually applicable; including remarks on surfaces of constant measure of curvature), *Journal für die reine und angewandte Mathematik* 19(1839), 370 - 387.

(17) F. Minding, "Beiträge zur Theorie der Kürzesten Linien auf krummen Flächen" (Contributions to the theory of the shortest curves on curved surfaces), *Journal für die reine und angewandte Mathematik* 20(1840), 323 - 327.

(18) Cf. Beltrami *Saggio*, quoted in note 1, p. 287ff.

(19) D. Codazzi, "Intorno alle superficie le quali hanno costante il prodotto dei due raggi di curvatura" (On those surfaces which have the product of the two radii of

curvature constant), *Annali di Scienze Matematiche e Fisiche* 8(1857), 346-355.

(20) 위에서 주어진 세 가지의 다른 선형요소에 대한 식은 다음과 같이 얻어진다. 회전면 위에서 좌표 u, v가 경선의 길이라고 가정하면 선형 요소는 $ds^2 = du^2 + r^2 dv^2$으로 주어진다(r은 평행선(위도선)의 반지름이며 u만의 함수이다). 그러면 그 곡면의 곡률 K는 $K = -\frac{1}{r}\frac{d^2r}{du^2}$으로 주어지고 이것이 음의 상수라고 가정하면 $K = -\frac{1}{R^2}$로부터 $\frac{d^2r}{du^2} = \frac{r}{R^2}$을 얻는다. 이를 적분하면 $r = \gamma_1 e^{\frac{u}{R}} + \gamma_2 e^{-\frac{u}{R}}$이 되고 이는 회전 의구면의 가장 일반적인 경선을 표현하는 방정식이다. 여기에서 임의의 상수 γ_1과 γ_2가 같은 부호인 경우, 다른 부호인 경우, 둘 중 하나가 0인 경우의 세 가지 경우에 따라 우리는 세 가지 유형의 경선을 얻게 되고 이는 쌍곡선, 타원, 포물선 유형의 회전 의구면에 연결된다. 벨트라미의 기호는 텍스트에 보존되어 있다.

(21) Cf. Beltrami *Saggio*, p. 303.

(22) H. Helmholtz, "Les axiomes de la géométrie," *Revue des Cours Scientifiques de la France et de l'Étranger* 7(1870), 498-501, quotation on p. 499.

(23) F. Klein, "Sur la géométrie dite non-euclidienne," *Bulletin des Sciences Mathématiques et Astronomiques* 2(1871), 341-351, quotation on p. 345.

(24) A. Genocchi, "Sur un mémoire de Daviet de Foncenex et sur les géométries non euclidiennes," *Memorie della R. Accademia delle Scienze di Torino* (2) 29(1878), 365-404, cf. Appendice, p. 395.

(25) Letter from Beltrami to Hoüel, Bologna, 2 January 1870, cf. also the letter from Beltrami to Helmholtz, Bologna, 24 April 1869.

(26) D. Hilbert, "Über Flächen von konstanter Gausscher Krümmung"(On the surfaces of constant Gaussian curvature), *Transactions of the American Mathematical Society* 2(1901) 87-99.

(27) A. Cayley, "A sixth memoir upon quantics," *Philosophical Transactions of the R. Society of London* 149(1859), 61-90; *The Collected Papers*, 14 vols., 1889-1898, Cambridge University Press, II, 561-592.

(28) F. Klein, "Über die sogenannte nicht-Euklidische Geometrie"(On the so-called

non-Euclidean geometry), *Nachrichten von K. Gesellschaft der Wissenschaften zu Göttingen* 17(1871), 419 - 433; *Gesammelte mathematische Abhandlungen*, 3 vols, 1921 ~ 1923, Berlin Springer, I, 244 - 253.

(29) 벨트라미는 여기서 '비유클리드 기하학의 해석에 대한 하나의 시도'에 대한 하우엘의 프랑스어 번역을 언급하고 있으며, 두 가지의 가능한 추가 사항을 제안한다.

(30) Letter from Beltrami to Hoüel, Bologna, 29 July 1869.

(31) Letter from Beltrami to Hoüel, Bologna, 5 July 1872, cf. also the letter to Enrico D'Ovidio, 25 December 1872, published in E. D'Ovidio, "Eugenio Beltrami. comme- morazione," *Atti della R. Accademia delle Scienze di Torino* 35(1899 ~ 1900), 3 - 8, on pp. 6 - 8.

(32) E. Beltrami, "Sulla superficie di rotazione che serve di tipo alle superficie pseudosferiche"(On the revolution surface which serves as the type for pseudospherical surfaces), *Giornale di Matematiche* 10(1872), 147 - 159, quotation on p. 147; Opere Ⅱ, 394 - 409.

(33) Letter from Beltrami to Hoüel, Bologna, 13 March 1869.

(34) 이 모델과, 그것을 만드는 방법은 벨트라미가 하우엘에게 보낸 편지(Bologna, 1869. 4. 22)에 자세하게 기술되어 있다. 다음과 비교하라. A. C. Capelo, M. Ferrari, "La 'cuffia' di Beltrami, storia e descrizione," *Bollettino di Storia delle Scienze Matematiche*, 2(2) (1982), 233 - 247.

(35) Cf. on p. 298 of the *Saggio*.

(36) Letter from Beltrami to Hoüel, Bologna, 13 March 1869; cf. also E. Beltrami, "Teorema di geometria pseudosferica"(Theorem of pseudospherical geometry), *Giornale di Matematiche* 10(1872), 53; *Opere* Ⅱ, 392 - 393.

(37) Letter from Beltrami to Hoüel, Rome, 5 January 1875.

(38) Cf. *Gazzetta Ufficiale del Regno d'Italia*, 11 November 1884.

(39) Cf. the Supplement to the *Gazzetta Ufficiale del Regno d'Italia*, 24 October 1867. Apropos the debate arising from the Coppino Act, cf. L. Giacardi, "Gli Elementi di Euclide come libro di testo. Il dibattito italiano di metà Ottocento," in E. Gallo, L. Giacardi and S. Roero(eds.), *Conferenze e Seminari 1994 ~1995*,

Mathesis Subalpina e Seminario T. Viola, Turin 1995, pp. 175-188.

(40) E. Betti, F. Brioschi, *Gli Elementi d'Euclide con Note, Aggiunte ed Esercizi ad uso de' Ginnasi e de' Licei*, Florence, Successori Le Monnier, 1867.

(41) J. M. Wilson, "Euclide come testo di Geometria Elementare," *Giornale di Matematiche* 6(1868), 361-368.

(42) 특히 교수학적인 관점에서 윌슨의 비판은 다음에 초점을 두고 있다.

* 실체(substance)에 비해 표현(expression)이 너무 두드러진다. 기하학적 사실은 일반적으로 단순한 것인데 형식에 구애된 표현으로 인해 그것이 숨겨지고 흐려진다.
* 유클리드는 암시를 주지 않는다(unsuggestive). 교육의 목표는 힘을 기르는 것인데, 유클리드를 가르친 결과가 대부분의 경우에서 문제해결의 힘을 기르는 것과는 상관없이 유클리드의 증명을 어느 정도 반복 생산하는 데에만 그치게 된다면 교육은 크게 실패하는 것이다.
* 기하학의 진보는 끊임없는 개선이었다. 간단히 말해, 그렇게 오래 전에 씌어진 교재가 현대의 과학을 도입하는데 적합할 수 있다고 한다면 그것은 선험적으로 믿을 수 없는 것이다.
* 우리의 기하학 연습문제에서 산술적인 응용이 배제된다면 그것은 손실이다.

J. M. Wilson, 'Euclid as a textbook of elementary geometry,' Educational Times (1868), 125-128. (127, 128쪽에서 인용)

(43) F. Brioschi, L. Cremona, "Al Direttore del Giornale di Matematiche ad uso degli studenti delle Università italiane. Napoli," *Giornale di Matematiche*, 7(1869), 51-54. Part of this letter was translated by Hoüel into French, and published in the *Nouvelles Annales de Mathématique*, (2) 7(1869), 278-283, under the title *L'enseignement de la géométrie élémentaire en Italie*.

(44) Cf. J. Hoüel, "Essai d'une exposition rationelle des principes fondamentaux de la géométrie élémentaire," *Archiv der Mathematik und Physik* 40(1863), 171-211 e *Essai sur les principes fondamentaux de la géométrie élémentaire ou Commentaire sur les XXXII premières propositions des Eléments d'Euclide*, 1867, Paris Gauthier-Villars, Second ed. 1883.

(45) J. Hoüel, "Estratto di una lettera del Prof. Hoüel al redattore," *Giornale di Matematiche*, 7(1869), 50; cf. also Hoüel's letter to Cremona, Bordeaux 3 February 1869, in L. Giacardi, "La corrispondenza fra Jules Hoüel e Luigi Cremona(1867~1878)," *Quaderni della Rivista di Storia della Scienza*, n. 1(1992), 77-94, see pp. 81-84 and Battaglini's letter to Hoüel, Naples, 2 February 1869, in Calleri, Giacardi, "Le lettere di Giuseppe Battaglini …," quoted in note 2.

(46) Letter from Beltrami to Hoüel, Bologna, 12 June 1870. I am grateful to R. A. Henderson for this translation of Giusti's rhyme.

1870년, 수학세계의 창
오거스터스 드 모르간의 회상–연극적 표현

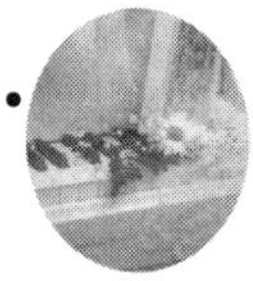

Gavin Hitchcock
University of Zimbabwe
Harare, Zimbabwe

초록

수학과 교육에서의 드 모르간의 업적으로부터 발췌한 것과 그의 주석들을 사용하면서, 생애 마지막 해의 노인으로서의 드 모르간의 모습이 그의 날카로운 필치와 다채로운 인품을 보여주는 극적 독백의 형태로 되살려진다.

우리의 목적은 살아있고 발전하고 있는 주제로서의 수학에 대한 생생한 인간의 관점을 보여주기 위하여 이 극적인 형태의 가능성을 탐색하는 것이다. 위대한 수학자이며 교육자인 그의 비전과 그와 동시대를 산 수학자들의 업적에 대한 그의 견해를 공유함으로써, 우리는 당시 영국 수학의 분위기를 파악하고자 한다. 즉 감동, 편견, 그리고 여러 국가와 개인적 경쟁자들에 걸친 지적 사회의 일면을 보도록 한다.

다음 몇 가지 주제를 보여 준다: 국가주의, 엘리트주의, 종파적 편견, 당시의 힘 있는 기관이 수학의 발전에 끼치는 영향; 음수와 복소수를 완전히 인정함에 따른 중요한 결과들; 추상대수의 특징과 역량에 대한 비전; 최근의 수학적 논리의 발견과 수학과의 관계; 수학적 창조에서 상상의 역할; 자유롭고 진정으로 '순수한' 수학의 개화기에 살고 있는 수학공동체로서의 충만한 즐거움.

서 론

뉴스기사가 '따끈따끈한' 또는 정보입수가 '정확한 소식통으로부터' 나왔다고 묘사할 때, 그것은 신속성, 관련성, 정확성, 그리고 신뢰성이 있음을 뜻한다. 마찬가지로 '직접 들은 정보', '목격자의 이야기', '내부 지식'과 같은 표현으로부터는 가치에 대한 느낌이 전달된다; 이것은 살아있는 진리다 — 이것은 진지하게 관심을 기울일 가치가 있다. 이 글에서 우리는 수학교육의 이유가 될 유서깊은 원리를 파헤친다: 우리는 수학의 내부자로부터 목격자의 이야기를 듣는다; 우리는 현장 사람으로부터의 보고를 보여준다. 오거스터스 드 모르간(Augustus De Morgan)은 위대한 수학자만이 아니다; 그는 수학의 감동과 매력을 전달하고자 하는 의지를 갖고 있었으며, 그는 모든 단계의 교육에 대해 강한 견해를 갖고 있었다. 시간을 거슬러 가서 그와 인터뷰를 하는 것은 불행하게도 불가능하지만, 그가 무엇을 말했을 지와 그것을 어떻게 말했을 지를 재구성해 볼 수 있다. 왜냐하면 목소리의 높낮이와 육체 언어가 인간의 의사소통 행위의 매우 많은 부분을 차지한다고 심리학자들로부터 항상 듣고 있고, 그러한 주관적인 것으로부터 수학을 제외시키려고 하는 데서 우리가 깨닫는 것보다 아마도 더 많이 잃어버렸기 때문이다. 본문을 공감하고 상상하며 읽음으로써 많이 얻을 수 있을지라도, 이 희곡은 본래 적절한 열정, 비애감, 그리고 유머를 갖고 관중 앞에서 공연되도록 씌어졌다. 무대공연을 위한 몇 가지 제안을 하겠다.

전체 본문을 다 기억할 필요는 없다. 왜냐하면 당신 앞의 테이블에 있는 당신의 주의를 기울이게 하는 물잔, 파이프, 또는 찻잔, 그리고 다른 물건들을 잘 사용함으로써 당신이 대사를 외웠다고 관중들이 믿게끔 쉽게 가장할 수 있기 때문이다. 어떤 육체적 행동은 극적인 효과를 높일 수 있다. 예를 들어, 시작할 때 드 모르간이 들어와서 앉고, 마지막 대사를 하며 퇴장할 수 있다. 그는 적당한 순간에 책장 또는 벽난로로 걸어갈 수 있다. 연기하는 재주나 경험을 가질 필요는 없다. 약간의 간단한 소품들이 매우 효과적일 수 있다; 지팡이, 벽 또는 책상에 있는 몇 개의 사진(트리니티 칼리지, 또는 논의되고 있는 사람들의), 그리고 몇 개의 책들(그 자신의, 그리고 조지 부울(George Boole)의 책들).

우리는 드 모르간의 회상이라고 가정된 것을 엿듣는 데에서 세 개의 주된 주제를 구별해 낼 수 있다:

- 드 모르간 자신, 그리고 동시대 수학자들의 사회에 대해 배우기
- 수학의 발전에서 그 특별한 시점에 수학에 대한 드 모르간의 지각력을 공유하기
- 수학 만들기에 대한 공공의 모험 중 어떤 것을 경험하고, 그래서 전진하는 인간의 사업으로서의 수학에 대한 통찰력 얻기

내 생각에 이들 세 주제는 모두, 본문에 사용된 기술적 용어의 일부를 모르는 좀 더 일반적인 관중을 위해서조차도, 현실적인 목표를 나타낸다. 이것이 수학을 배우는 학생들에게 전후관계와 자극을 주기 위하여 사용되는 경우, 학생들이 몇몇의 개념이나 이름을 이미 만난 적이 있으면 아마도 더 효과적일 것이다. 여기에서 언급되는 수학 분야는 수학적 논리, 부울대수, 음수와 복소수, 사원수, 추상대수학, 벡터해석학, 발산하는 급수, 그리고 불변론을 포함한다. 여기에 나오는 좀 더 일반적 주제는 순수수학의 탄생 (또는 수학에 대한 자기실현), 수학과 논리의 관계, 기호화의 힘, 그리고 수학적 창조성의 본질을 포함한다.

이 짧은 희곡은 학급에서 사용되도록 뿐만 아니라 수학교육에 새 생명을 불어 넣기 위하여 극장을 사용하는 것을 생각해 보도록 다른 사람들을 격려하기 위하여 여기에 주어졌다. 이 서론을 한 제안과 몇 개의 문제와 함께 끝을 맺는다.

학생들에게 다음 형태의 프로젝트를 부과하는 것을 고려하라:

프로젝트

수학이 어디로 가고 있는지에 대한 본인의 견해, 최근에 무엇이 감동적이었는지, 본인이 무엇을 자랑스러워하는지, 본인이 무엇을 달성하기를 희망하는지, 본인이 누구와 접촉하고 있는지, 무엇을 읽었는지를 표현하면서, 마치 어떤 수학자가 어떤 해에 하는 것처럼 독백 (친구/학생/부모/동료에게 보내는 편지 형식을 가질 수도 있다)을 써라. 또는 수학자와의 가상 인터뷰를 써라 (그리고 그 역할을 실제 해라).

문제

수학 만들기의 정신을 전달하고 수학과 수학사의 교육을 활기차게 하는데 있어 이러한 "수학 세계의 창"과 같은 것들이 (학생들의 프로젝트로서나 학급에서 읽고 연극을 하기 위해 이미 만들어진 교재로서) 얼마나 효과적인가? 이러한 것들이 여러

수준의 수학교육에 가장 잘 사용될 수 있는 방법이 무엇인가? 어떻게 창이 견해의 신빙성을 위태롭게 하지 않으면서 가능한 한 깨끗하고 투명하게 (예를 들어, 고어를 현대어로 바꿈으로써) 표현될 수 있는가?

희 곡

장면: 65세인 오거스터스 드 모르간(1)이 그의 생애의 마지막 해인 1870년에 그의 서재에서 생각에 잠겨있다.

내 생애 동안 수학에서 가장 중요한 변화는 논리적 자유를 즐겁게 주장한 것이었다고 나는 생각한다. 우리의 법칙들은 — 수에 관한 것이건, 대수학 또는 기하학에 관한 것이건 — 절대적이 아니고, 결국 논리적으로 필요한 것이 아니다. 연구해야할 새로운 기하학, 새로운 대수학 — 매우 훌륭한 법칙들을 따르는, 윌리엄 해밀턴 경(Sir William Hamilton)의 사원수와 아서 케일리(Arther Cayley) 교수의 행렬과 같은, 새로운 내용들 — 이 있다. 수학자들이 용어 "가능한(possible)"과 "불가능한(impossible)" 또는 "실제(real)"와 "허구(imaginary)"의 상대적 의미를 깨닫기 시작하였기 때문에 음수를 점차적으로 받아들이고 허수도 곧 그 뒤를 따름으로써, 이 모든 것에 기는 길이 열려있다고 나는 생각한다! 인간의 상상력을 이용하면서, 연산의 영역에 한계를 정하는 — 울타리를 세우고 수평선을 그리는 — 것은 인간의 관습이다. 물론 우리는 어떠한 제안된 법칙도 논리적으로 허용될 수 있음(permissible) 즉, 동류의 법칙들과 모순되지 않아야 함을 확인하여야 한다. 우리의 구조들은 그렇지 않으면 적절히 임의적이고, 인간 정신의 자유로운 창조물이고, 편리성과 적절함을 고려하여 (영속의 원리(principle of permanence)와 같은), 또는 우아함이나 결과로 나오는 이론의 응용성을 고려하여 조절된다.

이 자유의 속성은 지난 세기의 수학자들을 놀라게 하였을 수 있었다. 그러나 그들은 무의식적으로 방법을 준비하고 있었다. 왜냐하면 그들은 음수와 허수를 얻었고, 기호대수학과 해석학의 활기찬 흐름에 휩쓸렸기 때문이다.

내가 〈형식논리학(Formal Logic)〉을 출판하고 친구 조지 부울(2)이 〈논리학의 수학적 해석(The Mathematical Analysis of Logic)〉에 대한 훌륭한 작은 책을 출판한 해

—1847년—에 순수하고 자유로운 수학에 대한 새로운 비전이 우리 앞에 나타났다고 나는 생각한다. 내 기억에 두 책은 바로 같은 날에 출판되었다! 나는 즉시 예언자의 목소리를 알아들었다. 그는 단지 링컨(Lincoln)에서 난 보통의 소년으로 16살이 되기 전에 학교를 떠날 수밖에 없었으며, 혼자서 그리스어, 라틴어, 수학을 공부하였다. 그는 부모와 형제자매를 부양하기 위하여 학교 선생님이 되었고, 마침내 그 자신의 학교를 열게 되었다. 그는 그의 에세이가 왕립학회의 금메달을 땄을 때 처음으로 명성을 얻었다; 그는 아일랜드의 코크(Cork)에 있는 퀸즈 칼리지(Queen's College)의 수학교수가 되고 그의 이름을 딴 훌륭한 수학 이론을 가짐으로써 그의 생애를 빛나게 하였다. 그것은 우리 중 거의 아무도 바랄 수 없는 명예이다. 나는 드모르간 이름을 붙인 하나의 법칙을 갖는 것으로도 자랑스러워할 것이다![3]

그것은 우리 몇이 논리의 본질에 대해 벌였던 논란에 그가 깊숙이 관여하면서 모두 시작되었다. 스코틀랜드의 철학자인 준남작 윌리엄 해밀턴 경(아일랜드 수학자 윌리엄 로완 해밀턴 경(Sir William Rowan Hamilton)이 아니라)은 논리가 철학자의 일이라고 주장하였다. 〔낮게 웃는다〕 자, 부울과 나는 그게 우리의 일이라는 것을 보였다−수학적 언어의 힘을 증가시키기 위해 논리가 놀랄만한 방법으로 사용될 뿐만 아니라, 그것은 수학의 한 분야로 취급될 수 있다. 우리는 이제 그것을 수리논리라고 부르고, 부울이 논리 계산(Calculus of Logic)의 일종으로 고안해 낸 대수는 이제 부울 대수(Boolean Algebra)라고 불린다! 이 대수의 몇몇 법칙들은 처음에 매우 놀라운 것으로 보였다; 아마도 이 때문에 그것을 받아들이는데 그렇게 오래 걸렸을 것이다! 예를 들어: 〔쓴다〕 $x+x=x$이고 $x\times x=x$이다; 더군다나, 부울 대수에는 음원(negatives)이 없다. 부울은 7년 후에 출판된 그의 다음 저서 〈사고의 법칙에 대한 탐구(An Investigation of the Laws of Thought)〉[4]에서 그의 대수를 철저하게 전개시켰으며, 이제 아무도 또 다시 수학을 수와 매그니튜드(magnitude)의 과학으로 정의할 수 없을 것이다![5] 미국의 수학자이며 철학자인 벤자민 피어스(Benjamin Pierce)는 최근에 수학을 필요한 결론을 끌어내는 과학으로 정의하였다. 독일 수학자 헤르만 그라스만(Hermann Grasmann)은 그것을 형태의 과학(science of forms)이라고 불렀다. 그것은 기호를 사용하여 조작하는 규칙들의 형식체계과학이다… 그것은 모든 것에 대한 것일 수 있고, 또는 아무 것에 관한 것도 아닐 수 있고, 음악과 같을 수 있다. 그리고 그것은 단지 아름답다!

수학과 논리, 이 둘은 이상한 관계를 갖고 있다! 부울의 혁명에 의해 함께 묶여있음에도 불구하고, 제본스(Jevons)와 나 외 거의 아무도 두 분야 모두에서 연구했다고 주장할 수 없다; 수학자와 논리학자는 서로에서 멀리 떨어진 두 캠프에서 살고 있다. 수학자는 논리학자가 수학을 좋아하는 것만큼 논리를 좋아한다. 여기에 그것의 아이러니가 있다: 정밀과학의 두 눈은 수학과 논리이다. 부울의 천재성은 우리에게 두 눈으로 보는 것을 가르쳤다; 그러나 각각 두 눈보다 한 눈으로 더 잘 본다고 믿으면서 수학파는 논리적 눈을 물리치고, 논리파는 수학적 눈을 물리친다! 아무도 그들이 얼마나 많이 잃었는가를 나보다 더 잘 알지 못한다; 나는 각 캠프에 한 발을 놓았을 뿐만 아니라, 한 눈으로는 보지 못한다!(6)

부울은 몇 년 전에 죽었다; 그는 최근의 몇 사건에 기뻐했었을 것이다. 독일 사람들이 마침내 우리의 피코크(Peacock)를 그가 죽은 지 10년 후에, 또 아일랜드인 해밀턴도 마침내 발견한 듯하다. 우리의 케임브리지 해석학회(Cambridge Analytical Society)가 용감하게 영국 수학을 침체기로부터 구제하기 시작한 이래 어떤 변환이 생겼는가! 여기 우리가 반세기 후에 대수학에서 세계를 선도하며 있다! 옛 피코크에게 이것이 시작되게 한 공적을 돌려야한다고 나는 생각한다 — 허셸(Herschel)과 배비지(Babbage)도; 그리고는 로버트 머피(Robert Murphy)와 그레고리(Gregory), 그리고 물론 부울과 내 자신이 있다.

그리고 새로운 세대가 우리를 능가할 것을 믿는다고 나는 말해야한다; 위대한 영국 대수학자들의 줄이 케일리, 명석한 젊은 클리포드(Clifford), 제본스, 그리고 물론 실베스터(Sylvester) (뒤의 둘은 내 제자)로 이어진다. 나는 케임브리지의 나의 옛 칼리지가 한 역할을 언급하지 않을 수 없다: 빛나는 트리니티 사람들의 줄은 피코크, 케일리, 그리고 클리포드를 포함한다. 실베스터는 세인트 존(St. John) 사람이다 — 그러나 대학이 실베스터에게 그가 유대인이라는 이유로 학위를 주지 않을 것이라는 것을 아는가? 그는 또한 케임브리지에서 가르칠 수도 없었다… 그러한 일이 내 피를 끓게 만든다. 나는 비슷한 이유로 이 모든 기간 동안 왕립학회의 펠로쉽(fellowship)으로 내 이름이 게시되는 것을 거절했다. 펠로우(fellow)는 공적을 근거로 하여 지명되기로 되어 있으나, 그 과정은 사회의 영향에 너무 많이 열려 있다! 적어도 그들은 실베스터의 천재성은 인정하였다 — 그가 단지 25살일 때 그를 펠로우로 선출하였다.

나는 실베스터를 몇 년 동안 유니버시티 칼리지(University College)에서 나와 함께 일하도록 하였다; 그리고 우리는 그를 잠시 미국에 뺏겼는데, 거기서는 (그들이 말하기를) 사람을 그 자신으로 받아들인다. 그러나 — 불쌍한 실베스터, 〔낮게 웃는다〕 그는 항상 세상과 전쟁을 하고 있는 것 같다(이것은 실베스터가 사용한 단어들이다!) — 그는 어떤 이유로 거기서 별로 행복하지 않았으며, 어디 보자 — 1843년이 맞다 — 1843년에 영국으로 돌아와야 한다고 느꼈다. 그리고 그는 여러 해 동안을(케일리처럼) 보험계리사 일과 법의 거친 세계에서 보냈다. 이 두 사람이 깊은 수학적 대화를 하며 링컨여관(Lincoln Inn)의 정원을 거닐며, 함께 훌륭한 불변론을 창조하고 있는, 유배 중인 정말로 위대한 수학자들이라고 누구도 추측할 수 없었을 것이다! 마침내 그는 다시 군사학교에서 수학교수가 되었는데, 그것은 그에게 전혀 가치가 없는 자리며, 작년에 강제로 은퇴하였다.

〔깊게 한숨 쉰다〕 아 — 언제나 영국의 위대한 대학들이 그런 사람을 그의 출생, 교리, 나이와 상관없이 수학적 재능으로 명예롭게 할 것인가?(7) 내 자신의 신념은 내 수학적 직업에 두 번 — 내 경력의 시작과 마지막에 — 크게 영향을 미쳤다. 유니버시티 칼리지의 첫 번째 수학교수로 30년을 종사한 후에, 나는 사퇴해야만 할 것을 느꼈다. 위원회가 종파적인 이유로 좋은 사람을 논리와 철학의 주임교수로 임명하는 것을 거부하였다. 위원회의 위원장에게 "내가 대학을 떠나려고 할 때 정착할 필요는 없다. 왜냐하면 대학이 나에게서 떠났기 때문에."라고 편지를 썼다. 그리고 오래 전에, 석사학위를 얻기 위하여 필요하다고 생각되는 어떤 신학적 글에 정말로 서명할 수가 없었기 때문에 나는 내 자신이 실베스터처럼 내 자신의 케임브리지 대학의 펠로쉽에 자격이 없는 것을 알았다. 나는 내 자신을 "무소속의 기독교인"이라고 묘사했다. 신은 내가 나에게 주어진 빛에 진실되려고 무척 애쓰고 있었다는 것을 안다! 생애의 끝에, 나는 돌아보고 똑같은 것을 다시 할 것이라고 단언할 수 있다: … 누군가 나의 동기를 오해하고 그런 사람이 나 때문에 상처받지 않게 하려고, 나는 내 유서에 이 믿음에 대한 글이 쓰여 지도록 하였다: "나는 희망과 확신을 갖고 내 미래를 전능하신 신에게 맡긴다; 마음에서 신의 아들이라고 믿지만 나의 시대에 고백은 항상 저 높은 세계에 있기 때문에 내 입으로 그에게 고백하지 않는, 우리의 주 예수 그리스도의 아버지인 신에게." 〔낮게 웃는다〕 그것이 많은 사람들을 왈가왈부하게 할 것이다!(8)

자, 이제, 내가 어디에 있었지? 아 그래, 저 독일사람들! 우리가 여전히 앞에 있을지 모르지만, 그들은 따라잡기 위하여 열심히 달리고 있으며 어떤 뛰어난 일을 하였다. 이 헤르만 그라스만(9)이 다차원의 방향을 가진 양들에 대한 추상과학을 제안했던 것 같다. 그리고 한켈(Hankel)이 허수들의 "이중 대수(double algebra)"가 그 안에서 계산 법칙이 그대로 보존되는 궁극적 대수를 구성한다고 내가 어렴풋이 생각하는 것을 옹호하였다. 더 일반적인 "산술" 대수는 가능하지 않다! 피코크가 그것을 좋아할 것이다! 그리고 내 자존심이 다소 회복되었다; 얼마 전까지도 나는 어떤 종류의 3중 또는 4중 대수를 믿지 않았다. 그것은 부울과 해밀턴 이전이다—그리고 이제 해밀턴의 사원수와 케일리의 행렬과 비슷하게 진기한 법칙을 가진 그라스만의 대수가 있다. 곱하기는 순서에 의존한다; $x \times y$는 $y \times x$와 같지 않을 수 있다. 아! 수학적 구경거리는 놀라운 것들을 무진장으로 갖고 있다!

우리 수학자들이 이전에 논쟁적인 문제에 대해 얼마나 크게 합의를 이루었나를 곰곰이 생각해 보면, 그것은 정말로 놀라운 것이다. 아직도 의견의 차이를 좁히지 못한 부분이 많이 있지만, 결과들이 절대적으로 맞는지 또는 틀리는지에 대해 수학자들 사이에 심각한 분열이 있었던, 아직까지 남아있는 단 하나의 주제(기본적 특성의)는 발산하는 급수에 대한 문제라고 대략 금세기 중반까지 일반적으로 받아들여질 수 있을 것을 나는 믿는다.(10) 그리고 저 괴물 같은 창조물들조차 빠르게 길들여지고 다소 내켜하지 않으면서도 그들을 사용하는 것이 받아들여졌다.

변칙적인 것과 당혹스러운 것에 우리가 대응해야하는 방법에 대해 40년대에 내가 말한 것이 놀랄만한 방법으로 사실임이 증명되었다. 대수학의 역사는 그러한 방법이 틀린 결과들을 유도하는 단지 한 두 개의 분명히 유효한 경우 때문에, 자연스럽게 생기는 방법을 거부하는 것보다 더 부당한 것은 없다는 것을 우리에게 보여준다. 그러한 경우들은 사실 거부(rejection)가 아니라 수의할 것(causıon)을 가르쳐야 한다. 왜냐하면 거부를 주의보다 선호했었더라면, 음의 양들, 나아가서 그들의 제곱근들은 대수학이 앞으로 나아가는데 장애물로 작용했을 것이다. 발산하는 급수를 거부한 사람조차 아무런 두려움 없이 돌아다니고 있는 저 광활한 들판을 생각해 보아라! 그 들판은 발견되지도 않았을 것이고, 물론 경작되지도 않고 사람들이 정착하지도 않았을 것이다.(11)

돌아보면, 음수의 실체에 대한 격렬한 논쟁이 논리적인 것으로 보였어야 했고, 마침내 논리 때문이 아니라 상상력 때문에 승리하였다는 것이 얼마나 이상한가! 배비지(12)가 영국에서 대부분의 우리보다 더 일찍 그것을 알았다고 나는 생각한다; 그리고 불쌍한 피코크는 그의 영속의 원리의 논리적 지위를 위해 싸웠으나, 그것이 단지 상상의 보조가 되는 것을 보았다! 깨달음은 서서히 시작되지만, 이제 우리 모두에게

분명하다: 수학적 발명을 하게 하는 동력은 추론이 아니라 상상이다.(13)

대수학의 반대자 — 소위 "순수 산술가" — 의 큰 어려움은 용어들의 확장(extension)을 받아들이는 능력 또는 의지의 결여에 있었다. 그들은 절대적 수의 한계를 넘는 어떠한 기호의 사용도 받아들이는 것을 거부하였다. 그들은 모든 언어의 확장을 금지하여(14), 모든 시와 위대한 문학에서 작용하는, 즉 단어와 기호들을 그 자신 이상으로 사용되게 하는, 상상력의 창조적 힘 중 하나로부터 자신들을 격리시켰을 것이다!

아마도 이 분파는 이제 소멸했을 것이다. 지난 세기동안 그것을 쓴 주된 사람들은 로버트 심슨(Robert Simson), 프란시스 메세레(Francis Maseres)와 윌리엄 프렌드(William Frend)였다. 이 반대자들(음수와 대수 기호의)이 반대하는 것을 피력하는 한, 당시에 유행인 기초적 글쓰기의 양식에 반대하는 많은 힘을 그들이 갖고 있는 것을 볼 수 있다. 나는 우연히 미스터 프렌드(15)와 만나게 되었다 — 그러나 이 첫 만남은 케임브리지 생활 초기에 내가 모든 수학적인 것들의 첫 번째 원리들에 대한 시험을 보고 있을 때에 있었다. 그와 많은 토의를 했고, 메세레, 심슨, 그리고 다른 사람들에 대해 주의 깊게 조사를 했기 때문에, 나는 오래 전에 그러한 사람들의 마음에 매우 강한 편견이 있어서 주관적 성질의 일들에 대해 거의 모든 다른 사람들을 자기도 모르게 싸잡아 비난하게 되었다고 결론짓게 되었다. 편견은 단순함에 대한 열망 — 결국 가장 초기의 공리로 즉각 축소될 수 없는 것은 모두 거부하는 방법을 찾을 열망 — 이다. 매우 불행한 마음 상태이다. … 그러나 그런 반대자들조차, 그들 자신의 원리들을 방어하고 분석하기 위하여 다른 사람들을 자극함으로써(16), 이상한 대수학의 이야기에 유용한 역할을 했다.

정말 이상한 이야기다 — 대수학은 미래에 어디로 갈 것인가? 20세기의 학생들은 인간의 상상력의 창조적 열정 속에서 만들어졌던 이 개념들을 어떻게 배울까? 그들은 그것들을 단순히 당연한 것으로, 아무 의문 없이, 이전 세대의 수학자들의 승리에 감동받지 않고 받아들일까?

〔지팡이를 짚고 퇴장한다〕

▌미주▌

(1) 드 모르간은 비록 건강이 안 좋았지만, 1870년 가을까지 활발한 활동을 하였고, 1871년 3월 18일에 죽었다. 인물과 그의 저술에 대해 더 많은 것은 그의 미망인 소피아 엘리자베스 드 모르간(Sophia Elizabeth De Morgan)이 쓴 그의 전기 *Memoir of Augustus De Morgan* (London: Longmans, Green,1882)에서 볼 수 있다. 또한 H. Pycior, "Augustus De Morgan's algebraic work: the three stages," *Isis*, 74 (1983), pp. 211 - 226; Ivor Grattan``-Guinness, "An eye for method: Augustus De Morgan and mathematical education", *Paradigm*, no. 9 (December 1992), pp. 1 - 7; *Dictionary of National Biography, Dictionary of Scientific Biography*, 그리고 *Encyclopaedia Britannica*에 그에 대한 항목이 있다. 또한 Joan Richards, Isis, 78 (1987), pp. 7 - 30 참고.

(2) 부울과 드 모르간의 관계와 드 모르간의 논문과 책들의 연대순 목록을 위하여, G. Smith(ed.), *The Boole-De Morgan correspondence 1842 ~1864*, (Oxford: Clarendon Press, 1982) 참고. 부울의 훌륭한 전기를 위하여, Desmond MacHale, *George Boole: his life and work*, (Dublin: Boole Press, 1984) 참고. 또한 Eric Temple Bell: *Men of Mathematics* (New York: Simon & Schuster, 1937), William Kneale: "Boole and the revival of logic", Mind, vol. 57, April 1948, pp. 149 - 175 참고.

(3) 드 모르간의 이름은 오늘날 "드 모르간 법칙"으로 가장 잘 알려져 있다. 그는 원래 그것들을 다음 형태로 나타냈다: "the contrary of an aggregate is the compound of the contraries of the components; the contrary of a compound is the aggregate of the contraries of the components." Augustus De Morgan, *Trans. Camb. Phil. Soc.*, 10 (1858), pp. 173 - 230. 기호 논리의 표기법으로는 다음과 같다:

$$1-(x+y)=(1-x)(1-y) \text{와 } 1-xy=(1-x)+(1-y).$$

집합의 언어로는 다음과 같다:

$$S-\cup_i A_i=\cap_i(S-A_i),\ S-\cap_i A_i=\cup_i(S-A_i).$$

(4) George Boole, *An Investigation into the Laws of Thought, on Which are Founded the Mathematical Theories of Logic and Probabilities*, 1854. (New York: Dover

Publications, 1953); 또한 Logical Works (La Salle, Ill.: Open Court Pub. Co., n.d.)의 vol. 2.

위대한 20세기의 수학자이며 철학자인 (과장이 아니다!) 버트란트 러셀(Bertrand Russel)은 19세기의 가장 위대한 발견—"순수수학"의 발견—을 부울의 것으로 인정하였다. 알베르트 아인슈타인(Albert Einstein)과 러셀 자신은 각각 이것이 뜻하는 것을 회상적으로 묘사하였다:

아인슈타인: 수학이 실체에 대해 얘기하는 한 그것은 필요하지 않다 〔즉 논리적으로 필요한 공리들의 결과〕, 그리고 그것이 필요한 한 그것은 실체에 대해 얘기하지 않는다.

러셀: 수학은 그 안에서 우리가 무엇에 대해 말하고 있는 지도 모르고, 우리가 말하고 있는 것이 사실인지도 모르는 주제이다.

(5) 그러나 일반적 용법은 옥스퍼드영어사전(Oxford English Dictionary)이 표현한 것처럼, "수학"에 대한 몇몇의 20세기 정의들이 설명하는 것과 같이 이 변환을 반영하지 않았다:

- 추상적인 것에서 공간과 수를 다루는 과학 (OED Pocket ed., 1924);
- 원래 기하학, 산술학, 대수학, 등(순수 수학)에 대한 집단적 이름이고, 좀 더 넓은 의미로 이 추상과학을 구체적 데이터에 응용하는 것을 포함하는 연구의 부문들 (응용 또는 혼합 수학) (OED, The Shorter, 1936).
- 공간과 양(quantity)에 대한 추상적 과학 (OED Concise, 1964).

(6) Augustus De Morgan, "Review of a book on Geometry," *The Athenaeum* (1868), vol. 2, pp. 71-73. 부울과 드 모르간은 서로 인정하며, 서로로부터 자극을 끌어냈다. 드 모르간은 "수학적 언어의 힘을 증가시키는데 있어 가장 두드러진 결과들 …"과 "정밀과학의 두 위대한 줄기인 수학과 논리학"을 함께 묶은 것은 "부울 박사의 천재성"에 기인하는 것이라고 하였다. ref. 1과 같은 Sophia De Morgan, Memoir, p. 167. 수학자와 논리학자가 20세기 말에 서로로부터 멀어지게 된 것에 대해, 논리학자가 되려는 사람뿐만 아니라, 일반적으로 수학자들을 위해 쓰여진 인기있는 교재의 서문으로부터 발췌한 것이 있다: "모든 수학자는 비수학자가 수학에 대해 물은 것에 대한 답이 대화를 끊는 것을 알아야 한다. 수학자들 속에 있는 논리학자가 그의 직업을 인정하는 것은 비슷하게 멍한 표정을 보고 무지를 시인하고, 그리고 대화의 주제를 바꾸게 만든다. 수학자들과 일반

인 사이의 틈은 항상 존재할 어려움이지만 (그것을 좁힐 기회를 놓쳐서는 안 되지만), 논리학자와 다른 수학자들 사이의 틈은, 내 생각에는, 불필요하다." A. G. Hamilton, *Logic for Mathematicians* (Cambridge University Press, 1978; revised 1988).

(7) 실베스터(James Joseph Sylvester)(1814~1897)에게, 1871년에 반칙적인 규정이 철회되었을 때 마침내, 명예를 위하여(honoris causa), 학위가 수여됐다. 이 다채로운 수학자에게 그의 오래 끈 투쟁에 대해서 보상하려는 듯, 그의 진가가 생애 후기에 인정되었다. 그는 미국으로 돌아가서, 거기서 존스 홉킨스(Johns Hopkins) 대학의 교수를 하였고 (1876~1884), 미국에서 순수수학 연구가 시작되게 하는데 중요한 역할을 하였으며 American Journal of Mathematics를 창립하였다. Karen H. Parshall and David E. Rowe, *The Emergence of the American Mathematical Research Community 1876~1900*, (Providence, RI: American Mathematical Society, London: London Mathematical Society, 1994) 참고. 그는 마침내 1880년대 중반에 옥스퍼드대학의 사빌수학교수(Savilian Professor of Mathematics)가 되었으며, 죽을 때까지 그 지위를 유지하였다. 케일리와 실베스터의 생애와 연구에 대한 매혹적인 이야기를 위해서는 ref. 2에서와 같은 벨(Bell)의 Men of Mathematics를 참고. 실베스터는 안 좋았던 시기에 한때 말하기를, "그들 둘 다 런던에서 총각으로 살았는데, 케일리는 결혼해서 케임브리지에서 정착하여 조용하고, 평화로운 삶을 살았다; 반면에 그는 결혼하지 않았고 그의 모든 날들을 세상과 싸우며 지냈다: " Alexander Mactarlane, Lectures on Ten British Mathematicians (New York: 1916), p. 66. (이것은 10명 중에 조지 피코크를 포함한다.) 클리포드는 대조적으로, 1860~3년에 런던의 킹즈 칼리지(King's College)를 다녔고, 1867년까지 케임브리지의 트리니티 칼리지를 다녔다; 그는 곧 드 모르간이 오랫동안 있었던 런던의 유니버시티 칼리지에 1871년 — 드 모르간이 죽은 해 — 에 수학과 역학 교수(Professor of Mathematics and Mechanics)로 임명되었다.

(8) 양심과 원칙에 대한 일들에 대해 드 모르간이 한 말 중 몇은 James Roy Newman, ed. *The World of Mathematics*, 4 vols. (New York: Simon & Schuster, 1956; paperback, 1962), pp. 2366-2368 (vol. 4)에 있는 James Roy Newman의 "commentary on Augustus De Morgan,"으로부터 가져왔다; 이것은 *Dictionary of*

*National Biography*와 *Encyclopaedia Britannica*에 있는 드 모르간에 대한 항목으로부터 가져왔다.

(9) 헤르만 군터 그라스만(Hermann Gunther Grassmann)(1809~1877)은 독일의 슈테틴(Stettin)에서 고등학교 선생님이었다. 그는 1844년에 〈선형 확대론(*Die Lineale Ausdehnungslehre*)(the Calculus of Extension)〉을 출판하였다. 이 책은 읽기가 어렵고, 상당한 기간 후인 1862년에 수정되고 단순화된 형태로 출판될 때까지 그라스만의 참신한 개념은 널리 알려지지 않았기 때문에 이 책을 둘러싼 신화가 있는 것 같다. 그러나 몇몇의 역사가들은 그가 단순히 그의 시대보다 앞서 있었다고 믿는다.

(10) 여기까지의 구절은 Augustus De Morgan, *Trans. Camb. Phil. Soc*. 8, Part Ⅱ (1844), pp. 182-203; pub. 1849에 기초한다.

(11) 이 구절은 주로 Augustus De Morgan, *The Differential and Integral Calculus* (London: Society for the Diffusion of Useful Knowledge, 1842), p. 566으로부터 가져 왔다.

(12) Charles Babbage, "On the influence of signs in Mathematical reasoning,"(*Proc. Camb. Phil. Soc*., c. 1827). 배비지가 수학적 법칙들을 만드는 데 있어 논리적 필요성보다 편리함이 중요하다고 한 것은 놀랄만한 것이 아니다. 그는 수학적 테이블을 만드는데 도움을 준다는 생각으로 일련의 기계적인 계산기를 디자인하고 만드는데 그의 생애 대부분을 바쳤던 근본적으로 실용적인 사람이었다. 그는 모든 힘을 그의 프로젝트에 바치기 위해 케임브리지에서 11년 동안 가졌던 루카스수학교수(Lucasian Professor of Mathematics)직을 사임하였다. 심한 재정적, 기술적 제한 때문에 미분기(difference machine)와 해석엔진(analytic engine)에 대한 배비지의 연구가 비록 그의 생애동안 만족할만한 결론에 도달하지 않았어도, 그의 앞을 내다보는 비전과 실제적인 기초를 쌓은 것으로 우리가 그를 충분한 이유로 "컴퓨터의 아버지(Father of the Computer)"라고 부르게 한다. 그의 생애를 통하여, 그는 순수과학을 실제적인 세계에 적용하는 것의 중요성과 힘을 보여주었다. 그는 핀 제조 산업과 인쇄무역뿐 아니라 우체국의 경제적 기능에 상당히 관련되게 되었다.

(13) 마지막 주장은 모리스 클라인(Morris Kline)이 *Mathematics in Western Culture* (New York: Oxford University Press, 1953)에서 인용하였다. 인용문은 펠리칸

(Pelican)본의 170페이지에 나온다.

(14) 여기까지 구절은 Augustus De Morgan, "On Infinity and On the Sign of Equality," *Trans. Camb. Phil. Soc.* XI, Part I (1864)의 p. 38에 있는 주석에서 가져왔다.

(15) 윌리엄 프렌드(1757~1841)는 케임브리지의 지저스 칼리지(Jesus College) 펠로우였고, 이단의 신학적 견해를 전파한다는 이유로 1788년에 해고될 때까지 대학의 수학 튜터(Tutor)였다. 1793년에 같은 죄로 대학 부총장이 주재하는 법정(Vice-Chancellor's Court)에서 재판을 받았고, 취소하는 것을 거절했을 때 대학과 칼리지 공관에서 쫓겨났다. 그 후에 그는 Rock 생명보험회사의 계리사로 일했다. 법률가이며 입헌주의자인 그의 충실한 부하 프란시스 메세레 (1731~1824)와 함께, 프렌드는 "순수 산술가이고 산술로부터 대수학을 구별해내는 가장 저명한 논박하는 사람"이라고 그 자신을 자부하며, 기호대수학의 악마인 가공의 허수에 반대하는 지독한 보수적 입장을 취하였다. 훌륭한 전기로, Freda Knight, *University Rebel: The Life of William Frend*, 1757~1841 (1971) 참고.

(16) 이 구절은 드 모르간의 "On Infinity"에 기초한다.

포르투갈 수학사에 대한 주석

António Leal Duarte, Jaime Carvalho e Silva, João Filipe Queiró
Universidade de Coimbra, Portugal

지난 10여 년 동안 주제 아나스따시우 다 꾸냐(José Anastácio da Cunha)의 서거 200주년 기념식의 열정을 이어 받아 포르투갈 수학사에 대한 관심이 증가되었다. 이로 인해 몇몇 모임이 조직되고 약간의 논문들이 출판되었고, 무엇보다도 매년 1번씩 열리는 수학사에 대한 전국 세미나(A National Seminar on the History of Mathematics)가 창설되었다.

우리는 여기서 수학자들이 주목해왔고 계속 관심을 가져야만 하는 몇 가지 사항을 강조하면서 포르투갈 수학사를 구분할 수 있는 중요한 세 시기에 대한 간략한 개요를 제시한다. 우리는 포르투갈 수학의 사료 편집에 대한 몇 가지 논평으로 이 글을 끝내겠다.

1772년 이전 포르투갈 수학

이 시기에 사실상, 포르투갈 수학사 전체에서 가장 중요한 이름은 뻬드루 누네스(Pedro Nunes)(1502~1578)인데, 그는 1537년 꼬임브라(Coimbra) 대학으로 명시적인 전환 이후에 그 대학의 첫 번째 수학 교수였다. 누네스의 저작은 포르투갈 학자와 외국 학자에 의해 분석되고 논평되었다. 더 심화된 연구와 연구자가 필요할지라도, 위대한 포르투갈 수학자의 저작이 오늘날 갖는 중요성에 대한 명확한 그림을 그리는 것이 가능하다.

우리는 뻬드루 누네스의 주요 저작을 기술한다:

1) 일련의 연구에서 *항해 기술과 항해 각도에 대하여*(*De arte atque ratione navigandi*) (Opera, Basel, 1566)에서 정점을 이룬 뻬드루 누네스는 마르띵 아폰수 드 소우자(Martim Afòonso de Sousa) 함장이 원정에서 브라질로 귀환하면서 제기한 질문을 해결하는 가운데 항정선[1]이 측지선(대원의 호)이 아니라는 것을 분명히 밝혔다. 그는 그것들의 진정한 성격을 이해했다; 그것들이 원형이라는 자명한 경우(자오선과 위도선)를 제외하더라도, 항정선은 양극으로 가까이 가고 그것들 주변을 무한히 감는 나선형 곡선이다.

2) 항정선을 다루는 그의 저작 중의 하나인 *해양 통신에 관한 방어 협정*(*Tratado em defensam da carta de marear*) (Lisbon, 1537)에서 뻬드루 누네스는 지도 제작에 도움이 되는 매력적인 성질 두 가지를 진술하였다: 각의 보존과 직선에 의한 항정선의 표시. 이러한 필요조건들이 메르까또르(Mercator)의 1569년 세계 지도를 항해에서 매우 유용하게 만든 것이다. 메르까또르에 대한 뻬드루 누네스의 영향력의 가능성은 과거에는 논쟁적이었으나 더 연구할 가치는 있다.

3) 책 *오롱스 핀느의 오류*(*De erratis Orontii Finoei*)(Coimbra, 1546; Basel, 1592)는 프랑스 수학자 오롱스 핀느(Oronce Fine)(1494~1555)의 두 저작에 대한 예리하고 세밀한 교정 목록을 포함한다. 그 저작들에서 핀느는 정육면체의 2배화, 원적 문제, 정다각형의 작도(이것들은 19세기에 모두 완전히 해결된 문제들이다.), 심지어 경도의 결정을 포함하는 몇 가지 고전적인 문제에 대한 "해"를 제시하였다. 누네스는 이들 "해"를 실랄하게 비판하였다.

4) 뻬드루 누네스의 주요 저작 중의 하나가 *산술과 기하학에서 대수의 책*(*Libro de Algebra en Arithmetica y Geometria*)(Antwerp, 1567)이다. 16세기 대수 전문가 보스만(H. Bosmans)은 몇 십 년 전에 이 책에 대해 상세히 연구했다. 중심 주제는 주로 1, 2, 3차 방정식의 해이다. 눈에 띄는 특징은 정리와 문제가 제시되는 추상성과 일반성이다. 뻬드루 누네스는 그의 엄격한 대수적 증명에서 문자 기호를 사용하였고, 문자를 사용한 추론은 기하학적 고려와 독립적이었다. 그리고 다항식의 연산이

1) 배가 일정한 컴퍼스 방향을 유지하고 있을 때 그리는 선으로, 각 자오선에 동일 각도로 변한다.

연구되었다. 비에트(Viète)의 기호적 진보 이전의 추이(transition)에 대한 중요한 저작인 *기하학에 관한 책*(*Libro de Algebra*)은 가장 유명하고 유럽에서 자주 인용되었다(보스만은 뻬드루 누네스를 16세기에 가장 저명한 대수학자라고 불렀다). 그 책은 불어와 라틴어로 번역되었지만, 이것들은 출판되지 않은 채로 남아있다.

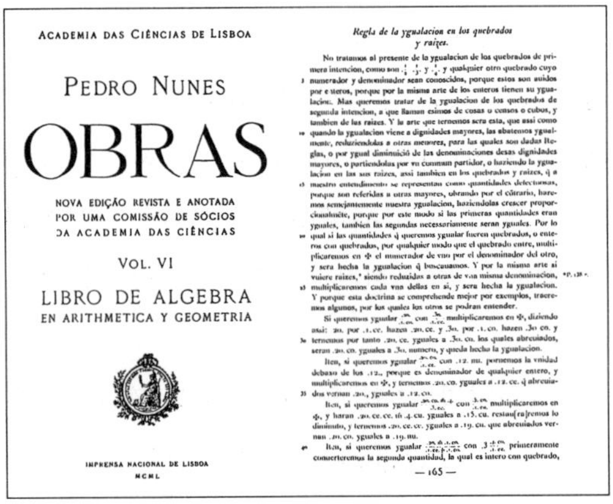

[그림 1] 뻬드루 누네스의 *기하학에 관한 책*(Libro de Algebra)의 1946년판 표지와 이 책의 본문 중 한 페이지(다항 분수를 논의하고 있음)

5) *황혼에 대해*(*De Crepusculis*) (Lisbon, 1542; Coimbra, 1571; Basel, 1573)에서 뻬드루 누네스는 "다른 기후에서 황혼의 범위"에 대해 연구하였다(프린스 엔리끄(Prince Henrique)의 질문에 대한 답변에서). 다른 결과들 중에 그는 지구상에 각 장소에서 가장 짧은 황혼의 날짜와 지속 시간을 결정했다. 이 문제는 극 문제의 고전이 되었고, 50년 이후에 베르누일(Bernoulli) 형제들에 의해 다시 공격을 받았다. 고메스 떼이세이라(Gomes Teixeira)는 포르투갈 사람들과 스위스 형제들이 사용한 방법들을 비교한 흥미로운 논평을 하였다. 후자가 새롭게 발명된 미적분을 응용하였던 반면에 누네스는 그에게 유용한 결과들과 방법, 즉 고전 기하학과 삼각법으로 분류하였다. *황혼에 대해*(*De Crepusculis*)는 몇몇 주석자에 의해 뻬드루 누네스의 석사 논문으로 간주되었는데, 그것은 현대적 재평가를 받을만하다. 띠꾸 브라에(Tycho Brahe)의 찬사와 클라비우스(Clavius)의 인용을 포함해서 유럽에서 이 책의 영향력에 의존하면 포르투갈 역사학자 조아낌 드 까르발류(Joaquim de Carvaho)는 "그것은 종종 익명으로 인류 유산을 구성하는 정확한 지식의 줄기에서 시작해서 꽃을 피우며

과학적 설명에 기인하는 인식에 도달하였다"라고 말하였다(*Notes on De Crepusculis*, 'Works of Pedro Nunes', vol. Ⅱ, Lisbon, 1943). 이 관점은 *대수에 대한 책*(Libro de Algebra)뿐만 아니라 사실상 뻬드루 누네스의 수학적 저작 모두에 대해 적합하다.

뻬드루 누네스는 포르투갈의 "순수" 과학자의 첫 번째 예인데, 그에게는 정확성과 엄밀함이 규범이었기 때문이다. (이런 측면에서 그와 도선사의 논쟁을 언급하는 것은 흥미로운데, 이 논쟁에서 그는 과학적 지식의 우위성을 신중하게 옹호하였다.)

이 포르투갈 수학자는 이베리아 반도에서 독보적인 존재였다. 레이 파스토르(J. Rey Pastor)는 "정신적으로 그는 두 나라[포르투갈과 스페인] 밖에서 살았다"라고 말한다(16세기 스페인 수학(Los matemáticos espanóles del siglo XVI, Madrid, 1926).

리스본에서 과학 아카데미(The Academy of sciences)는 1940년대 뻬드루 누네스의 저작 출판에 대한 주목할 만한 프로젝트를 시작하였다. 계획된 6권 중에 4권이 출판되었다. 이 프로젝트의 핵심이었던 꼬임브라의 교수 조아낌 드 까르발류(Joaquim de Carvalho)의 사망 시기인 약 40년 전쯤 이 총서의 발간이 중단되었다.

16세기에서 18세기까지 포르투갈에 다른 수학적 활동도 약간 있었는데, 이 중의 일부를 간략하게 언급할 것이다.

1547년 뻬드루 누네스는 새롭게 만들어진 왕립 우주 구조론(royal cosmographer)이라는 직책에 임명되었는데, 의무 사항은 매일 수학(항해에 응용된)에 대한 강의를 수행하는 것이었다. 왕립 우주 구조론 사무국에서 해군 왕립 아카데미(The Royal Academy of the Navy)로 1779년에 대치되었다.

산뚜 안띠웅(Santo Antão)의 예수회 대학과 리스본의 '천구에 관한 수업(Aula de Esfera)'(천체 학교)은 16세기 말에서 18세기까지 운영되었다. 그곳에서 항해에 응용된 수학뿐 아니라 천문학, 기하학, 산술이 연구되었다.

산뚜 안띠웅과 에보라(Évora)에 있는 그들의 대학과 별도로 예수회는 이 도시 전역에서, 특히 꼬임브라 대학에서 수학에 대한 강좌를 조직하였다. 이 강좌들을 담당하기 위해 많은 외국 교수들이 — 특히, 이탈리아인과 독일인 — 포르투갈로 왔다. 우리는 천문학, 항해, 지도 제작에 대한 연구들에 대해 다음과 같은 이름을 주목한다: 그린베르게르(C. Grienberger)(1564~1636)(나중에 로마 대학(Roman College)에서 클라비우스(Clavius)의 후계자가 됨), 보리(C. Borri)(1583~1632)(17세기 초 갈릴레오와 포르투갈에서 알려진 태양 흑점을 만듬), 스타포드(I. Stafford)(1599~1642), 까파시(D. Capassi)(1694~1736), 까르보네(G. Carbone)(1694~1750). 마지막 두 사람은 산뚜 안띠웅에서 천문학 관측소의 설립에 공동으로 일했다.

까파시(Cappassi)는 다른 예수회 교수 디오구 소아레스(Diogo Soares)와 대서양 건너편 나라의 지도를 제작하라는 주앙 5세(João V)의 명령을 수행하기 위해 1729년에 브라질로 떠났다. 지도 제작은 이 시기의 포르투갈 수학 활동의 주요 주제 중의 하나였다. 다른 예는 1682년에 꼬임브라 대학에서 수학과 학장으로 임명된 스위스 예수회 주앙 꾀니그(João König)가 정부 명령으로 포르투갈의 지도를 제작하러 4년 후에 떠났다.

17세기 중반 스페인 칙령 60년 후 독립 전쟁즈음 수학적 연구는 추진력을 받은 군사 활동에 적용되었다. 축성술과 군사건축 학교(A School of Fortification and Military Architecture)가 만들어졌고, 산뚜 안띠웅에서도 이들 주제에 관심이 기울여졌다. 18세기에 군대와 대학에서 포술에 적용된 수학적 연구가 있었다. 매우 짧은 이런 조사에서 눈에 띄는 것은 이 시기의 포르투갈에서 수학적 활동이 함축하는 것을 실제적이고 응용적인 성격이다. 정부의 후원 아래나 예수회 학교에서 사람들은 국가의 즉각적이고 구체적인 요구에 대응하는 것으로 이 주제들을 연구했다.

포르투갈에서 이 시기에 문서화된 수학적 연구 목록에 대한 조사는 동일한 전체적인 그림을 드러낸다. 우리는 응용수학이라고 불릴지 모르는 것에서 다음과 같은 주제에 대한 연구들이 지배적이라는 것에 주목한다: 항해, 도해서와 지도, 달력, 축성술에 응용된 기하학, 경제 활동에 응용된 산술, 이것들의 가치는 천문학 관찰(월식, 혜성)의 기록에서 자주 볼 수 있다. 이러한 많은 텍스트들은 수고의 형태로만 존재한다.

뻬드루 누네스 이후 17세기 포르투갈 수학이 그 시대의 위대한 진보의 한 부분을 담당하지 못했다는 것은 분명해 보인다. 외국 교수들의 도움을 받아야할 지속적인 필요는 그 나라에서 본질적으로 "순수" 수학이 연구되지 않았다는 사실과 관련되어 있는 것처럼 보인다.

이 글은 그 시기의 포르투갈의 지적이고 문화적인 정신 틀을 상기시키는 자리는 아니다. 수학적 생명에 대한 반성은 주로 위대한 과학적 진보가 일반적으로 국가의 정치적이고 종교적인 권위자의 영구적인 비호 아래에 있는 것을 반대하는 철학적 주장과 연관되어 있다는 사실에서 유래한다. 이것은 가르치는 것에서 새로움을 거절하는 명시적인 태도를 이끌었다.

18세기 전반부에 과학적 풍토에서 변화의 증거가 있었다. 국내외적으로 현대적인 과학적 조류에 관심을 갖는 몇몇 포르투갈 사람이 나타났다. 우리는 이들 중 뉴턴의 조수 이론을 연구한 쟈콥 드 까스뜨루 사르멘뚜(Jacob de Castro Sarmento)라는 이름에 주목한다(Theorica verdadeiradas marés, London, 1737); 파리에서 오랫동안 천문학자였던 주제 소아레스 드 바로스 이 바스꼰셀로스(José soares de Barros e Vasconcelos); 엔지니어이면서 *추론 논리학, 기하학, 해석학*(*Logica racional, geometrica e analytica*)(Lisbon, 1744)의 저자인 마누엘 드 아제베두 포르뜨스(Manuel de Azevedo Fortes); *철학과 심리-수학*(Recreação Philosophica and Cartas Phisico-Mathematicas)의 떼오드로 드 알메이다(Teodoro de Almeida); 그리고 예수회 수사 에우제비우 다 베이가(Eusébio da Veiga), 리스본의 천문학자 마누엘 드 깜푸스(Manuel de Compos)와 이나시우 몬떼이루(Inácio Monteiro). (이들의 책들은 그들이 그 시대의 과학적 진보에 대해 광범위한 지식을 갖고 있다는 것을 드러낸다.) 이러한 모든 저자들은 현대적 연구에 상당한다고 볼 수 있다.

1772년에서 1910년까지 포르투갈 수학

1537년 주앙 3세(João Ⅲ)에 의해 포르투갈 대학이 꼬임브라 대학으로 변경되었다. 1772년에 수행된 개혁은 푸르투갈에서 짧은 기간에 수행되었던 어떤 수학 파노라마보다 질적으로 양적으로 가장 큰 변화를 보여줬다. 1770년에 12월에 '준따 다 프로비덴시아 리떼라리아(Junta da Providencia Literaria)(문학 준비 위원회)'가 만들어졌다. 1771년 8월에 "대학의 역사적 개요(Historical Compendium of the University)"라는 이름의 보고서가 제출되었다. 여기서 넓게는 과학, 좁게는 수학이 대학에서 바람직하지 않은 상태가 되었다는 것을 알 수 있다. 그 문서에서 수학은 "왕국의 복지, 항해술, 대학의 명예에 중요한 과학"으로 간주되었다. 예를 들어, 그 개혁 이전 60년 동안 수학과의 학장은 한 사람뿐이었고 교수직 또한 갖고 있지 않았다.

새로운 대학 법령(University Statutes)에서 이러한 변화들 이면의 힘과 주제 1세(Jose I)의 총리인 마르끼스 뽐발(Marquis Pombal)에 직면하여 화려함과 엄숙함으로 1772년 10월 승인된 두 가지 새로운 학부를 만들었다: 수학과 (자연) 철학.

수학은 이 법령에서 매우 높은 위치를 점하고 있었다: "수학은 모든 자연지식 중

논박의 여지가 없는 완전한 지식일 뿐만 아니라 방법에도 명료한 정확성, 그것의 독트린의 훌륭한 심사숙고, 즉 엄격함이나 고유한 성질면에서 과학의 이름을 받을만하다. 또한 인간의 힘, 현명함을 신뢰하는 것이다." 게다가 위반 규정은 수학적 연구의 중요성을 떨어뜨릴지 모르는 사람에 대해 상술되어 있다: "직접적으로나 간접적으로 수학 연구로부터 누군가를 낙심하게하거나 단념시키는 모든 사람은 …… 잃을 것이다."

이 법령의 다른 측면들이 언급되어야만 한다. 수학 강좌는 네 가지 분과로 구성되어 있다: 기하학, 대수학, 수리물리학, 천문학.(여기에 회화와 건축의 보조 분과, 철학부의 일부 분과가 더 있다.) 기하학 분과는 모든 대학 학생들이 첫 해에 의무적으로 들어야 한다(법학과 신학도 여기에 포함). 이것은 어떤 문제를 일으켰다. 예를 들어, 1787년 왕으로부터의 서신은 법학과와 신학과 학생들을 위해 독립된 기하학 교재들을 재구성해야만 한다고 명령하였다. 1790년 다른 서신에서 법학과 학생들은 기하학 시험을 통과하지 않고 첫 해를 출석하는 것을 허락하지 않는다고 명령하였다.

새로운 수학 학부를 위해 두 명의 이탈리아인과 두 명의 포르투갈인이 고용되었다. 마지막 두 사람 주제 몬떼이로 다 로샤(José Monteiro da Rocha)와 주제 아나스따시우 다 꾸냐(José Anastácio da Cunha)는 모두 독학으로 수학을 배웠는데, 이들은 그들이 쓴 저작들 때문에 특별한 언급을 할 필요가 있다.

주제 몬떼이로 다 로샤(1734~1819)는 브라질의 바이아(Bahia) 예수회 대학에서 공부했고, 새로운 수학 학부의 정관의 주요 저자였다. 그는 그 대학에 천문학 관찰소를 조직했고, 베주트(Bezout), 보수트(Bossut), 마리에(Marie)의 책을 포르투갈어로 번역했다. 그의 과학적 저작은 수치적 방법과 천문학에 집중되었다. *리스본의 과학 아카데미의 회고록*(*Memoirs of the Academy of Science of Lisbon*)에서 출판된 *2차원으로 환원되는 문제를 근사에 의해 해결하기 위해 폰따네씨의 규칙 첨가*(*Addition to the rule of Mr. Fontaine to solve by approximation the problems that reduce to quadratures*)에서 그는 폰따네의 근사 적분 식의 수렴을 가속하는 방법을 연구하였는데(*내부에서 추방된 기하학자 주제 아나스따시우*(Joze Anástasio, o geometra exilado no interior), an article published in the volume *Em homenagem a Jose Anastasio da Cunha*, Coimbra, 1987), 이것은 띠아구 드 올리베이라(Tiago de Oliveira)가 논평한 것처럼 리챠드슨(Richardson)의 외삽 공식이다. 이 저작은 근사 오차의 상한 추정치를 제시하고 이상 적분을 다룬다. 수치해석에 대한 다른 저작은 케플러가 제안한 문제인 준형의 체적을 계산하는 근사값과 관련된다. 몬떼이로 다 로샤는 천문학에 대한 몇 가지 책을 썼는데, 그 중 가장 유명한 것은 파리에서 다스트로미 프하띠그의 회고록(Memories d'Astronomie Pratique)(Paris, 1808)이라는 이름으로 출판되었는데, 마누엘 빼드루 드 벨루(Manuel Pedro de Mello)에 의해 번역되었다. 이것들 중 가장 중요한 것 중의 하나는 혜성(Olbers 이전에 발견된) 궤도의 실제적 계산이었다. 데함브르(Delambre)에 의해 칭송받은 다른 작품은 일식의 예언과 관련된 것이다.

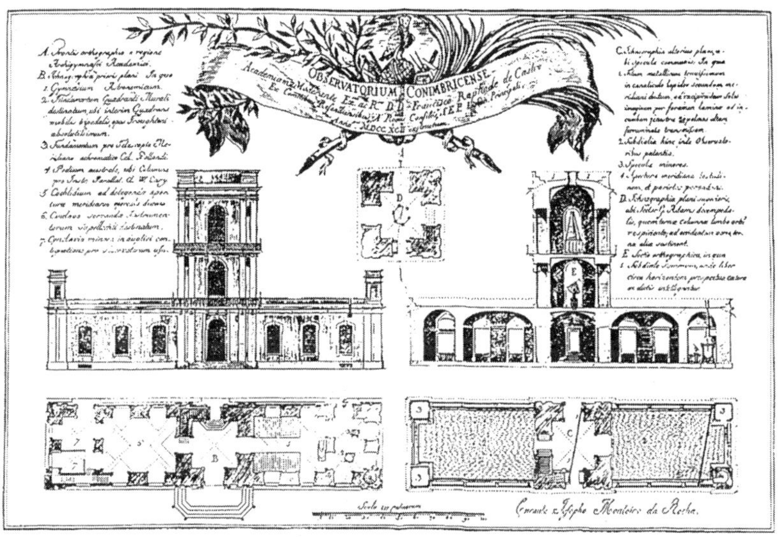

[그림 2] 주제 몬떼이루 다 로샤가 만든 꼬임브라 대학의 천문 관찰 계획

주제 아나스따씨우 다 꾸냐(Jose Anastacio da Cunha)(1744～1787)는 *수학적 원리*(*Principios Mathematicos*)라는 논문을 썼는데, 여기서 그는 수학의 모든 것에 엄밀한 기초를 부여하려고 했다. 여기서 우리는 처음으로 놀랄 만큼 엄밀한 수렴 급수의 정의[나중에 볼자노-코쉬 조건(Bolzano-Cauchy condition)으로 알려진 것의 사용], 실변수와 복소변수에 대한 멱급수로부터의 지수 함수의 정의, 요즘과 유사한 함수의 미분의 정의를 발견한다. 이들 정의는 요쉬케비치키(A. P Youschkevitch)(in *Revue d'Histoire des Sciences*, vol. XXXVI and XXXI), 귀스티(E. Giusti), 마휜(J. Mawhin), 그라탕-귀네스(I. Grattan-Guinness)(그들의 저작은 책 *아나스따시우 다 꾸냐*(Anastacio da Cunha)*－1744/1787－의 수학과 시*(*o matematico e o poeta*), Lisboa, 1990에서 나

타난다), 현존하는 저자들을(*The Mathematical Intelligencer*, vol. 10, no. 1, 1988과 앞에서 언급한 책들) 포함하는 몇몇 저자들에 의해 연구되었다. 불행히도 그의 책(불어로 된 두 종류의 판이 있었지만)을 읽은 사람들이 거의 없었고, 따라서 수학 발달에 큰 영향을 미치지 못했다. 꾸냐 또한 *수학의 원리에 관한 에세이*(Essay about the Principle of Mechanics)를 썼는데, 여기서 그는 역학에 대한 공리적 접근을 제시했고, 다른 저작들은 손실된 것으로 추정된다.

수학부(The Faculty of Mathematics)의 주요한 과제는 수학 전문가를 훈련시키는 것이었다. 1772년 개혁 이후에 박사 학위를 처음 받은 사람 중의 하나가 프레이 알렉산드르 드 고우베이아(Frei alexandre de Gouveia)였다. 그는 나중에 북경의 주교가 되었는데 이 때 그의 과학적 지식이 중요한 역할을 하였다. 그의 행적에 대한 세부적인 사항은 알려져 있지 않지만, 그는 중국에서 가장 중요한 과학 위원회인 수학위원회(The Mathematics Tribunal)의 회원이 되었다. 전문가를 훈련시킨 결과를 더 잘 보여주기 위해 우리는 19세기 말까지 수학부에서 제시한 박사 학위의 수를 표로 제시한다(그림 3).

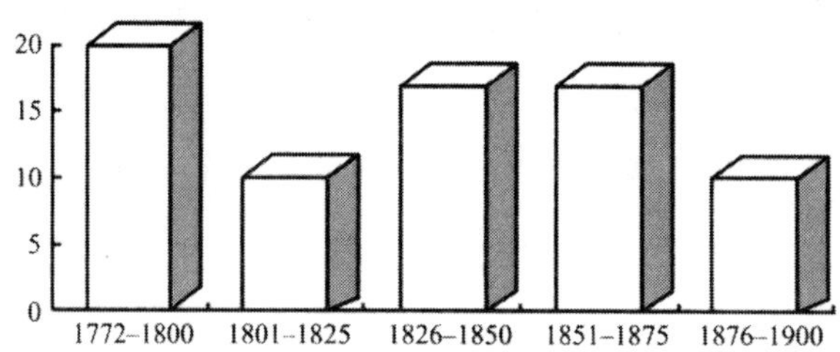

[그림 3]

새롭게 박사 학위를 받은 많은 사람들은 수학부의 교수로 머물렀지만, 다른 사람들은 리스본과 뽀르뚜의 군사 학교와 전문 학교(The Military and Polytechnic Schools of Lisbon and Oporto)의 교수가 되었는데, 이것은 수학과 졸업생들이 많았기 때문이다.

그 대학에서 교수의 질이 걱정이었다. 수학부와 철학부(The Faculty of Philosophy)의 회의에서 교수는 선임자에 따라서가 아니라 "그들이 매년 논문을 글이나 말로 위원회(The Congregation)에 제출하고 자격을 부여하는 학문적 저작 활동"에 의해 고용한다라는 것에 동의하였는데, 이것은 같은 위원회가 황제 폐하에게 제안한 계획에 따른 것이다. 이것은 연구 활동에 대한 관심을 나타낸 것으로 볼 수 있다.

불행히도, 그 결과는 오랫동안 새로운 수학부의 학장이었고 그 대학의 부총장이었던 뽐발(Pombal)이나 주제 몬떼이루 다 로샤가 의도한 것이 아니었다. 아주 적은 학생들만이 있었다: 수학 교재의 출판은 쉽지 않았다; 이 나라의 정치적 불안정성은 대학 생활에 큰 해를 끼쳤다. 첫 번째 나폴레옹 침략이 있었던 1807년부터 내전(Civil War)이 끝난 1834년까지 모든 과학적 활동은 상당히 축소되었다. 많은 교수들이 대학을 떠나지 않을 수 없게 되었다; 어떤 사람들은 추방당했다; 다른 사람들은 암살당하거나 사형당했다; 대학은 1810~1811, 1828~1829, 1831~1832, 1832~1833, 1833~1834에 문을 닫았다. (그 후 정치적으로 불안정한 다른 시기에도 대학에서의 연구를 불안하게 했고, 이것은 1846~1847과 다른 짧은 기간에 학교 문을 닫게 했다.)

18세기 말과 19세기 초에 포르투갈에서 출판된 수학적 저작의 대부분은 1799년 여왕 마리아 1세(Maria I)의 삼촌인 두크 라포에(Duke of Lafões)에 의해 창설된 과학 아카데미(The Academy of Science)에서 나온 것이다. 이 아카데미는 첫 논문집(Memories)을 1787년에 출판하기 시작했지만, 1797년에 가서야 첫 번째 수학 논문을 출판하였다(첫 번째는 케플러의 원통 문제(barrel problem)에 대한 주제 몬떼이루 다 로샤의 논문이었다). 이 아카데미는 프랑스의 침략과 내전까지 매우 활동적이었다.

1925년에 포르투갈 수학자 루이스 우드하우스(Luis Woodhouse)가 지적한 것처럼, "포르투갈의 수학 연구 역사에서 이 시기는 — 1772년 꼬임브라 대학의 뽐발의 개혁 이후 재탄생에서 18세기 말까지, 그리고 19세기 첫 해에서 포르두갈 수리과학의 핵심 요소를 분리하고 흩어지게 한 깊숙하고 지속적인 정치적 동요까지 — 전혀 흥미 없는 시기는 아니다; 이 시기는 헛되고 쓸모없는 시기는 아니었지만 짧은 기간이었다.

내전이 끝난 다음에야 교육 제도를 새롭게 개혁하는 것이 가능했다. 대학과 과학 아카데미는 별 다른 어려움 없이 본연의 활동으로 돌아갔다. (꼬임브라) 대학의 반대에도 불구하고 종합 기술 아카데미(Polytechnic Academies)가 1837년에 리스본과 뽀르뚜에서 신설되었고, 1911년에 이것들은 새롭게 리스본 대학과 뽀르뚜 대학의 과학부로 창설되었다. 꼬임브라에서 같은 해에 뽐발의 개혁에서 수학부와 철학부가 과학부로 통합되었다. 따라서 포르투갈 수학 발달에서 양적인 도약을 위해 경쟁력 있는 세 학교들을 위한 조건들이 형성되었다.

이 시기에 외국인 수학자와 직접적인 교류는 거의 일어나지 않았다. 1908년 이후에야 수학부가 독자적인 예산을 갖게 되었다. 처음에 해외에 나간 교수는 루시아노 뻬레이라 다 실바(Luciano Pereira da Silva), 엔리끄 드 피게이루드(Henrique de Figueriredo), 시도니우 빠이스(Sidonio Pais)였다. 빠이스 교수는(나중에 짧은 기간이었지만 포르투갈의 대통령이 되었고, 1918년에 암살당했다.) 파리에 두 번 나갔었는데(1909년과 1910년), 거기서 몇몇 과학기관을 방문하였고, 예를 들어 메, 꾸리에(Mme. Curie), 랑즈벵(Langevin), 구르사(Goursat), 아벨(Appell), 피까르(Picard)와의 좌담에 참석했었다.

19세기 포르투갈 수학자들 중 다음과 같은 사람들에 주목해야만 한다:

주제 몬떼이루 다 로샤의 학생인 마누엘 뻬드루 드 멜루(Manuel Pedro de Mello)(1756~1833)는 꼬임브라의 첫 번째 수역학 교수였다. 그는 유럽 방문 연구기간 동안 자신을 위해 준비하였고, 자신의 강의에서 유체 역학에 대한 쁘와종(Poisson)의 논문을 따랐다. 멜루(Mello)의 가장 중요한 논문은 지금은 유실되었지만, 그것은 힘의 평행사변형의 증명을 위한 프로그램에 관한 것이다. 이것은 1806년 코펜하겐의 왕립 과학 아카데미(The Royal Academy of Sciences of Copenhagen)의 경연을 위한 것으로, 여기서 그는 1등을 수상하였다(이 경연에 대해서 우리는 많은 참가자들이 있었다는 것만 알고 있다).

다니엘 다 실바(Daniel da Silva)(1814~1878)는 꼬임브라에서 공부했고, 해군 학교(The Naval School)의 교사가 되었다. 그의 저작 "*한 점 주변에서 힘의 회전에 관한 연구에 대한 논문*(Memoir about the rotation of forces around a point)"(1851)에서 그는 뫼비우스(Möbius)의 연구를 알지 못한 채 그 주제에 대한 이론을 개발하였고, 1837년에 출판하였다; 그렇지만 뫼비우스의 연구는 약간의 결함을 가지고 있었고, 이것은 1876년과 1877년에 다북스(Darboux)에 의해 수정되었다. 실바의 이론은 이러한 결점을 갖고 있지 않았지만, 다북스는 포르투갈 수학자의 저작을 읽은 적이 없었다. 그는 정수론, 기하학, 보험학에서 다른 독창적인 저작을 출판하였는데, 이들 중 아주 적은 부분만이 빠비아(Pavia) 저널에 발표된 이탈리아 수학자 알아지다 드 께자다(Alasia de Quesada)를 통해서 1903년 포르투갈 밖으로 알려졌다. 1877년 고메스 떼이세이라(Gomes Teixiera)에게 보낸 편지에서 다니엘 다 실바는 다음과 같이 썼다: "뫼비우스의 연구 업적 이상의 많은 것을 포함하고 있고, 다북스가 아주 자랑스럽게 여기는 뫼비우스의 오류 교정을 포함하고 있는 나의 논문은 거의 26년 동안 전 세계 모든 아카데미의 도서관에서 무시된 채 놓여 있다. 포르투갈에서의 저작 활동이 나에게 무슨 이익이 되겠는가!"

프란시스코 고메스 떼이세이라(Francisco Gomes Teixeira)(1851~1933)는 꼬임브라와 뽀르뚜 대학의 교수였다. 그는 이 시기의 포르투갈 수학자 중 가장 생산적이었고, 많은 국제 과학 저널에 수 백편 이상의 논문을 실었다. 그는 그 시대의 가장 유명한 유럽 수학자들과 서신 교환을 하거나 개인적으로 만났다. 고메스 떼이세이라는 해석학(급수 표현, 보간법, 복소 변수 함수, 미분 방정식 등)과 기하학 분야에서 저작들을 출판하였다. 그는 첫 번째 포르투갈 수학 저널인 *수리과학과 천문과학 저널*(The Journal de Sciencias Mathmaticas e Astonomicas)을 1877년에 발간하였는데, 이것은 1905년에 더 광범위한 출판물로 대치되었다. 그는 또한 포르투갈 수학사에 대한 몇몇 저작을 출판하였다—즉, 뻬드루 누네스, 몬떼이루 다 로샤, 아나스따시우 다 꾸냐, 다니엘 다 실바에 대한 연구들, 포르투갈 수학사에 대한 책인 *포르투갈 수학사*(História das Matemáticas em Porutugal)(1934).

언급할 필요가 있는 이 시기의 다른 수학자들의 활동들이 있다. 단따스 페레이라(Dantas Pereira)는 기초 확률에 대한 참고도서를 포함하는 첫 번째 교재 "상무부와 재무성을 위한 연구 과정(Cource of Studies for the Commerce and Exchequer)"(1798)의 저자이고, 또한 후에 오르네르(Horner)(1819)에 의해 출판된 방법과 아주 다르고 고메스 떼이세이라의 연구(Historia das Matematicas em Portugal, 1934)를 따르는 대수 방정식의 근에 대한 근사 계산의 방법의 저자다. *가르씨옹 토끌레스*(Garção Stockler)는 1819년에 포루투갈에서 첫 번째 수학사 책과 해석학에 대한 몇 가지 저작을 출판하였다. 시몽이스 마르지오치(Simões Margiochi)는 1821년에 저작을 출판하였는데, 그는 여기에 나중에 루이스 올리비에르(Luiz Olivier)(Crelle's Journal, 1826)에 의해 재발견된 4차 이하 방정식의 근을 구하는 확실한 공식을 실었다. 아드리우 페레이라 포랴스 드 삼파이우(Adrião Pereira Forjaz de Sampaio)는 통계학에 대한 첫 번째 포르투갈 교재인, *통계학의 첫 번째 원론*(First Elements of Statical Science)(1841)의 저자이다. 엔리끄 드 피게이레두(Henrique de Figueiredo)는 1887년에 리만 표면에 대한 저작을 출판하였다. 시도니우 파이스(Sidónio Pais)는 포르투갈에서 출판된 확률 이론에 대한 첫 번째 과학적 저작의 저자였는데, 그의 논문은 *관찰 오류의 이론에 대한 서론*(Introduction to the theory of the observation errors)(1898)이었다.

포르투갈의 수학적 출판물의 파노라마에 대해 간략하게 살펴보겠다.

19세기 중반까지 주요 수학적 출판물은 과학 아카데미아의 논문집(Memórias da Academia das Ciências)이었다. 1857년이 지나서야 대학에서 박사 논문이 출판되었고, 이것들 중 우리는 많은 흥미로운 저작들을 발견할 수 있다. 이것은 그 시대에 포르투갈 수학자가 세계의 나머지 부문에 존재했다는 것을 보여주는 것으로 볼 수 있다. 우리는 앞에서 이미 언급한 엔리끄 드 피게이레두와 시도니우 빠이스의 학위 논문을 한 예로 지적할 수 있다.

과학적 연구는 1772년 법령의 한 부분이었는데, 이것은 "자연 과학의 진보, 보급, 성숙을 위한 과학의 일반 위원회(General Congregation of the sciences for the advancement, progress and Perfection of the natural science)"를 창설하였다. 그러나 이 위원회는 실제적으로 운영되지 않았고, 다른 나라와의 교류도 제한적이었다. 이 시대의 가장 좋은 출판물은 포르투갈에서 수용되었지만, 포르투갈 수학자는 종종 나중에 다른 사람들에 의해 재발견된 결과나 방법을 발견했다는 것이 사실이다— 이 경우는 몬떼리우 다 로샤, 아나스따시우 다 꾸냐, 가르씨웅 스또끌레르(Garcao), 단따스 페레이라(Dantas Pereira), 다니엘 다 실바에 해당된다—포르투갈 수학자와 외국 수학자—주로 유럽—의 관계의 발전이 실제로 가능했던 것은 1877년에 *수학과 천문학에 대한 저널*(Journal de Sciencias Mathematicas e Astronomicas)이 창간된 이후였다. 포르투갈 수학자는 이 저널에 논문을 실었고, 이 논문들은 포르투갈 밖에서 읽혔다; 또한 많은 외국 수학자들이 그 저널에 논문을 실었고, 따라서 포르투갈 수학 연구에 대한 인식이 포르투갈 밖에서 강화되고 있었다.

1772년 법령은 일반 강좌의 학생들을 위한 포르투갈어로 된 책이 있어야 된다고 제정하였다. 약간의 번역물이 만들어졌지만 원전이 포르투갈어로 된 책은 거의 출판되지 않았다. 1886년 수학과 교수 루이스 다 꼬스따 이 알메이다(Lúis da Costa e Almeida)는 성공하지는 못했지만, '대중 교육을 위한 고등 기관(Conselho Superior de Instrucao Publica)'에서 교재를 집필하는 교수에게 돈을 지불해야만 하고, 그 돈은 1년 강의료와 같아야 된다고 제안하였다. 국내외적으로 실질적인 영향력을 미친 최초의 포르투갈어로 된 교재는 프란시시코 고메스 떼세이라의 세 권으로 구성된 *무한소 해석학의 과정*(Curso de Analyse Infinitesimal)이었다. 이 책은 *과학과 수학의 회보*(The Bulletin des Sciences Mathematiques)와 *미국 수학학교 회보*(The Bullutin of the American Mathematical Society)의 우호적인 비평의 대상이었다. 또한 이 교재는 오랫동안 꼬임브라 대학과 뽀르뚜와 리스본에 있는 과학 기술 아카데미(The Polytechnic Academies of Oporto and Lisbon)의 교재로 채택되었다. 이 책은 편미분 방정식, 복소함수, 급수에 의해 정의된 함수와 같은 고급 해석학(고메스 떼이세이라의 연구 논문을 토대로 한 것)의 많은 주제를 폭넓게 포함하고 있다.

이 시기에 가장 잘 알려진 것 중의 하나는 고메스 떼이세이라의 곡선에 관한 백과사전이다. 마드리드 과학 아카데미(The Madrid Academy of Sciences)는 1896년에 "모든 곡선의 순서화된 목록"이라는 주제로 경연을 제안하였다. 비록 한 명만이 수상하기로 예정되어 있었고 고메스 떼이세이라는 규칙에 맞지 않는 언어를 사용했지만, 지누 로리아(Gino Loria)와 고메스 떼이세이라 모두 상을 받았다. 나중에 고메스 떼이세이라는 자신의 저작을 확장하였고, 그것을 불어로 *동일 평면에 있지 않는 특별 곡선에 대한 논문*(Tratie des courbes speciales remaquables planes et gauches)이라는 제목을 붙여 출판하였다. 이 책은 파리 과학 아카데미로부터 상을 받았다(심사원은 폴 아벨이었다). 이것은 모든 고전적인 곡선에 대한 풍부한 정보(곡선의 역사를 포함해서)를 담고 있었다. 이 두 명의 발표자는 최근에 다시 주목을 받고 있다(Chelsea, New York, 1971; Jacques Gabay, Paris, 1995).

1910년 이후의 포르투갈 수학

19세기 말까지 포르투갈에서 수학적 활동의 중요한 특징 중의 하나는 포르투갈 수학 공동체의 고립화이다. 사실상 포르투갈 수학 공동체와 이 공동체의 활동은 해외에 거의 알려지지 않았다. (뻬드루 누네스는 예외적이다.) 대조적으로 20세기 포르투갈 수학적 활동의 중요한 특징은 이러한 고립화의 붕괴다. 실제로 이 붕괴는 고메스 떼이세이라와 더불어 19세기 후반부터 시작되었다. 20세기에 들어와 처음 25년 동안 떼이세이라는 국제적 수준에서 유일한 포르투갈 수학자로 남아있었다. 20세기 말까지 다른 포르투갈 수학자들도 해외에 알려지기 시작함에 따라, 유명한 외국 수학 저널에 그들의 연구 결과가 실리기 시작했다.

이것은 아우렐리우 드 미라 페르난드스(Aureliano de Mira Fernandes)(1884~1958)의 경우에 해당된다. 그는 꼬임브라 대학에서 연구하였고, 거기서 그는 1910년에 갈로와 이론에 대한 논문으로 박사 학위를 받았다. 1911년 그는 리스본에 설립된 '리스본 공학 학교(Instituto Superior Técnico)'의 교수로 임명되었고, 여기서 그는 1954년 은퇴할 때까지 재직하였다. 20년대에 그는 미분기하학과 텐서 해석학에서 활동적인 연구자가 되었다. 1924년부터 사망할 때까지 이 주제에 대한 일련의 논문을 출판하였고(이 중 일부는 이탈리아 저널에 실렸다), 이탈리아 수학자들(예를 들어, 레비 키비타(T. Levi. Civita))와 많은 교류를 했다.

이 시기의 다른 활동적인 수학자는 주제 빈센뜨 곤살레스(Jośe Vicenete Goncalves)(1896~1985)이다. 그는 꼬임브라에서 공부하였고, 복소 함수 이론에 대한 논문으로 1921년에 박사 학위를 받았다. 그는 꼬임브라 대학(1942년까지)과 리스본 대학(1942~1966)의 교수였고, 고전 해석학(부등식, 함수의 0, 무한 급수, 연속함수, 직교 다항식)에 관해 연구하였다. 그의 논문이 포르투갈에서 출판되었고, 그것들 중 일부는 포르투갈어로 씌어있었지만, 그것들은 포르투갈 밖에서 알려지기 시작했다. (이것들 중 일부는 오스트로우스키(A. Ostrowski)와 같은 외국 수학자의 심화된 연구의 근원이 되었다.) 그는 또한 매우 영향력 있는 대학의 편람과 고등학교 수학 교과서의 저자였다.

20세기 초, 수학 활동과 관련된 기관은 꼬임브라 대학의 수학부, 리스본의 이스꼴라 전문학교(Escola Politenica), 뽀르뚜의 아까데미아 전문학교(Academia Politecnia)다. 마지막 두 기관은 주로 공대였다(비록 1902년 이래로 세 기관은 고등학교 수학 교사를 위한 학위를 수여하긴 했지만). 우리는 졸업한 학생의 수가 일상적으로 매우 적었다는 것(0~6명)을 언급해야만 한다.

1910년에 포르투갈의 정치 제도가 군주제에서 공화국으로 변경되었다. 새로운 지도자들은 교육 문제에 관심이 많았다. 리스본 대학과 뽀르뚜 대학이 신설되었다. 앞에서 언급한 리스본의 이스꼴라 전문학교와 뽀르뚜의 아까데미아 전문학교는 과학부(Faculties of Science)로 이름이 변경되었고 각각 리스본 대학과 뽀르뚜 대학으로 통합되었다. (꼬임브라의 수학부와 자연 철학부 역시 새로운 과학부로 통합되었다.) 또한 다른 학교들이 신설되거나 대학 수준의 학교로 변경되었다.(리스본의 공학 학교가 그런 경우인데, 여기서 미라 페르난드스는 교수로 임명되었다). 그러나 학교 수의 증가보다 더 중요한 것은 1923년에 교육부 장관이 과학 연구를 위해 정부 부서를 조직하려고 한 시도였다. 1929년에서야 창설된 이 부서(The Junta de Educaccao Nacional)의 기능 중의 하나는 과학 연구를 위한 지원금을 제공하고 학생들을 외국 과학 연구 센터로 보내는 것이다.

30년대와 40년대에 대학에서 수학적 교수의 현대화는 빈센뜨 곤살베스(Vicente Goncalves)의 해석학에 관한 새로운 교재와 안또니우 알메이다 꼬스따(António Almeida Costa)(1903～1978)에 의한 대수학에 관한 새로운 교재의 출판에서 나타나기 시작했다.

알메이다 꼬스타는 1924년에 뽀르뚜 대학을 졸업하고, 이 학교에서 1924년부터 1952년까지 가르쳤다. 1952년에 그는 리스본 대학으로 옮겨 1973년까지 재직하다 은퇴했다. 그의 첫 번째 관심사는 수리물리학과 천문학이었다. 1937년에 그는 베를린에서 이 주제의 연구에 대한 장학금을 받았고, 여기서 그는 훈련의 한 부분으로 군 표상 이론을 연구해보라는 충고를 들었다. 그의 연구 관심사는 추상 대수로 옮겨갔고, 이것은 그의 주요 활동 분야가 되었다. 1939년 뽀르뚜로 돌아온 이후 그는 추상 대수를 장려하는데 매우 적극적이었다. 이 주제는 주로 그에 의해 포르투갈에 도입되었다. 이 영역에서 몇몇 연구 논문의 출판과 더불어 그는 젊은 수학자들이 대수에 대해 연구할 수 있는 세미나를 조직하였다. 알메이다 꼬스타는 박사 과정 학생들을 지도하였고, "학파"를 창설한 몇 안되는 포르투갈 수학자 중의 하나였다.

후이 루이스 고메스(Ruy Luis Gomes)(1905～1984), 안또니우 아니세뚜 몬떼이루(Antonio Aniceto Monteiro)(1907～1980), 우구 히베이루(1910～1989)와 같은 새로운 세대의 수학자들 덕분에 30년대 말과 40년대 초는 집중적이고 활기찬 수학 활동의 시기였다.

빈센뜨 곤살베스의 학생이었던 후이 루이스 고메스는 꼬임브라를 졸업하였고, 1928년에 미라 페르난데스의 지도하에 수리물리에 대한 논문으로 박사 학위를 받았다. 다음 해에 그는 이 주제와 실해석학(적분 이론)에 대한 몇 가지 논문을 출판하였다. 그는 뽀르뚜에서 1928년부터 1947년까지 교수였다.

안또니우 몬떼이루(Antonio Monteiro)는 1930년에 리스본에서 졸업하였고, 1936년에 페르케(M. Frechet) 지도 하에 위상수학에 대한 논문으로 파리에서 박사학위를 받았다. 이 주제 이외에도 그는 대수와 대수 논리에 대해 연구하였다. 리스본으로 돌아온 1936년 이후에 그는 젊은 학생들이 연구 활동을 시작할 수 있는 강좌와 강연을 조직하기 시작하였다. 이 학생들 중 하나인 우구 히베이루는 나중에 다음과 같이 말했다: "그 이래로 젊은 사람들을 그렇게 효율적으로 장려한 사람을 본 적이 없다." 이 활동의 결과로 1940년에 리스본에 수학 연구 센터가 창설되었고, 이것에 영감을 얻어 다른 센터가 1941년에 뽀르뚜에서 창설되었다. 몬떼이루가 이 센터를 발전시키는데 중요한 역할을 하였다. (그는 뽀르뚜에서 1943년부터 1945년까지 살았다.) 이 센타에서 몇 가지 전공 논문집이 출판되었다. 1943년에 미라 페르난데스, 리루스 고메스, 몬떼이루의 지시 하에 '수학 연구 위원회(Junta de Investigacao Mathematica)'가 창설되었다.

이런 활동에 참여한 다른 수학자는 우구 히베이루였다. 그는 1939년에 대학원을 마쳤고 연구 활동을 안또니우 몬떼이루 밑에서 시작하였다. 그는 1946년에 쮜리히에서 박사학위를 받았고, 그의 중요 연구 주제는 수리 논리였다. (쮜리히에서 그는 베르나이(P. Bernays), 곤제쓰(F. Gonseth), 호프(H. Hopf)의 학생이었다.)

1937년에 *포르투갈 수학*(*Portugaliae Mathematica*)(지금도 출간 중)의 창간 — 국제적 특성을 갖는 연구 저널 — 과 1940년에 수학 공동체(학생과 고등학교 교사 포함)를 위한 해설과 정보를 제공하는 저널인 수학 회보(*Gazeta de Matemática*)의 창간을 촉진한 세대가 바로 이 세대(주로 안또니우 몬떼이루)였다. 이런 사업들은 선배 포루트갈 수학자들의 지원을 받았다. 예를 들어, 미라 페르난드스와 빈센뜨 곤살베스는 *포르투갈 수학*에 몇 가지 논문을 발표하였다. 1940년에 포르투갈 수학 학회(Portuguese Mathematical Society)를 창설한 것도 바로 이 세대였다.

[그림 4] 저널 포르투갈 수학과 수학회보의 창간호

우리는 각 과학부(공학부와 경제학부)가 주로 포르투갈 수학자에 의해 연구와 수학적 논문에 대한 해설을 포함하는 저널을 출간했다는 것을 덧붙여야만 한다. 고메스 떼이쎄이라는 19세기에 뽀르뚜 학부(Oporto Faculty)의 저널을 만들었다; 다른 저널들은 1920년대와 1930년대에 창간되었다. 이것은 20세기에 수학적 활동이 증가되었다는 것을 보여준다.

불행히도, 위에서 기술한 활동의 가장 중요한 부분이 중단되었다. 왜냐하면 그것의 창설자 대부분이(그리고 그것의 참여자의 일부) 정치적 이유로 그들의 직장에서 내쫓기거나(정치적 활동 때문에 한 번 이상 감옥에 간 히 루이스 고메스를 포함), 대학에서 다시는 지위를 찾을 수 없게 되었거나(몬떼이루와 우구 히베이루를 포함; 쮜리히에서 박사학위를 받은 히에이루는 포르투갈 독재자들의 인정을 받을 수 없었다.), 추방당했다. (포르투갈은 1926년부터 1974년까지 우익 독재정권[2] 아래였다.) 우구 히베이루는 미국으로 갔다. 그는 캘리포니아 대학과 버클리 대학에서 방문 교수로 있었고, 펜실바니아 주립 대학의 교수로 지냈다. 몬떼이루와 후이 루이스 고메스(그리고 다른 젊은 수학자들)는 남아프리카(브라질과 아르헨티나)로 갔다. 우리는 몬떼이루와 히 루이스 고메스는 이들 나라의 수학 발달에 중요한 역할을 하였다는 것을 덧붙여야만 한다. 예를 들어, 몬떼이루는 나흐빈(L. Nachbin)에 강한 영향력을 미쳤다. 히베이루는 미국에서 몇몇 박사 과정 학생들을 지도하였다(키디(M. Keedy), 스프루노이쯔(K. Supruonowisz), 스미쓰(D. Smith), 위(Y. Wu), 그리핀(J. Griffin), 골드바쎄르(E. Goldwasser)). 독재 정권 말기인 1974년에 후이 루이스 고메스는 뽀르뚜대학으로 돌아왔고, 히베이루는 그곳에서 교수로 임명되었다.

1950년대와 1960년대에 20세기의 포르투갈에서 가장 유명한 수학자 중의 하나인 세바스디아웅 이 실바(J. Sebastiao e Silva)(1914~1972)의 활동을 언급해야만 한다. 그는 1937년에 리스본을 졸업하였고, 리스본 수학 센터에서 몬떼리우(A. Monteiro) 밑에서 연구 활동을 시작하였고, 로마에서(1943~1945) 프란따삐에(L. Fantappic)와 연구하였다. 그는 리스본 천문 학교와 리스본 과학부의 교수였다. 그는 논리, 수치해석학, 함수 해석학(국소적으로 볼록 공간과 분포 이론)에 대한 연구 논문을 출판하였다. 그는 또한 교육자로서도 활동적이었다. 예를 들어 중등학교 수학 교육과정을 다시 쓰고, 집합론, 추상 구조, 수치 해석, 응용 수학, 통계학에 대한 서문을 썼다. 그는 또한 새로운 교육과정을 위한 교과서를 집필하였고 고등학교 교사를 위한 특별 훈련 과정을 만들었다.

수학사에서(주로 포르투갈 수학자에 대한) 어떤 활동들이 있었다. 20세기 초 고메스 떼이쎄이라 이외에도 빈센트 곤살베스가 있었고, 아나스따시우 다 꾸아에 대한 통찰력이 있는 연구가 있었다. (그는 또한 수학사에 대한 몇 가지 작은 주해서를 출

2) 스페인 내란 이래 정권을 잡은 스페인의 파시스트당인 우익 팔랑헤당(Right-wing falangist)

판하였다.) 루씨아노 뻬레이라 다 실바(Luciano Pereira da Silva)(1864~1926)와 루이스 드 알부꿰르꿰(Luis de Albuquerque)(1907~1992)는 주로 과학사(15세기와 16세기 유럽 탐험과 항해) 분야에서 연구한 두 명의 수학자였다. 우리는 또한 리스본 경제학부(The Instituto Superior de Ciencias Economicas e Financeras)의 수학 교수였던 벤뚜 드 제주스 까라싸(Bento de Jesus Caraca)(1901~1948)를 언급해야만 한다. 비록 그가 연구 논문을 출판하지는 않았지만, 영향력 있는 대학 편람의 영감을 주는 강연자와 저자였다. 그는 1942~43년에 수학사와 수학 철학에 대한 매우 흥미로운 책, *수학의 기초 개념*(*Conceitos Fundamentais da Mathematica*)을 출판하였다. 이 책은 일반인을 대상으로 한 책인데, 베스트셀러가 되어 초판 이래로 계속 재판을 찍고 있다. 벤또 까라까(Bento Caraca)는 이 주제에 대한 논문을 출판하였다.

1960년대 포르투갈에서 대학의 교육과정은 (위상수학과 같은) 새로운 주제의 부상과 함께 학부 수학 교육과정 수준에 큰 변화를 겪었다. 또한 대학 이력의 구조, 즉 젊은 졸업생이 일찍 연구 활동과 접촉할 수 있는 대학원 과정의 개설과 같은 변화가 있었다.

20세기에 수학적 활동의 증가에도 불구하고 제자를 훈련시키고 박사 과정 학생들 감독하는 전통이 없었다는 것에 주목할 필요가 있다. 사실상 20세기 포르투갈 수학자들의 상당수는 독학을 하거나(미라 페르난데스와 빈센뜨 곤살베스의 경우), 해외에서 그들의 박사 학위를 획득했다. 위에서 언급한 것처럼, 후이 루이스 고메스는 미라 페르난데스와 빈센뜨 곤살베스의 제자였다; 빈센뜨 곤살베스는 연속 함수에 대한 그의 저작에 대해 주앙 빠린하(João Farinha)(1910~1957)에게 충고하였다; 분포에 대한 산또스 귀헤리우(1910~1987)의 저작은 에바스띠앙 이 실바의 영향력 아래에 있었다. 그렇지만 알메이다 고스따와 안또니우 몬떼리우와 같은 예외가 생겨났는데, 이들은 박사 학위 학생들을 지도하였고 수학과 대학원을 만들려고 노력하였다.

1960년대 후반에 대학을 정점으로 하는 교육 제도가 기하급수적으로 팽창하기 시작하였다. 그 후 몇 십년동안 학부생의 수와 대학원생의 수가 엄청나게 증가했다. 이것은 박사학위와 연구 센터의 증가를 이끌었다. 학생 수가 늘어남에 따라 포르투갈 수학자 지도하에 포르투갈에서 박사 학위를 얻기 시작하였다. 새로운 영역이 개발되었고, 국제 수준의 새로운 연구 집단이 창설되었다. 특히 응용수학 분야에서 두드러졌다: 수치해석, 역학 시스템, 조절 이론, 최적화, 통계학(이 영역의 발달에 대해 띠아구 드 올리베리아(J. Tiago de Oliveria)(1928~1992)의 이름과 연결해야만 한다), 이론 컴퓨터 과학. 이것들 이외에 포르투갈에 국제적 수준의 다른 연구 집단이 있었다: 우리는 함수 해석학과 미분 방정식 학파(세바스띠앙 이 실바에 의해 창설되었다)와 두 종류의 대수 학파(하나는 알메히다 이 꼬스따에 의해 창설되었고 다른 하나는 루이스 드 알부 퀘르퀘에 의해 창설되었다)를 언급해야 한다.

포르투갈 수학의 사료편집

지금까지 "포르투갈의 수학사"라고 불릴만한 저작은 다음 네 가지만 출판되었다:

포르투갈의 수학의 역사와 포르투갈의 외국인 지배자, 혹은 정복자(Memorias históricas sobre alguns matemáticos Portugueses, e estrangeiros domiciliados em Portugal, ou nas conquistas) – 안또니우 리네이므루 두스 산투스(António Ribeiro dos Santos), 1812;
포르투갈의 수학의 기원과 진보에 대한 역사 에세이 (Ensaio histórico sobre a origem e progressos das Matemáticas em Portugal) – 프란시스꼬 드 보르자 가르싸웅 스또끌레르(Francisco de Borja Garção Stockler), 1819;
포르투갈 수학자 (Les Mathematicas en Portugal) – 로도프 기마랑이스(Rodolfo Guimaraes), 1900~1909;
포르투갈 수학사 (História das Matemáticas em Portugal) – 프란시스꼬 고메스 떼이샤이라(Francisco Gomes Teixeira), 1934

출판 연도에 주목하자. 지난 60년 동안 이 분야에서 종합을 위한 어떠한 시도도 없었다. 이것은 중요한데, 기존의 "역사들(Histories)"이 그 주제에 대한 정보를 얻으려는 독자에게 영향력을 미치는 하나의 패러다임을 확립했기 때문이다.

네 가지 저작 모두 귀중하다는 것은 명백하고, 각각은 독자적인 방법으로 포르투갈 수학사에 대한 연구에 중요한 공헌을 하였다. 예를 들어, 로도프 기마랑이스는 역사적 서문 이후에 19세기 말까지 포르투갈에서 출판되거나 포르투갈인 저자의 모든 저작을 목록화하려고 노력하였다. 고메스 떼이새이라는 중요한 네 명의 저자들에 대해 심도 있는 분석을 하였다: 뻬드루 누네스, 아나우스따시우 다 꾸냐, 몬떼이루 다 로샤, 다니엘 다 실바. 스또끌레르의 경우, 그는 선구자였고 그의 *에세이*

(*Ensaio*)는 커다란 영향력을 갖고 있었다. 다음 단락에서 우리는 이러한 인물들과 그들의 작품들이 과소평가되지 않길 바란다.

위에서 언급한 저작들은 포르투갈 역사의 "낡은 방식"의 관점을 공유하고, 이러한 관점은 어떤 시기를 모호하게 만들고 과거—우리의 경우에 수학적 과거—로의 접근을 왜곡하는 경향이 있다는 것은 사실이다.

이 관점은 19세기 일반적인 포르투갈 수학사에서 지배적인 것이다. 이것은 프랑스 대혁명 영향 아래에 있는 자유주의에 대한 계몽운동 관점이다. 매우 불행하게도 이 관점은 최근 과거에 대한 "호전적인" 전망이다. 게다가 이 전망에서 특히 뽐발 후락 이전의 두 세기는 어둠, 불관용, 무지의 시대였다는 것이 원칙이다. 우리가 16세기를 휴머니즘으로 간주할 때—이 시기는 포르투갈에서 발견자가 가져온 예술, 문화, 과학의 개화기와 관련되어 있다— 이 어둠은 더욱 더 커진다. 이 관점은 1819년까지 거슬러 올라가는 스또끌레르 *에세이*에 충실하게 반영되어 있다: 포르투갈에서 16세기 수학은 더할 나위 없이 화려한 시기였는데, 이 시기에 빼드루 누네스가 가장 두드러진다. 그 이후는 주제 아나스따시우 다 꾸냐와 같은 중요한 이름들이 자신들의 모습을 드러내는 뽐발의 꼬임브라 대학의 개혁까지 쇠락의 200년이 이어진다.

스또글레르의 *에세이*의 출간 이후 거의 100년 동안 로도프 기마랑이스는 그의 책의 역사적 서문에서 말 그대로 동일한 관점을 반복한다. 고메스 떼이새이라의 경우, 그는 베끼거나 모방하지는 않았지만, 일반적인 전망은 여전히 동일하다.

이제 포르투갈의 일반적인 역사에 대한 연구는 지난 세기 이래로 진화되어왔다. 특히, 포르투갈 사회에서 종교 재판소(Inquisition)와 예수회의 시대와의 간격이 증가되어 왔고, 그 시기는 요즘 포르투갈 역사에서 다른 것과 마찬가지로 연구되고 분석되었다.

그렇지만 수학사에서 우리는 동일한 입장에 머물러 있었다. 일반적인 관점은 여전히 동일하다. 특정한 수학자에 대한 연구와 세부적인 연구는 거의 드물기 때문에 (고메스 떼이새이라 이외에 관련 있는 저자들 중에 우리는 비센뜨 곤쌀네스와 루이스 드 알부퀘르끄를 언급해야만 한다), 우리는 새로운 정보 없이 동일한 자원에 대해 영구적인 호소를 하면서 우리 스스로 동일한 관점의 끝없는 반복으로 환원하고 있는 것을 발견한다.

현재에는 분명한 아이디어를 갖고 있다고 인정하고 소위 패러다임의 변화라고 과장되게 불리는 것을 제안하는 것처럼 보인다. 위에서 기술한 관점(여하튼 스또끌레르, 기마랑이스, 떼이새이라와 같은 저자들의 중요성)은 오늘날 소진되었고, 잘려나갔고, 더 이상의 희망이 없어졌다. 이것보다 더 안 좋은 것은 감각조차 없어진 것처럼 보이는 것이다. 우리가 만일 이와 같이 계속 나아간다면, 많은 시대와 많은 저자들이 포르투갈 수학사에서 모호하게 남아 있을 것이다.

이러한 변화를 위해 다음과 같은 접근을 제안한다:

1) 1578년(뻬드루 누네스 사망)에서 1772년(뽐발의 꼬임브라 대학의 개혁)까지의 연구와 19세기 연구에 대한 우선권. 이 기간들은 지금까지 상대적으로 주목을 적게 받은 적극적인 시기다.
2) "적극적인 역사(positive history)"라고 불릴 수 있는 것에 대한 우선권: 저자와 작품의 목록 만들기(기마랑이스의 뛰어난 목록을 확장하고 완성하기), 출판된 수학적 저작과 수고 형태의 수학적 저작을 찾아내서 마이크로필림화하기, 그것들 중 가장 중요한 것을 출판하거나 재발행하기. 이들 저작에 대한 연구. 포르투갈에서 17세기와 18세기의 위대한 수학적 진보의 수용에 대한 연구. 19세기의 경우, 꼬임브라의 박사학위 논문과 과학 아카데미의 논문집에 대한 연구. 포르투갈에서 수학사는 2차 사료의 인위적인 반복을 완전히 폐기하고 1차 사료만을 기초로 이것들 모두가 수행되어야만 하고, 수행되기 시작해야 한다.
3) 이런 노력들의 방향이나 지침의 역할을 하는 수집된 자료를 기초한 연구. 예들은 다음과 같다:
   - 16세기에서 18세기까지 포르투갈 응용 수학에 대한 배타적인 강조가 있었는가?
   - 그렇다면 이것은 발견자(Discoveries)의 노력 — 긴 해외 항해의 일상, 육지 상륙과 그 지역의 주민들과의 연결로 귀결되는 구체적인 필요 — 에 대한 기본적인 방법과 관련되어 있는가?
   - 18세기 포르투갈에서 수학을 가르치는 사람이 눈에 띄게 부족한 현상(심지어 초등학교 수준에서조차도)에 기인하는 영향을 강조하였는가?
   - 1578년에서 1772년까지 포르투갈에서 수학적 결핍을 인정한다면, 어떤 고지에서 추락하는 것을 의미하는 '쇠락'이라는 단어를 사용하는 것이 적절한가? 환언하면 (뻬드루 누네스는 16세기 포르투갈 수학자 집단의 선두주자였는가, 아니면 독보적인 인물이었는가?
   - 포르투갈 수학자는 체계적인 방법으로 19세기 유럽 수학의 발달을 뒤지지 않고 따라갔는가?

우리는 분명하게 마치겠다. 이것을 할 사람이 아무도 없다면 이것들 중 실현될 수 있는 것은 아무것도 없다. 우리는 몇 년 안에 포르투갈의 새로운 수학사를 쓰는 것이 가능할 것이라고 생각한다.

▌포르투갈 수학사에 관한 간단한 참고문헌▐

[1] Albuquerque, L.: 1974 - 1978, *Estudos de História* (six volumes), Coimbra: Acta Universitatis Conimbrigensis.

[2] Bosmans, H.: 1907 - 1908, "Sur le 'Libro de Algebra' de Pedro Nuñez," *Bibliotheca Mathematica*, 3rd series, t. 8, Leipzig, pp. 154 - 169.

[3] ______: 1908, "L'algèbre de Pedro Nuñez," *Anais da Academia Politécnica do Porto*, 3, pp. 222 - 271.

[4] Cunha, José Anastácio da: 1790, *Principios Mathematicos*, Lisboa. Facsimile edition 1987, Coimbra: Dep. Matemática Univ. Coimbra.

[5] ______: 1811, *Principes Mathématiques*, Paris. Facsimile edition 1987, Coimbra: Dep. Matemática Univ. Coimbra.

[6] Carvalho, J. F., Oliveira, M. P., & Queiró, J. F. (ed.): 1987, *Em homenagem a josé Anastácio da Cunha*, Coimbra: Dep. Matemática Univ. Coimbra.

[7] Ferraz, M. L., Rodrigues, J. F., & Saraiva, L. (ed.): 1990, *Anastácio da Cunha—1744 ~ 1787—o matemático e o poeta*, Lisboa: INCM.

[8] Freire, F. C.: 1872, *Memória Histórica da Faculdade de Matemática*, Coimbra: Imprensa da Universidade.

[9] Gomes, Alfredo Pereira: 1997, *Portugaliae Mathematica. Um marco na história da investigação matemática portuguesa*, Coimbra: Publicações de História e Metodologia da Matemática (CMUC), 5.

[10] Gomes, Ruy Luís: 1983, "Tentativas feitas nos anos 40 para criar no Porto uma Escola de Matemática," *Boletim da Sociedade Portuguesa de Matemática* 6, pp. 29 - 48."

[11] Gonçalves, J. V.: 1940, "Análise do Livro VIIII dos 'Principios Mathematicos' de José Anastácio da Cunha," In *Actas do Congresso do Mundo Portugués*, pp. 123 - 140.

[12] ______: 1971, "Aureliano de Mira Fernandes, investigador e ensaísta," In *Obras Completas de Aureliano de Mira Fernandes* (vol. 1), v-xxi. Lisboa: ISCEF.

[13] Guimarães, R.: 1909, *Les Mathématiques en Portugal*, Coimbra: Imprensa da

Universidade.

[14] Köthe, G.: 1973, "J. Sebastião e Silva et l'Analyse Fonctionnelle," *Anais da Faculdade de Ciências do Porto*, XVI-4, pp. 339 - 349.

[15] Morgado, J.: 1995, *Para a história da Sociedade Portuguesa de Matemática*, Coimbra: Publicações de História e Metodologia da Matemática (CMUC), 4.

[16] Nunes, Pedro: 1567, *Libro de Algebra en Arithmetica y Geometria*, Antwerp. New edition 1946 Lisboa: Imprensa Nacional.

[17] Oliveira, A. J. F.: 1988, "Anastácio da Cunha and the concept of convergent series," *Archive for Hist. of Exact Sciences*, 39, pp. 1 - 12.

[18] Oliveira, J. T.: 1989, O *essencial sobre a História das Matemáticas em Portugal*, Lisboa: INCM.

[19] ______: 1995, *Obras Completas* (vol. 2), Évora: Pendor.

[20] *Portugaliae Mathematica* vol. 39: 1980, volume honoring A. A. Monteiro.

[21] Queiró, J. F.: 1988, "José Anastácio da Cunha: a forgotten forerunner," *The Mathematical Intelligencer*, 10, pp. 38 - 43.

[22] Rodrigues, M. A.: 1982, *Actas das Congregações da Faculdade de Matemática* (1772 ~ 1820). Coimbra: Arquivo da Universidade.

[23] Santos, A. R.: 1812, "Memorias historicas sobre alguns Mathematicos Portuguezes, e Estraneiros Domiciliarios em Portugal, ou nas Conquistas," *Memórias de Literatura Portuguesa publicadas pela Academia Real das Ciências de Lisboa*, VIII, pp. 148 - 229.

[24] Saraiva, L.: 1993, "On the first history of Portuguese mathematics," *Historia Mathematica*, 20, pp. 415 - 427.

[25] Saraiva, L., & Oliveira, A. J. F.: 1992, "Mathematics and Mathematicians in Portugal (1800 ~ 1950)," To appear in the Proceedings of the meeting *European Mathematics 1848 ~ 1939.*

[26] Silva, Clóvis Pereira da: "Sobre a Matemática no Brasil após o período colonial," to appear in *Revista da SBHC*, no. 16.

[27] Stockler, F. B. G.: 1819, *Ensaio historico sobre a origem e progressos das Mathematicas em Portugal*, Paris.

[28] Teixeira, F. G.: 1934, *História das Matemáticas em Portugal*, Lisboa: Academia das Ciências.

[29] Youschkevitch, A. P.: 1973, "J. A. da Cunha et les fondements de l'Analyse Infinitésimale," *Revue d'Histoire des Sciences*, 26, pp. 3–22.

중남미의 수학: 개관

Ubiratan D'Ambrosio*
State University of Campinas, Brazil

서 론

중남미의 수학 발전을 짧은 글로 전달하기란 불가능하다. 이러한 발전과 관련된 수많은 사람, 기관, 그리고 사건들을 모두 이야기할 수는 없다. 언급할 것들의 상당수는 간단하게 짚고 넘어갈 것이다. 그렇다고 해서 언급하지 않은 나머지 것들이 학문적으로 덜 중요하다는 뜻은 아니다. 나는 앞으로의 연구를 위해 중요한 시발점이 될 수 있을 몇몇 이름들과 사건들을 선택하였다. 중남미 수학사는 연구에 개방되어 있다. 이 글의 끝부분에 있는 주석과 기록들은 연구 프로젝트들을 위한 시발점들이다.

수학적 지식은 미해결 이슈들로부터 비롯된다. 설명을 위한 조사(종교, 예술, 과학), 가치체계와 행동양식(공동체와 사회적 삶), 정신감정과 상상력, 생산과 소유에 관한 모델 등은 수학적 사고와 관련되어 있다. 수학적 사고의 발달을 알아볼 수 있는 서로 다른 자연과 문화적 환경 속에서 지식이 형성되는 다른 양식과 방식에 대한 연구가 점차적으로 진행되고 있다. 아메리카 대륙에서의 이러한 발달은 유럽, 아시아, 아프리카와는 분명히 다른 방식으로 전개되었다. 소위 말하는 구대륙과 신대륙 간의 상호 영향 같은 것은 발견되지 않았다.

현재 아메리카 대륙으로 알려진 섬들을 지배하고 복속시킨 것들은 대륙 문명 발달 과정에서의 무수한 방향 수정의 결과 중 하나였다. 이것들은 문화적 역동성이라는 공통된 현상이며, 식민지 개척자의 손길이 닿지 않은 문화를 접할 때, 보다 쉽게 알 수 있다. 식민지 개척자의 사고방식이 결합된 것을 종종 인식할 수 있다. 지배에 관한 연대기를 읽으면서, 우리들은 혼돈과 창조를 설명하는 다른 방식들과, 주변 환경을 다루는 다른 방식들을 쉽게 인식할 수 있다. 몇 세기동안 지배자들은 종교적 체계, 정치적 구조, 건축물과 도시 계획, 과학과 가치들을 억압하고 대체하였다. 고유한 문화적 흔적들은 소수만이 남았거나 배척되었거나, 아니면 민속학으로 취급되었다. 그러나 그들은 피정복자들로부터 전승된 사람들의 문화적 기억들을 확실하게 통합하였다. 이러한 행위들 중 상당수는 일상 속에서 쉽게 찾아볼 수 있다. 그리고 수학적 아이디어들은 일상 속에 현존하고 있다. 수학은 인간의 노력임과 동시에 문화적 형태이며, 따라서 그것은 문화적 역동성의 하부구조에 속한다.(1)

수학과 문화적 역동성 간의 관계는 민속수학(ethno-mathematics)으로 알려진 연구 프로그램의 핵심적인 주제라고 할 수 있는데, 이때 민속수학은 세대, 지적·사회적 구조, 설명, 이해, 학습의 다양한 방법과 양식(tics)을 다루고, 즉시적인 자연적, 사회문화적 환경(ethno)을 초월한 것들(mathema)을 조사한다. 이러한 과정의 역동성은 우리가 전 세계의 사상사를 다루는데 있어서 대면해야 하는 핵심적인 문제이다.

지배는 식민지화로 가는 길이다. 아메리카 대륙의 초기 식민지 개척자들이었던 스페인인과 포르투갈인들은 프랑스, 영국, 그리고 네덜란드 사람들을 위한 길을 만들었고, 후에는 아프리카, 유럽, 아시아 이주민들을 위한 길을 개척했다. 그들과 함께, 환경에 대응하고 일상을 다루는 방법, 그리고 탐구와 학습을 위한 새로운 방법이 나타났다. 그 결과 서로 다른 집단, 노동자, 사람들로부터 유래되었으며 그들에게 활용될 수 있는, 다양한 형태의 지식과 설명이 종합적으로 출현하였다. 아메리카에서는 새로운 종교와 언어, 음식과 음악, 예술이 나타나기 시작했다. 이 모든 것들은 조상들의 문화적 형태들의 총화들과 상호 관련되었다.

문화적 형태로서, 수학과 수학적 행동들은 사회 발달의 일부분이 되었다. 생산, 노동, 사회적 구조의 형태들은 수학적 아이디어들과 긴밀하게 관련되어 있었다. 특히 아메리카에서, 문화에 대한 설명에서의 다양성과 독자성, 인구학적 이주에서의 특징은 교육과 장학 제도를 포함하여, 본국에서 유행하는 사회적, 경제적, 정치적 구조와 관리 체제를 전달하기 위한 식민지 개척자들의 노력의 결과이다. 아메리카에서의 새로운 체제는 모국에서 유행하는 양식에 기반을 두고 있었으며, 대부분 종교적인 영향 하에서 통제되었다.

이 모든 것들은 유럽에서 새로운 철학적 사상, 새로운 과학, 새로운 생산 방식, 새로운 정치적 준비가 본격적으로 이루어졌던 16, 17, 18세기에 대부분 이루어졌다. 유럽에서 이루어진 문화적 사건들은 한정되고 불안한 상황 하의 아메리카에서 융화되었다. 아메리카는 이러한 새로운 문화적 사건들의 소비자였다. 아메리카에서 생산된 특정 지식이나 문화적 상품들과 해외에서 생산된 문화적 상품들이나 지식들이 함께 공존하였다. 전자는 주로 사회의 하층부인 노동자와 일반 백성들에게서 주로 소비되었으며, 후자는 사회 지배층에 의해 주로 소비되었다. 이러한 경계는 분명하게 정의되지 않았으며, 지적 생산물은 상대방에게 분명한 영향을 주었다.

이러한 것들은 다음의 질문들을 제기하는데, 이것들은 식민지에서의 나의 연구 프로그램에 영향을 준다; 문화적 상품에서의 생산자와 소비자 사이의 관계는 어떤 것인가? 식민지적 확장이 정당화될 때, 소위 말하는 문명적 사명이라는 것은 이러한 질문과 본질적으로 결합된다.

이것은 일반적으로 사회와 학계 사이의 관계, 향후에는 지배 엘리트와 민중들 사이의 관계에 영향을 미치는 질문이므로, 식민지 시대의 지성의 역할을 이해하는 것은 특히 중요하다. 이러한 폭넓은 역사적 관점에 대한 직접적인 결과는 인식론에 대한 비판인데, 이것들은 수많은 역사- 인식론적인 투쟁들을 야기시켰다.(2) 위의 문제들은 수학사와 내가 소위 말하는 "그릇(basin) 은유"를 위한 제안에 길잡이 역할을 담당하는데, 왜냐하면 민속수학은 역사적 분석이라는 기본적인 방식으로 이루어지기 때문이다.(3)

우리가 하문적 수학이라고 말하는 것들을 소비하는데 있어 영향을 주는 것들은 이방의 문화적 환경으로부터 비롯되며, '비전문직', 즉 수학자가 아닌 사람들이 수학에 관해 말해야 하는 것은 주류 역사관에 집중하는 것으로부터 비롯되는 것이 아니다. 나는 수학사에 수학에서의 이방인들, 즉 이주자와 비수학자의 관점들을 수학사에 통합시키고자 한다.(4)

아메리카의 특이성

이 글은 중남미 아메리카를 다루고 있다. 이 지역을 위해 우리들은 특정한 연대표를 필요로 한다. 과학, 특히 수학에 관한 현재의 역사적 관점을 수용한 연대표는 이

지역에 적용되지 않는다. 만일 우리가 수학을 문화적 노력으로 인식한다면, 우리는 소위 말하는 "situated" 연대표(특정한 연대표)를 수용해야 한다.

나는 다음의 다섯 가지 주요한 시기에 기반을 둔 연대표를 제안하고자 한다.

1. 콜럼버스 이전 시기
2. 정복과 초기 식민지 시대 (대략 16세기부터 17세기까지)
3. 식민지 정착기 (18세기)
4. 독립 국가 시기 (19세기)
5. 20세기

우리가 그 지역의 발전에 있어 가장 큰 전환점을 찾아낼 때, 이러한 분류는 정당화되어진다. 물론, 수학적 발전은 사회 전반적인 시나리오에 종속된다.

물론, 지리적인 분류도 굉장히 중요하다. 콜럼버스 이전 시기에서, 자료들은 아즈텍, 마야, 잉카 문명에서 주로 활용되었다. 인류학자들에 의하면 자료의 확장된 개념은, 초원이나 아마존 문명과 같은 다른 문명들에 대한 탐구를 필요로 한다. 정치적, 문화적 특수성을 모두 고려하면서 좀 더 세밀하게 분류하는 것은, 콜럼버스 시기 이전의 수학에 관한 특수한 연구를 필요로 한다. 유사한 상황이 전통적인 아프리카 문화를 연구하는데 있어서도 발생한다.

아메리카 대륙의 정복 이후에, 가장 적절한 방식은 Viceroyalty(Vice 왕조)의 행정조직에 따르는 것이다: Nueva Espana(오늘날 멕시코와 중앙아메리카), Nueva Granada(남중 아메리카, 코스타리카, 콜롬비나, 베네수엘라, 에콰도르), Peru(페루와 볼리비아), La Plata(칠레, 파라과이, 아르헨티나, 우루과이), 포르투갈의 식민지인 Brazil의 Viceroyalty. 독립 이후, 우리는 대체적으로 현재의 정치적 분화를 엿볼 수 있다.

역사적 기간들은 아메리카 대륙의 정복 및 식민지화와 관련된 일반적인 연대기표에 따라 정의된다. 18세기 후반 혹은 19세기 초반부터 현재에 이르기까지의 독립 운동과 더불어 시작된 문화적 지도는 대략적으로 동일한 형태를 취한다.

이 글에서, 나는 콜럼버스 이전 시기의 발달을 다루지 않을 것이다. 그러나 몇 가지는 필수적으로 다루어야 한다.(5) 정복자의 문화를 강요하는 것은 피정복자의 문화에 전적으로 달려 있다. 그러나 콜럼버스 이전 시기에 관한 우리들의 지식은 여전히 매우 불충분하다. 식민지 체제는 고유한 문화에 관한 역사나 그것의 역사적 성과를 말살하거나 무시하기 위해 많은 노력을 기울였다. 오늘날, 우리는 사건의 연대기표들을 살펴보고 이주민들의 발달을 형성하게 한 중요한 흐름들을 이해하면서, 이러한 문화사들을 재구성하는 것이 매우 어려운 일임을 깨닫게 된다. 물론, 이것은 우리들로 하여금 콜럼버스 시대 이전의 수학사에 관해 연구하도록 만든다.

이러한 연구는 마야 유적지의 돌기둥에 묘사했거나, 페루의 결승문자로 기록을 남겼거나, 혹은 아즈텍 문명의 일상을 기록하였거나, 혹은 피지배층의 일상을 기록한 연대기 작가들의 새로운 문헌들에 전적으로 의존한다. 그러나 이러한 관점은 편견을 지니고 있으며, 그들은 이러한 문화에서 수학적 사고의 형태를 인식하거나 확인하는데 거의 실패했다. 그 시기로부터의 많은 문헌들이 존재하고 있다.(6)

정복과 초기 식민지 시대

비록 이 글에서 멕시코를 다루지 않는다 할지라도, Vice 왕조의 Nueva Espana 치세 하에서 이루어진 발전은 꼭 언급해야 할 필요가 있다. 중남미 아메리카 발전의 대부분은 신대륙에서 멕시코라는 중요하고 전략적인 위치에 따라 결정되었다.

초기 식민지 시대에, 스페인 인들과 포르투갈 인들은 주로 카톨릭 식 종교적 계율에 따른 학교를 설립하고자 했다. 이러한 학교들에서, 수학은 상업과 관련된 경제적인 목적을 위해 필수적으로 요구되었지만, 천문학적인 관찰과 관련한 수학적 흥미 또한 존재하였다. 전통적인 지식에 대한 신뢰는 한정되었지만, 전통적인 지식의 본질에 대한 흥미는 여전히 존재하였다.

이러한 단언을 뒷받침하는 중요한 근거로써, 아메리카에서 출판된 최초의 비종교 서적이자 광산업과 관련된 산술 책인 *the Sumario compendioso de las quentas de plata y oro que en los reinos del Pirú son necessarias a los mercaderes y todo genero de tratantes*가 있다. Juan Diez freyle가 쓴 *Conalgunas reglas tocantes al arithmética*는 1556년 뉴 스페인에서 출판되었다. 이것은 원주민들에게 활용된 산술책이었으며, 이 책에서 작가는 이차방정식의 풀이와 관련된 몇 가지 문제들을 첨가했다.

또 다른 중요한 근거로써, Bernabé Cobo가 쓴 *the Historia del Nuevo Mundo* (1663)가 있다.(7) 이 예수회 선교사들의 공문서는 풍부한 역사적 자료들을 포함하고 있지만, 아직 충분히 탐구되지 않고 있다.

정복된 지 100여년이 지난 1623년, 멕시코에서는 Pedro de Paz가 쓴 *the Arte menor de arithmética*가 출판되었으며, 1649년에는 Atanasio Reaton이 쓴 *Arte menor de arithmética y modo de formar campos*가 출판되었다. 멕시코에서 Juan de Pordes Osorio가 쓴 *Nuevas proposiciones geométricas*도 주목해 볼만 하다. 이 책을 북미의 식민지 지역에서 활용된 책들과 비교해 보는 것도 흥미로울 것이다.(8)

17세기 라틴 아메리카에서는 천문학이 주된 관심사였다. 혜성의 의미에 대한 토론들이 존재했는데, 이것들의 상당수는 신의 메시지를 인간에게 전달하는 것과 관련되어 있었다. 그러나 과학적인 탐구를 위한 연구도 존재했다. 멕시코의 Don Carlos de Siguenza y Gongora는 천문학적 관측과 예측에 집중했다. 1690년에 저술된 그의 저서 *Libra astronómica y filosófica*는 라틴 아메리카의 위대한 과학적 성과 중 하나로 여겨지고 있다. 그 책에서 Siguenza y Gongora는 행성에 관한 점성술적 논쟁들을 반박하였다.

브라질에서도 행성에 관한 연구가 중요하게 다루어졌다. 우리는 Sigüenza y Gongora와 유사한 연구를 하였던 Valentin Stancel(1621~1705)를 찾아낼 수 있었는데, 그는 1663년부터 죽을 때까지 브라질에서 살았던 예수회 출신 수학자였다. 그의 천문학적 측정법은 Newton의 *Principia*에 기록되어 있다.(9) 이 시대에 몇몇 논쟁적인 서신이나 논문들이 상호 교환되었다는 사실은 인식론적인 논쟁에 대한 흥미를 불러일으킨다. 특히 예수회의 규율에 의해 설립된 학교 내에서, 혜성의 성질에 대해 언급한 선배 Antonio Vieira(1608~1697)와 Stancil의 내적 긴장이 주목할만하다.(10)

페루의 Vice 왕조에서도 우리는 유사한 관심사를 찾아볼 수 있었다. 최초의 페루 수학자인 Francisco Ruiz Lozano(1607~1677)는 *Tratado de los Cometas*를 썼는데, 그것은 현상을 설명하는 중세의 수학에 대해 다루고 있다.

식민지

18세기 중반 이래 후기 식민지 시대 동안, 수많은 '추방자'들이 식민지에서 과학적 풍토를 조성하는데 중요한 역할을 담당하였다. 이는 Charles 3세 치세하의 스페인과 Jose 1세와 그의 측근이었던 Pombal의 Marquis 치세하의 포르투갈에서 시작되

었던 중요한 지적 개혁 운동이었던 계몽주의로부터 영향을 받았다.(11)

다양한 지식들에 조예가 깊었던 다수의 지식인들은 식민지에 수학을 소개하였다. 그들 중에는 부에노스아이레스에서 활약하였던 Juan Alsina와 Pedro Cervino가 있었는데, 그들은 미적분학과 역학, 삼각함수를 강의했다. 페루에서는 Cosme Bueno(1711~1798), Gabriel Moreno(1735~1809), Joaquin Gregorio Paredes(1778~1839)가 가장 잘 알려져 있다. 나는 그들의 삶과 업적에 대해 자세하게 설명하지 않겠다.

Jose Fernandes Pinto Alpoim(1695-1765)는 브라질에서 *Exame de Artilheiros* (1744), *Exame de Bombeiros* (1748)이라는 두 권의 책을 썼는데, 이 책들은 모두 군사 수학에 초점을 맞추고 있으며, 질문과 답변의 형태로 이루어졌다. 저자의 삶과 수학적 업적에 대해서는 그다지 많이 알려져 있지 않다. 그는 어디에서 연구하였으며, 누구와 함께 연구하였을까? 이러한 것들은 앞으로의 연구 과제로 남아 있다.

남아메리카에서는 콜롬비아가 독립 이전 시기에 유리한 위치를 차지하고 있어서 19세기에 발전할 수 있었다. 저명한 학자로는 José Celestino Mutis(1732~1808)가 있는데, 그는 뉴턴의 책을 번역하였으며, Christian Wolff의 책들을 주로 기반으로 하여 콜롬비아에 새로운 수학적 아이디어들을 전달했다. 그는 *Observatoria de Bogotá*를 1803년에 설립하였다. 그의 가장 뛰어난 제자였던 Francisco José de Caldas(1771~1816)는 그 천문대의 총책임자가 되었다. Caldas는 독립 전쟁에 깊이 관여하였으며, 스페인 인에 의해 총살당했다.

베네수엘라에서는, 1721년에 *Real y Pontificia Universidad de Cracas*가 설립되었는데, 그 곳에서는 수학에 관한 연구 계획이 제대로 이루어지지 않았다. 반면, 칠레에서는 1747년에 Santiago에서 *Universidad Real de San Felipe*가 설립되었는데, 그곳에서는 수학과가 존재하였다. 독학 끝에 수학자가 된 Fray Ignacio León de Garavito는 학과장이 되었다. 그러나 이 시기에 라틴 아메리카에서의 가장 중요한 수학적 발전은 멕시코에서 이루어졌다. 그 시기 아메리카에서는 뉴 스페인의 세력이 강했으므로 스페인 식민지 지역에서의 발달에 영향을 미쳤다.

르네상스 시기 유럽에서 수학의 발전은 초기 산업화와 새로운 도시의 출현에 기인한다. 동일한 현상은 식민지에서도 그대로 나타났다. 식민지에서의 경제 발달과 행정권력 기관의 설립에 관련된 실질적인 문제는 응용 수학의 발달을 초래하였다. 아메리카 대륙의 모든 식민지에서는 도시화가 이루어지기 시작했다. 유럽 도시에서의 아이디어를 신세계에 전달하는 것은 매우 흥미로운 문제를 제기하였는데, 이는 수학의 발전에 영향을 주었다. 응용 수학은 광산이나 도심 개발과 같은 지역 경제의 즉시적인 문제에 답하는데 주로 이용되었다.(12)

멕시코는 특히 Costa Rica를 포함한 과테말라에 많은 영향을 주었다. 그 시기의 저명한 학자로는 Jose Antonio Liendo y Goicoechea(1735～1814)가 있는데, 그는 멕시코인 이었다. 그는 *Universidad de San Carlos de Guatemala*에서 강의를 하였는데, 새로운 연구 계획이 공표된 1785년 이후 이곳은 중요한 학문 기관으로 자리 잡았다. 이 계획은 *Temas de Filosofia Racional y de Filosofia Mecánica de los sentidos, de acuerdo con los usos de la Física; y de otros tópicos físico-teológicos según el pensamiento de los modernos para ser defendidos en esta Real y Pontificia Academia Guatemalteca de San Carlos*(13)라는 제목 하에 25개의 의제로 구성되었다. 이것은 본질적으로 중세적 제안이었다. Goicoechea는 이러한 연구 계획을 근대화시키고, 경험적 물리를 이 프로젝트에 통합시켰다. 그는 Christian Wolff의 교재에 입각하여, 뉴턴의 아이디어를 수학에 통합시켰다.

독립국

Nueva Espana, Nueva Granada, Peru, La Plata, Brazil의 독립은 19세기의 초기 사반세기 동안 이루어졌다. 새로운 독립 국가의 근대화 과정은 수학에서의 주된 흐름을 바꾸지 않았다.

독립 이후, 국가에서의 정치적 분화는 오늘날과 비슷하게 이루어졌다. 1821년 중남미 아메리카의 독립은 멕시코로부터 영향을 받았다. 새로운 대학의 설립과 기존 대학의 재건립이 독립 후 즉시적으로 이루어졌으며, 이전에는 스페인과 포르투갈로부터 유입되었던 지식들에 대해 배타적·제한적이었던 것들에 비해, 신생 라틴 아메리카 국가들은 자신들을 발전시키기 위해 지식들에 열린 시각을 취하고자 하였다. 신생 국가들은 유럽 인들의 주목을 끌었으며, 상당수의 과학 원정대가 남미에 도착하였다. 그들은 전 지역에 걸쳐 새로운 지적 분위기를 창조하는데 커다란 영향을 미쳤다. 이러한 새로운 지적 관심은 크고 다양한 공공·사설도서관, 현대 문헌과 기구들의 설립에서 강하게 드러난다.

Costa Rica에서는 식민지 지배자들이 1814년에 *Casa de Enseñanza de Santo Tomas*를 설립하였는데, 1780년생이었던 Rafael Francisco Osejo가 이곳에서 강의하였다. 그는 1830년에 당대에 유행했던 문답 형식의 Leccciones de aritmética를 집필하였다. 1843년 *Casa de Enseńanza*는 *Universidad de Santo Tomas*로 개명되었고, 공학과가 설립되었다. 하지만 수학과는 설립되지 않았다.

콜롬비아는 외국 수학자들의 관심을 끌었다. 이탈리아인이었던 Agustin Codazzi (1793~1859)는 1846년에 설립된 *Colejio Militar*에 기여하였는데, 그곳은 Ecole Polytechnique의 졸업생이었던 Aime Bergeron의 관심을 끌었다. 그는 콜롬비아에서 유클리드의 다섯 번째 공리에 관한 증명에 흥미를 가졌으며, 화법기하학을 소개하였다. 특히 Bergeron의 제자로 추정되어지는 Indalecio Liévano와 Hermogenes Wilson는 이 분야에서 주목할만한 시도를 하였다. Julio Garavito Armero(1865~1920)가 비유클리드 기하학에 대해 논의하였고, 자와 컴퍼스를 이용한 작도로 다섯 번째 공리를 비판적으로 연구했다는 점은 매우 흥미로운 일이다.(14) 사실, 기하학은 콜롬비아뿐 아니라 남미 전역에 걸쳐서 주된 관심의 대상이 되었다. 이는 1794년에 출판되었던 André Marie Legendre의 *Élements de Geométrie*이, 1809년 Manoel Ferreira de Araújo Guimarães에 의해 브라질에서, 1866년 Luis M. Lleras에 의해 콜럼비아에서, 1879년 Jesús Muńoz Tebar에 의해 베네수엘라에서 번역되었다는 사실을 통해서도 알 수 있다.

베네수엘라에서는 1826년 *Pontificia Universidad*가 *Universidad Central de Venezuela*로 바뀌었다. 이 곳에서 1827년, Jose Rafael Acevedo가 수학을 가르쳤다. Lino Pomo(1797-1862)는 *Academia de Mathmaticas de Venezuala*의 설립에 주요한 역할을 담당하였다. 그는 수학 교사 교육에 관심을 가졌으며, 1821년 *Escuela Normal de Mateméticas*의 창설을 제안하였다. 그는 수학의 전 영역에 관한 글을 저술하였다.

브라질에서는 수학의 발전이 다른 경로로 전개되었다. 식민지로서의 브라질이 문화적 공공물을 박탈당하는 동안(대학, 도서관, 인쇄소도 없었다.), 1808년 나폴레옹의 침입으로 인한 포르투갈 왕실의 이주는 결정적으로 식민지의 문화적 삶을 바꾸어 놓았다. Rio de Janeiro에는 포르투갈 의회가 설립되었으며, 그곳에서 그들은 이전의 식민지 도시들로부터 포르투갈 왕실을 운영하기 위한 하부 조직들을 구성하였다. 1810년, 그들은 도서관, 식물원, 천문대, 군사 학교를 설립하였는데, 그곳에서 미적분학, 해석 기하학, 대수, 삼각법과 같은 고등 수학을 강의하였다. 1839년, 군사

학교는 *Escola Militar da Corte*라는 이름 하에 한 단계 더 도약하였다. 그곳에서 수학 박사가 배출되었다. 이 기관은 브라질의 수학 발전에 많은 영향을 끼쳤다.(15) Lacroix와 다른 프랑스 학자들이 Legendre 교과서를 번역한 것은 브라질의 수학적 양식을 형성하는데 있어서 중요한 역할을 담당하였다.

Souzinha라고 알려진 최초의 브라질 수학자이자, 유럽을 방문해서 학회지에 기고하였던 Joaquim Gomes de Souza(1829～1863)는 꽤 흥미로운 사례이었다. 그는 그의 연구 결과물을 *Academie des Sciences de Paris*와 *Royal Society*에 기고하였다. 학회지에 논문이 간단하게 언급되었고,(16) 그것들은 1889년 Leipzig의 Brockhaus에 의해 *Mélanges du Calcul Intégral*이라는 제목 하에 독자적으로 출판되었다. 이것은 편미분방정식을 주로 다루고 있었으며, 굉장히 흥미로운 역사적, 철학적 지표이면서 동시에 활용가능한 중요한 지식들에 대해 작가가 정통해 있음을 보여주었다. 이것은 Northeast에 위치한 Maranhao의 사설 도서관이 있었기에 가능한 작업이었다. 이러한 도서관들에 비치되어 있던 것들과 그것들에 대한 세부적인 것들은 앞으로 좀 더 연구되어야 할 것이다.

1816년에 독립한 아르헨티나는 주목할만한 지적 발전을 이루었다. 1822년, *Sociedad de Ciencias Físicas y Naturales*가 설립되었다.(17) 얼마 지나지 않아 부에노스아이레스에서는 사설 도서관이 설립되었다. Bernardino Speluzzi(1835～1898)의 사설 도서관이 특히 주목할만한데, 그 곳에는 Newton, D'Alemert, Euler, Laplace, Carnot과 다른 현대 수학자들의 저서들이 있었다. 1896년, *Colegio Nacional de Buenos Aires*의 원장이었던 Valentin Balbin(1851～1901)은 수학사를 차별화된 교과과정으로 편입시키자는 내용의 새로운 연구 계획을 제안하였다. 이는 남아메리카에서 수학사에 관해 공식적으로 흥미를 드러낸 최초의 사건이었으며, 아르헨티나 학교에서 과학사를 가르치게끔 하는 결과를 초래하였다.

페루에서는 1833년, José Domingos Choquechuanca(1789～1858)의 *Ensayo de estadística completa de los ramos económico-políticos de la provincia de Azángaro*라는 책의 출판과 더불어 통계학이 발달하였다.

칠레에서는 1842년에 Universidad de Chile가 설립되었는데, 대학에는 수학, 물리학 교수들이 있었다. 가장 유명한 교수로는 변호사였던 Ramon Picarte가 있는데, 그는 *La división reducida a una adición*을 저술하였으며, 1859년, 그 논문을 *Academíe des Sciences de Paris*에 기고하였다.(18) 신생 대학에서 주목할만한 것은 바로 교사

교육이었다. 독일 정부와의 협정은 국가의 교육을 개선하기 위한 교수학적 지원을 가능하게 만들었다. 대부분의 박사 학위 소지자였던 15명의 독일 수학자들이 1889년 칠레에 도착하였다. 이 부분에 대해서는 좀 더 많은 연구가 필요하다.

19세기를 통틀어, 우리는 Auguste Comte(1798～1857)의 철학적 사상에 관해 흥미를 가져왔다. 실증주의로 알려진 그의 철학적 원리들의 중심부에는 수학이 있었다. 실증주의적 움직임은 신생 국가의 이데올로기적 틀이 형성되는 것과 대치되었다. 이것은 정치적 엘리트들을 양성하는 것에 주된 관심을 기울이고 있었다. 그러나 일반적으로 수학과 과학의 발전은 중요한 일이었다.(19)

20세기

20세기 초, 중남미에서의 수학의 발전에 대한 이해는 당시의 전반적인 정치력·경제력에 대한 전체적인 이해와 함께 수반되어야 한다. 작은 행정 구역, 주와 국가의 광범위한 자원을 보존하고 문서를 식별하는 일을 할 필요가 있다.

20세기에 접어들 무렵, 독일은 남아메리카 남부 지방에 영향력을 행사하기 시작하였다. Lewis Pyenson이 말한 '독일식 문화 제국주의'라는 것을 아르헨티나와 칠레에서 과학의 발전에서 찾아볼 수 있다. 이러한 영향력이 커진 첫 번째 단계로서 천문학 관측대인 *Observatorio Astronómico de La Plata*가 설립되었다. 1912년 아르헨티나에 이주해온 물리학자 Richard Gans(1890～1954)가 아르헨티나 과학의 발전, 특히 수학의 발전에 중요한 역할을 담당하였다.(20)

이러한 노력들과는 별개로, 스페인 수학자 Julio Rey Pastor(1888～1962)는 1917년에 아르헨티나를 방문하여 그곳에 머물기로 결심하였다. 그는 현대적인 대학 교육 과정을 도입하였다. 그의 저서들은 라틴 아메리카의 여러 대학에서 사용되었다.(21) Rey Pastor는 수학, 특히 사영 기하학에 중요한 기여를 했을 뿐만 아니라, 수학사, 특히 16세기 이베리아 수학사에 많은 공헌을 하였다. 뿐만 아니라 Rey Pastor는 대항해 시대를 가능하게 했던 수학적 업적에 관심을 가짐으로써 새로운 역사 기술법을 이루어냈다.(22) 비록 Rey Pastor가 수년간 아르헨티나에 머물렀다 할지라도, 그는 종종 스페인으로 돌아가서 수학에서의 주목할만한 발전을 이루어냈다.(23)

Rey Pastor의 아르헨티나인 제자였던 Jose Babini(1897～1983)은 라틴 아메리카에서 가장 뛰어난 과학사학자와 수학사학자 중 한 명이다. 아르헨티나에서의 수학 발전에 미친 그의 영향력은 대단하다. 그는 Unión Matemática Argentina의 설립자였으며, 1920년에는 *Universidad Nacional del Litoral*의 교수가 되었다. 수많은 저서를 저술하였고, 비전문적 정기간행물에 수많은 논문을 기재했을 뿐만 아니라, Banini는 중세 수학의 발달에 기여한 유대인들에 관한 연구를 하였다. 그는 Julio Rey Pastor와 더불어 수학사에 관한 많은 저서들을 저술하였다.(24) 하지만 이 흥미로운 책들은 아직까지 다른 언어로 번역되지 않았으며, 쉽게 사용되지 못하였다.

1930년대에는 몇몇 유럽 수학자들이 아르헨티나로 이주해 왔다. 그들 중에는 저명한 이탈리아 수학자 Beppo Levi(1875~1961)도 있었는데, 그는 Rosario에 중요한 연구 센터를 설립하였고, 저명한 저널 *Mathematica Notae*를 창간하였다. 그는 적분 이론에서 독창적인 정리들로 인해 알려졌으며, 상당 기간에 걸쳐 수학사 연구에 전념하였다.(25)

여러 국가 출신의 제자들을 두었던 Rey Paster의 제자 중에는 Luis Alberto Santalo도 있었다. 그는 1911년 스페인에서 태어났으며, 독일에서 W.Blaschke와 함께 공부하였고, 스페인 내전 기간에 아르헨티나로 이주해 왔을 때 이미 국제적인 명성을 지니고 있는 인물이었다. Santaló는 현대 적분 기하학(integral geometry)의 주창자로서 세계적으로 알려진 인물이 되었고, 라틴 아메리카 전역에서 수학, 수학 교육, 수학사에 있어 가장 영향력 있는 인물이 되었다. 적분 기하학에 대한 공헌뿐만 아니라, Santalo는 기학적 확률론의 역사를 연구하였으며, Buffon과 관련된 연구물을 출판하였다.

20세기 초반, 우르과이 인근에서도 수학적 연구에 있어 중요한 전통이 세워졌다. 특히 수학사에 기여한 이 운동의 선구자로는 Eduardo García de Zuñiga(1867~1951)가 있다. Gracia de Zuñiga는 Montevideo에 있는 *Facultad de Ingenería de la Universidad de la Repulica*에서 수학사와 관련된 매우 중요한 도서관을 설립하는데 성공하였다. 그의 연구는 주로 고대 그리스에 관한 것이었으며, 그의 연구는 최근 대부분 출판되었다.(26) 20세기 중반, Rafael Laguardia와 Jose Luiz Massera는 Montevideo에 있는 Instituto de Matemática y Estadistica de la Facultad de Ingeneria de la Universidad de la Republica에서 미분 방정식의 *안정성 이론*(*stability theorem*)을 연구하는 저명한 연구 그룹을 창설하는데 책임자이었다. 세계적으로 알려진 이 그룹은, 라틴 아메리카 전역과 해외로부터 젊은 수학자들을 끌어들였다. 1971년 우르과이의 군사 독재 정부는 대학의 뛰어난 수학 도서관을 차단하고, 국가의 모든 수학적 연구들을 중단시키기 위해 Jose Luiz Massera와 Rafeal Laguardia의 정치적 입장을 주목하였다. 물론, 우루과이의 수학자들은 그들의 연구를 촉진시킬 수 있는 다른 여러 국가들로 이주하였다. Massera는 군사 독재 정부시기에 투옥되었으며, 그 후 정치적 성공을 위해 수학적 연구를 포기하였다. Rafeal Laguardia는 정치적 탄압 속에서 Montevideo에서 죽었다. 1960년대 남아메리카의 군사 독재 정부들과 비교해 보았을 때, 우루과이는 번성하던 과학 그룹이 정부의 결정에 의해 무력화되어가는 전형적인 예를 보여 주었다.(27)

브라질에서는 왕조 시대에 실증주의적 아이디어가 자리 잡았으며, 1889년 공화국이 출범할 무렵 그 최고조에 달하였다. Escola Militar는 훗날 Escola Politécnica로 바뀌었으며, 수학에 관한 학위를 주는 유일한 기관이 되었다. 주제 선택에 있어 Comptean 스타일의 영향으로 인해, 학위 논문의 상당수는 저서 목록과 표현법을 표현하였다.(28) 그러나 20세기 초, 다수의 젊은 브라질 수학자들은 유럽에서의 최신 수학 흐름에 빠져들었다. 그들 중에는 Otto de Alencar, Manuel Amoroso Costa, Teodoro Autusto Romas, Lelio 1. Gama가 있었다. 1916년, *Academia Brasileira de Ciências*가 설립되었다. 1934년 Universidade de São Paulo의 설립과 더불어, 브라질에서는 수학에서 새로운 가능성이 열리기 시작하였다. 이것은 국가 차원에서의 수학에 관한 체계적인 연구의 시작을 의미하였다. 저명한 이탈리아 수학자였던 Luigi Fantapie와 Giacomo Albanese는 상파울로 대학과 계약을 하여, 함수적 해석학과 대수적 기하학의 영역에서 상파울로에서 중요한 연구 학파를 창설하는데 공헌하였다.

현대의 발달(2차 세계대전 이후)

2차 세계대전 이후, 다수의 유럽 수학자들이 라틴 아메리카로 이주해 왔다. 그 중에서도 포르투갈로부터 아르헨티나의 Rio de Janeiro와 Bahia Blanca로 이주해 온 Antonio Aniceto Monteiro가 주목할만하다.(29) 뿐만 아니라 그 시기 남아메리카에서는 미국의 참신한 문화와 경제에 관심을 갖기 시작하였다. 이것은 그 지역에서 수학이 발전하는데 있어서 미국이 큰 영향을 미치게 하는 결과를 초래하였다. 전쟁 전에는 유럽 인들이 주로 방문하였고, 라틴 아메리카 출신 사람들이 주로 유학하는 곳도 유럽에 주로 국한되었다. 전쟁 후에도 다수의 유럽 수학자들은 라틴 아메리카에 왔다. 그들 중 일부는 전후 유럽에서 부족해진 일자리를 찾기 위해 라틴 아메리카로 이주해 왔다. 정치적인 이유와 더불어 이러한 이유는, Andre Weil, Jean Dieudonné, Alexander Grothendieck와 같은 남아메리카 수학자들을 Universidade de São Paulo로, Wilhelm Damköhler를 아르헨티나로, 중국의 Kuo-Tsai Chen을 브라질로 향하게 하였다. 포르투갈 수학자인 Antonio A. Monteiro, Ruy L. Gomes, Manoel Zaluar Nunes, Antonio Pereira Gomes, José Morgado는 브라질과 아르헨티나로 떠났다. 스페인 출신의 Manuel Balanzat는 아르헨티나와 베네수엘라로 향했다. 영국이나 프랑스와 같이 이전의 식민지 왕조에 고용되었으며 제3세계로 알려진 곳에 잔류하기를 원했던 사람들은 협동조합 대리인에 의해 고용되었다. 영국 의회, ORSTOM, Coopération francaise와 같은 국가기관이나 UNESCO나 미주협회(Organization of American States)와 같은 국제기관들이 이러한 노력을 담당하는 기구였다.

미국의 영향은 커져가고 있다. 미주협회는 미국의 영향과 교역을 돕기 위한 기관이었다. 박사 과정을 위한 장학금을 받기가 상대적으로 쉬워지고 있었다. 미국은 해외에서 학위를 따고자 하는 젊은 학생들에게 있어 주요한 목적지가 되었다. 국가과학재단(National Science Foundation)의 설립은 이후 모든 라틴 아메리카 국가들이 CONICYT, CONACYT을 통하여 후속되는 모델이 되었다. AAAS는 라틴 아메리카 내에서 동종의 조직들을 통합하기 위해 노력하였다. 이 시기에 라틴 아메리카 국가들에서는 수학의 발전에서 중요한 결과들과 더불어 과학적인 정책들을 수립하기 시작하였다.(30)

1940년대 후반, 라틴 아메리카에서는 진행 중이었던 수학적 연구의 개관에 대한 필요성이 분명해지기 시작했다. 1951년, 우르과이의 Montevideo에 위치한 Centro de Cooperación Cientifica de la UNESCO para América Latina는 그 지역에서 진행되는 수학적 연구들을 보고하기 위해 Punta del Este에서 회의를 조직하였다. 이 회의는 자국 출신의 수학자들과 외국인 수학자들, 이민자와 방문자 모두가 라틴 아메리카에서 행한 연구들에 관한 것을 알려 준다.(31)

이러한 수학자들 중에는 *Universidade do Brazil*의 Leopoldo Nachbin도 있었는데, 그는 브라질에서 Stone-Weierstrass 정리에 관해 연구하고 있었으며, holomorphy와 approximation 정리에 관한 연구를 시작하던 중이었다. 아르헨티나의 *Facultad de Ciencias de la Plata*에 있던 Luis Santalo는 적분 기하학(integral geometry)에 관한 연

구를 발표하였다. Johns Hopkins 대학 출신으로 브라질의 São José dos Campos에 있는 *Instituto Tecnológico de Aeronáutica* —이곳은 브라질 육군으로부터 지원받은 고등 기술 제단이었으며 학문적으로 MIT를 모델화 한 기관이었다— 에서 응용 수학을 연구 중이었던 Francis D. Murnangham은 행렬 이론에 관한 연구를 발표하였다. *Facultad de Ciencias de Buenos Aires*의 Mischa Cotlar는 R. Ricabarra와 함께 ergodic 이론에 관한 연구를 발표하였다. *Universidad de la Habana의 Mario O. González*는 미분방정식에 관한 연구를 발표하였다. *Facultad de Ciencias de Buenos Aires의 Alerto González Dominguez*는 해석 함수와 통계 분포에 관해 연구하였다. *Universidad Nacional Autonoma de México*의 Carlos Graeff Fernández는 Birkhoff의 중력 이론에 관해 연구하였다. *Facultad de Matmáticas de Lima의 Godofredo Garcia*는 일반상대성(general relativity)에 관해 발표하였다. *Instituto de Matematica y Estadistica de la Facultad de Ingeneria de Montevideo의 Rafael Laguardia*는 라플라스 변환에 관한 연구를 발표하였다.

외국인들 중에는 변분 미적분학(calculus of variation) 전문가인 독일인 Wilhelm Damkohler가 있었는데, 그는 아르헨티나의 *Universidad National de Tucuman*에 있다가 후에 볼리비아의 *Universidad de Potosi*로 갔다 ; Peter Thullen는 파라과이의 국제노동부에서 일했는데, 다양한 복소 변수 이론에 관해 연구하였다. *Facultad de Cinecias de Buenos Aires*의 Kurt Fraenz는 전기 회로의 수학 이론에 대해 연구하였다. Montecideo의 *Instituto de Mathematica y Estadistico de la Facultad de Ingenieria*를 방문했던 Paul Halmos는 힐베르트 공간에서의 연산 기호에 관한 강의를 하였다. Montecideo에서의 강의는 라틴 아메리카 전역에 걸쳐서 계속되었다. Facultad de Ciencias de La Plata의 Augustin Duranona y Vedia, *Facultad de Mathmaticas y Fisica de Santa Maria*의 Roberto Frucht, *Facultad de Ingeneria de Montevideo*의 Cesario Villegas Mane가 이 강의에 토론자로 초대되었다.

이 사람들만이 1950년에 남아메리카의 수학 발전을 위해 일했던 것은 아니다. 더 많은 사람들이 수학 분야에서 활약하였다. 심포지움에 참석하였던 수학자들은 자신들의 삶과 고국에 미치는 영향을 연구하였다. 이것은 라틴 아메리카에서의 수학사 연구에서 주된 주제였다. 두 번째 심포지움은 3년 후에 개최되었는데, 그 곳에서 Julius Rey Pastor는 라틴 아메리카에서 진행 중이던 수학 연구에 대해 발표하였다. 비록 이것이 불완전한 형태였다 할지라도, 이는 진행 중이던 주요한 영역들을 포괄

하는 시도였다고 할 수 있다.(32)

1950년대에는 브라질에서 *Conselho National de Pesquisa*/CNPq(National Research Council)이 발족하였다. 이 기관들 중에는 Instituto de Matematica Purae Aplicada/IMPA도 있었다. 1957년 IMPA는 Pocos de Calsas에 있는 관광 리조트에서 *Primeiro Colóquio Brasileiro de Matematica*[1회 브라질 수학자 콜로키움]를 조직하였다. 연구자와 대학원생을 포함한 약 50여명의 브라질 수학자들이 여기에 참여하였다. 몇몇 외국 강사들도 참여하였다. 그 이후, 브라질 수학자 콜로키움은 2년마다 2주 동안 7월에 Pocos de Caldas에서 정기적으로 모임을 가졌다. *Escuelas Latinoamericanas de Matemática*/ELAM[라틴 아메리카 수학학파]이 이 학회 이후 조직되어 매년 다른 장소에서 모임을 가졌다. 참석자, 그들의 지리적 분포도, 주제 등을 고려해 보았을 때, *Colóquios Brasileiros de Matemática*와 *Escuelas Latonoamericanas de Matemática*에 대한 연구들에서 라틴 아메리카의 수학 발전에 대한 개관을 알 수 있다. 나는 이 연구프로젝트가 라틴아메리카에 필요한 것이라고 믿는다.

정치적·개인적으로 민감한 사안들 속에서 오늘을 살아가는 까닭에, 현재의 역사를 해석한다는 것은 어려운 일이 아닐 수 없다. 군사 정권이 남아메리카의 수학 연구에 큰 활력을 보였던 나라를 통제하던 시기에 몇몇 학자들은 활발하게 연구에 임하였다. 결과적으로 군사 쿠데타는 수학 연구가 가장 활발하였던 4개국에서 발발하였다; 1964년에는 브라질이, 1966년에는 아르헨티나가, 1971년에는 우루과이가, 1973년에는 칠레가 모든 영역의 과학자들, 특히 쿠데타 이후 많은 수학자들이 나라를 떠나야 했다. 이러한 움직임은 멕시코나 베네수엘라와 같이 민주화 이후 정권을 유지하고 있던 몇몇 국가들에게 영향을 주었다. 아르헨티나(1983), 브라질(1984), 우루과이(1984), 칠레(1989)의 민주화 이후, 소수의 과학자들이 돌아와서 그들의 입장을 선언하였다. 다른 사람들은 군사 정권 이전과 같은 입장을 유지하였다. 군사 정권에 동조하였던 사람과 반대했던 사람을 구별하기란 매우 어려운 일이다. 라틴 아메리카에서는 정치적인 이슈가 수학의 발달에 중요한 역할을 담당하였으며, 이러한 현상은 오늘날에도 계속되고 있다. 경제적·정치적 이유 때문에 라틴 아메리카에서 수학자들이 이주 한 문제에 대해서도 연구해 볼 필요가 있다.

UNESCO의 심포지움에 참여한 사람들은 학문적인 면에서의 역학 구도를 보여준다. 여러 국가에서 활발하게 연구하던 다수의 수학자들이 회의에 참석하지 못하였다. *Mathematical Review*를 살펴보면, 몇몇 선택된 사람들만이 참석했음을 알 수 있다. 이러한 참여 이유를 살펴보는 것은 매우 어려운 일이므로, 이 또한 앞으로 좀 더 연구해야 할 것이다.

1986년 7월, FEPAI: *Fundación para el Estudio del Pensamiento Argentino*는 "*La Migración de Cientifcos en los Paises del Cono Sur:determinaciones económicas y politicas*[남반구에서 과학자들의 이주: 경제적, 정치적 결정요소]에 관한 국제 심포지움을 개최하였다. 중재와 토론을 통해 군사 독재 정부 하에 남겨진 잔재들이 드러났다. 비록 이것들이 불쾌하고 때로는 고통스러운 것이었다 할지라도, 그 시기와 몇몇 핵심 인물이 현존하는 오늘날을 직시하는 것은 중요한 일이었다. 나는 이것이 중요한 일이며, 이에 대한 연구 프로젝트가 필요하다고 생각한다.

수학교육

라틴 아메리카에서는 수학 교육에 관한 연구가 빠른 속도로 진행되고 있다. 2차 세계 대전이 끝난 후에야, 다양한 교육 수준에서 수학 교육의 발달과 난점에 관한 조정과 의견 교환이 이루어지기 시작하였다. 모든 교육 체계 간의 연계는 식민지 시기의 영향과 식민지 어를 사용한 결과이었다. 그 결과 스페인어를 사용하는 국가들 간에는 유사성이 있었으며, 브라질은 이들과 약간의 차이를 보였다. 이러한 연계는 아메리카 대륙에서의 수학 교육에 긍정적인 요소가 되었다. 그러나 때때로, 이것들은 각국의 교육 체계에 방해가 되었다.

1950년대, 각국은 교육 체제를 개선하기 위한 노력을 기울이기 시작하였다. 이러한 노력의 예로는 몇몇 현대 수학 운동을 들 수 있다. 그 중에서 결정적인 운동은 Marchall H. Stone(1903～1989)의 주도하에 이루어졌던 중남미 수학교육 위원회(Inter-American Committee of Mathematics Education)였다. 학생과 연구자들 뿐 아니라 위원회는 4년마다 개최되는 중남미 수학교육 회의(Inter-American Conferences of Mathematics Education)를 발기시켰다.(33) 라틴 아메리카와 세계 각국의 수학 교육자들을 위한 국제회의는 소위 말하는 현대 수학 운동 시기 동안에 한층 더 강화되었다.(34)

수학사에 대한 증대된 관심

식민지 시기 이래로 수학사에 대한 관심을 인정하지만, 최근 10년 동안 남아메리카 전역에 걸쳐서 수학사는 점차적으로 학문적인 관심의 분야가 되기 시작하였다. 1983년 설립된 *Sociedad Latinoamericana de Historia de las Ciencias y la Technologia*는 수학사를 포함한 과학사에 기여할 국가 단체의 조직을 자극하였다. 최근에는 젊은 수학자들이 유럽과 북아메리카에서 수학사에 관한 박사 학위를 취득하였는데, 이는 라틴 아메리카 전역에 걸쳐 이 분야에서의 완성도와 전문성을 유지하는데 있어서 희망적인 신호라 할 수 있다. 이러한 연구를 통하여 유럽과 라틴 아메리카에서 수리과학의 발전을 알 수 있다. 라틴 아메리카의 현대 수학에 관한 관심이 증가하는 것도 주목해볼만한 일이다.

부가적인 참조

비록 불완전하기는 하지만, 나는 광범위한 주제에 대한 전반적인 것들을 설명하고자 하였다. 멕시코는 라틴 아메리카 수학사에 있어서 매우 흥미로운 연구 분야에서 상당히 진보하였다. 중남미 아메리카에서는 그 분야가 이제 막 시작되었다. 이 장에서 언급하였거나 언급하지 않은 몇몇 다른 사람들도 모두 연구 대상이 될 수 있다. 그들에 관한 소수의 연구 결과들은 매우 부분적이고 산발적이다. Mariano Hormigon이 제안한 *Enciclopedia de las Ciencias y las Técnicas Iberoamericanas*의 프로젝트는 중남미 아메리카의 수학과 수학자들에 관한 많은 정보를 제공해 줄 것이다.

▌참고문헌▐

[1] Arboleda, Luis Carlos: 1985, "Dificultades estructurales de la profesionalización de las matemáticas en Colombia," in Peset, José Luiz (ed.), *La Ciencia Moderna y el Nuevo Mundo*, CSIC/SLAHCT, Madrid, pp. 27－38.

[2] Azevedo, Fernando de (org.): 1994, As *Ciências no Brasil*, Editora UFRJ, Rio de Janeiro, (ed. original 1955).

[3] Babini, José: 1992, *Páginas para una Autobiografia*, Prólogo y notas de Nicolás Babini, Asociación Biblioteca José Babini/Ediciones Letra Buena, Buenos Aires.

[4] D'Ambrosio, Ubiratan: 1994, "O Seminário Matemático e Físico da Universidade de São Paulo. Uma Tentativa de Institucionalização na Década de Trinta," in *Temas e Debates*, ano VII, no. 4, pp. 20－27.

[5] González Orellana, Carlos: 1985, *Historia de la Educacion en Guatemala*, Editorial Universitaria, Guatemala.

[6] Orellana C., Maurício: 1991, *Resumen de las Clases del Curso de Historia de la Matemática en América Latina y Venezuela*, Universidad Pedagógica Experimental Libertador, Caracas, (mimeographed).

[7] Ramos, Gerardo: *El desarrollo de la Matemática en el Perú in Algunos aportes para el estudio de la historia de la ciencia en el Peru*, editor Ernesto Yepes, CONCYTEC, Lima, s/d, pp. 15－19.

[8] Santaló, Luis A.: 1970, "La Matemática en la Facultad de Ciencias Exactas y Naturales de la Universidad de Buenos Aires en el período 1865 ~ 1930," in *Bol. de la Acad. Nacional de Ciencias, Cordoba*, Tomo 48, pp. 255－273.

[9] _____: 1972, "Evolución de las Ciencias en la Republica Argentina 1923 ~ 1972," in *Tomo I: Matemática, Sociedad Científica Argentina*, Buenos Aires.

[10] Silva, Clóvis Pereira da: 1999, *A Matemática no Brasil, Uma História do seu Desenvolvimento*, 2ª edição, Editora Unisinos, São Leopoldo, RS.

[11] Trabulse, Elias: 1994, *Ciencia y Tecnologia en el Nuevo Mundo*, El Colegio de México/Fondo de Cultura Economica, Mexico.

[12] Zuñiga, Angel Ruiz (ed.): 1995, *Historia de las Matemáticas en Costa Rica*, Editorial de la Universidad de Costa Rica, San José.

▌미주▐

(1) 이들은 몇 가지 문화적 양식, 주로 종교, 예술과 언어에서 잘 기록된다. 이들은 수학적 아이디어에서도 사실이다. 진행된 많은 연구 중에는 Kainagang에서 Chateaubriand Nunes Amancio가 행한 연구, Brazil에 있는 Xingo 지역에서 Pedro Paulo Scandiuzzi가 행한 연구, Peru에서 Samuel Lopez Bello가 행한 연구들이 있다.

(2) 이 책은 역사학자가 제안하였는데, 과학혁명으로 공격을 받았다. *Social Text*, 46-47에 있는 이슈들을 보아라. 이들 혁명의 현 상태를 밝힌 것은 Alan Sokal의 논문과 Afrocentrism에 대한 공격, 비합리주의의 암흑시대에 대한 경고, 학문적 시대에 진행된 다른 역설적 논쟁들이다. 지적 기초주의로 알려진 인식론적 이치에 도전한 결과들이다.

(3) *Historire et Epistemologie dans l'Education Mathématique/History and Epistemologie in Mathématics Education,(Actes de la Première Université* d'Eté Europeenne, Montpellier, 19-23 juillet 1993), eds, F. Lalande, F. Jaboeuf, Y. Nouatz, IREM, Montpellier, 1995, pp. 571-580에 있는 내 논문 "Ethnomathematics, History of Mathematics and the Basin Metaphor"와 *Vita Mathematica. Historical Research and integration with teaching*, ed. Ronald Calinger, The Mathematical Association of America, Washinton DC, 1996, pp. 245-250에 있는 "Ethnomathematics: An Explanation"를 보아라.

(4) *Essays in Humanistic Mathematics*, ed. Alvin M. White, The Mathematical Association of America, Washinton DC, 1993, pp. 267-274에 있는 내 논문 "Mathematics and Literature"를 보아라.

(5) *Impact of Science on Society*, vol. 27, no. 3, 1997, pp. 267-274에 있는 내 논문 "Mathematics and Literature"에서 간략하게 소개한다.

(6) 콜럼버스 시대 이전의 수학사를 조사하기 위하여 책 *Native American Mathematics*, ed. Michael Closs, University of Texas Press, Austin, 1986를 참조하여라.

(7) Alas, Madrid, 1964.

(8) 이 책에 대한 참고문헌은 Louis C. Karpinsky: 1940, *Bioliography of Mathe-*

matical works printed in America through 1850, The University of Michigan Press, Ann Arbor.이다.

(9) Juan Caasanovas S. J. and Philip C. Keenan이 저술한 논문인, "The Observation of Comets by Valentine Stansel, a seventeenth century missionary in Brasil" *Archivum Historicum Societaatis Iesu*, LXII, 1993, pp. 319 - 330.

(10) 세부적인 사항은 Carlos Ziller Camenietzki의 논문인 "O Cometa, o Pregador e o Cientists. Antônio Vieira e Valentin Stancel observam o céu da Bahia no século XVII," 1° *Seminario Nacional de História da Ciência e da Tecnologia*, Ouro Preto, 1995를 참조로 하여라.

(11) Pombal의 Marquis에 관한 최근 저서는 이 시기의 과학과 수학을 이해하는 새로운 요인들을 제공한다. Kenneth Maxwell, *Pombal, paradox of the enlightment*, Cambridge University Press, 1995을 보아라.

(12) José Sala Catalá의 저서인 *Ciencia y Técnica en la Metropolyzación de América*, Theatrum Machinae, Madrid, 1994. 저자는 세 도시 - Mexico, Lima, Recife의 광업과 도시 발달에서 제기된 문제들을 연구하였다.

(13) "Theme of Rational Philosophy and of Mechanical Philosophy of senses, according to the uses of Physics; and of other physical-philosophical topics following the thought of moderns to be defended in this Royal and Pontifical Guatemalan Academy of San Carlos…"

(14) 이 시기에 대한 분석은 Victor S. Albis G., "Vicisitudes del Postulado Euclideo en Colombia," *Revista de la Academia Colombiaba de Ciencias, Exactas, Físicas y Naturales*, vol. XXI, no. 80, Julio de 1997: pp. 281 - 293.에 나타나있다.

(15) Clovis Pereira da Silva는 브라질 수학사에 관한 그의 저서인, *A Mathematicá no Brasil. Uma história de seu desenvolvimento*, 2ª edição, Editora Unisinos, São Leopoldo, 1999에서 이들 주제들을 분석하였다.

(16) *Comptes-Rendus de l'Académie des Science de Paris*, tomes XL, p. 1310과 XLI, p. 100, 그리고 Proceeding of Royal Society, 1856, pp. 146 - 149. Gomes de Souza 에 의하면, 논문교열자의 기록과 "la petite jalousie 때문에 Liouville가 논문을 승인하지 않았다는 사실에 대한 Gomes de Souza의 반응을 읽는 것은 꽤 흥미진진하다. J. Gomes de Souza의 과학적 업적을 연구하는 것이 연기되었다.

(17) Juan Carlos Micolau의 논문인, "La Sociedad de Ciencias Fisicas y Mathematicas de Buenos Aires(1822-1824)," *Saber y Tiempo*, 2(1996), vol, 2, pp. 149-160.을 보아라.

(18) 나는 이들 논문들과 파리에서 Picarte의 존재에 대한 기록에 사적으로 접근하지 못한다.

(19) 세부사항을 알기 위해서는, 라틴아메리카 역사에 관한 문헌들을 보아라. 특히, 수학을 다루고 있는, Circe Mary Silva da Silva 의 박사논문인, *Brasilien im 19. Jahrundert, IDM, Bielefeld*, 1991에 있는 Positivismus und Mathematikuunterrichte: Potugiesche und franzsische Einflusse을 보아라.

(20) Lewis Pyenson의 저서인, *Cultural Imperialism and Exact Science. German Expansion Overseas 1900-1930*, Peter Lang, New York, 1985를 보아라.

(21) 아마도, 현대 개혁을 알 수 있는 저서는 Julio Rey Pastor의 저서인, *Element de Analisis Algebraicio, 3ª Edicion Arrgentina Corregida y Ampliada*, Buenos Aires, 1948. 이다. Rey Pastor은 그의 책을 출판사에 보내지 않았다. 그는 스스로 책을 출판하고 보급하기를 원했다.

(22) 이 영역에 관한 그의 대표적인 기여는 저서, *La Ciencia y la Técnica en el Descubrimiento de América*, Espasa Calpe Argentina S. A., Buenos Aires, 1942이다.

(23) Julio Rey Pastor의 생애와 작품에 관한 몇몇 연구들로서, *Estudios sobre Julio Rey Pastor* (1888-1962), Luis Español Gonzalez, ed., Instituto de Estudios Riojanos, Logroño, 1990이 있다.

(24) José Babini와 Julio Rey Pastor의 *historia de Mathemática: vo; 1*, De la Antiguedad a la Baja Edad Media. Prefacio de J. Vernet, Gedisa, Baecelona, 1984; vo; 2, Del Renascimienro a la actualidad, Gedusa, Baecelona, , 1985.

(25) 그의 저서, *Leyendo a Euclides*, Editional Rosario S. A., Rosario, 1947은 Element의 일반적인 조직을 비평적으로 분석한 것이다.

(26) García de Zuñiga, E., Lecciones de *historia de las Mathemáticas* (ed. Mario H. Otero,), Facultad de Humanidades y Ciencas de la Educación, Montevideo, 1992.

(27) 우루과이의 수학에 대한 설명은 Mario H. Otero의 논문인, *Estudios sobre Rey Pastor* (1888~1962) 23장 "Las Mathemáticas Uruguayas y Rey Pastor"에 제시되어 있다.

(28) Clovis Pereira da Silva는 이 주제 중 24개를 이 책 7장에서 인용하였다.

(29) 브라질과 아르헨티나에서 Antonio Aniceto Monteiro 의 영향은 브라질의 Águas de São Pedro에서 1997년 3월 23일에서 26일 개최된 Luso-Brazilian meeting의 핵심 주제였다. *Anais-Actas do 2° Encontro Luso-Brasileiro de história da Mathemática e 2°* Seminário National de *história da Mathemática*, ed. Sergio R. Nobre, UNESCO, Rio Claro, 1997.을 보아라.

(30) 이들 주제에 관심이 있는 사람들은 *Historia social de las ciencias en America Latina*, coordinator Juan José Salaña, Coordinación de la investigación científica/UNAM, Mexico, 1996, 특히, Regis Cabral의 논문인, "El Desarrollo de las Ciencias Exactas en America Latina y la Política International"(pp. 493 - 510), 그리고, Fracisco Sagaskti의 "Evolucion y perspectivas de la Política Científica y Technológica en América Latina"(pp. 511 - 533)를 참조하여라.

(31) 프로시딩은 *Symposium sobre Algunos problemas matemáticos que se están estudiande en Latino America*, Centro de Coorperacion Cientifica de la UNESCO para America Latina, Montevideo, 1951.로 출판되었다.

(32) Julio Rey Pastor, "La Mathemática Moderna en Latino América," *Segundo Symposium sobre Algunos problemas matematicos que se estan estudiande en Latino América, Villavicenzio-Mendoza*, 21 - 25 Julio 1954, UNESCO, Montevideo, pp. 9 - 20.

(33) 위원회의 역사는 두 개의 언어(스페인어와 영어)로 번역된, Hugo Barrantes & Angel Ruiz, Project Coordinator Eduardo Luna: *La Hostória del Comité Interamericano de Educación Matemática/ The History of the inter-American committee on Mathematics Education*, Academia Colombiana de Ciencias Exactas, Fisicas y Naturalrs, Santa Fe de Gogotó, Columbia, 1998에서 알 수 있다.

(34) 운동의 영향에 대한 설명은 Beatriz Silva D'Ambrosio의 박사논문인, *The Dynamics and consequence of the Modern Mathematics Reform Movement for Brazilian Mathematics Education*, School of education, Indiana University, Bloomington.에서 찾아볼 수 있다.

저자 소개

Abraham Arcavi는 이스라엘의 Weizmann Institute of Science에서 수학교육 박사 학위를 받았다. 그는 현재 Weizmann Institute의 과학교육학과에서 선임과학자로 있다. 그는 수학 교육과정 개발 프로젝트와 현직교사 교육, 그리고 수학적인 인식에 관한 연구를 하고 있다. 그의 주된 연구관심사는 중등학교와 대학 수준에서 수학 학습과 교수에 관한 영역, 수학사와 철학에 있다.

Evelyne Barbin은 Academy of Creteil의 IUFM(Institut Universitaire de Formation des Maîtres)에서 인식론과 과학사 Maître de conferences이다. 그녀는 주로 역사에서 수학적 증명과 17세기의 수학의 역사에 관한 것을 연구해왔다. 그녀는 수학사, 문제들의 발달사(History of Mathematics, Histories of Problems)(1997)를 포함하는 수학사에 관한 많은 책들을 편집하였다. 그녀는 현재 인식론과 수학사에 관한 inter-IREM National Commission의 의장이고, 20년 동안 프랑스의 IREMs(Institut de Recherche sur l'Enseignement des Mathematiques)에서 역사를 수학 교수에 통합하는 것에 대해 연구해왔다.

Janet Heine Barnett는 Southern Colorado 대학에서 수학과 부교수로서, Colorado 대학에서 집합론으로 박사학위를 받았다. 그녀의 학문적인 관심사는 수학적 이해를 증진시키기 위한 메카니즘으로서, 그리고 교수법에 관한 교사들의 반성을 증진시키기 위한 매개체로서 역사를 사용하는 것에 있다. 현재 그녀가 하는 프로젝트로는 파리의 수학의 역사(G. Heine와 공동으로), 수학적 개념의 발달에서 증명과 직관의 역할과 수학 교수에서 이러한 발달들의 함의점에 관한 역사적인 연구가 있다. 그녀의 논문 "수학에서 알고리즘의 짧은 역사(A Brief History of Algorithms in Mathematics)"는 NCTM 1998 Yearbook에 게재되었다.

Maxim Bruckheimer은 60년대에 학생들과 교사들을 위한 많은 책들을 공동 집필하였다. 그는 런던의 City University에서 가르친 후에 1969년 Open University 설립에 도움을 주었다. 수학과의 학장이었던 그는 최초로 멀티미디어 과를 맡았는데 이것은 대학의 평판을 확고히 굳히게 했다. 1974년에 그는 이스라엘의 Weizmann Institute of Science로 옮겨서 과학교육부의 학장이 되었다. 그는 주로 수학교육에서 수학사에 관심이 있었다. 그와 Abraham Arcavi는 교사용의 역사에 기인한 워크시트 자료를 만들었고, 중등학교 교실에서 사용하기 위한 역사에 기인한 활동들을 설명하였다.

Jaime Carvalho e Silva는 포르투갈의 Coimbra 대학 수학과에서 수학 부교수이다. 그의 주된 연구영역은 편미분방정식이고, 수학과 수학교육의 역사에 대해 많은 관심을 가지고 있다. 그는 포르투갈에서 수학사의 다양한 측면에 대해 여러 논문을 집필해왔고 중등학교와 대학용의 교과서 8권을 집필 또는 공동집필하였다. 그는 1995년부터 포르투갈의 중등학교 교육을 위한 수학 프로그램을 조정하여왔고, 그가 만든 수학인터넷 사이트는 포르투갈로 된 수학 사이트 중에서 가장 많은 방문객이 다녀갔다.

Ubiratan D'Ambrosio는 브라질의 상파울루에 있는 Campinas 주립대학 UNICAMP의 수학과 명예교수이다. 그는 수년 동안 수학사와 교수에서 수학사의 사용에 대해 연구해왔다. 특별히 그는 민속수학(ethnomathematics) 분야를 확립하였고 그것을 설명하는데 앞장섰다. 그는 수학, 통계학, 컴퓨터공학부의 학장으로서, 그리고 대학발전을 위한 학장으로서 대학에 재직하였다. 그는 현재 수학사에서의 브라질 사회(Brazilian Society of the History of Mathematics)의 의장이면서 동시에 민속수학의 국제적 연구 모임(International Study Group on Ethnomathematics)의 의장으로 있다.

Jean-Luc Dorier은 현재 Lyon에 있는 사범대학(University Teacher Training Institute(I.U.F.M)의 교수이면서 Grenoble에 있는 수학 교수법에 대한 연구팀의 팀장이다. 그의 연구는 대학 수준에서 선형대수학의 교수와 학습에 초점이 맞추어져 있다. 이런 교수 문제에서의 관심사로 인해 그는 선형대수학의 역사에 대해 폭넓은 연구를 하였고, 수학사와 수학의 교수법에 대한 연구 사이의 연결성에 관한 이론적인 이슈들을 포함한 연구 프로그램을 발달시켰다. 그는 또한 벡터의(기술 분야뿐만 아니라 수학과 물리학에서의) 교수와 수학에서의 모델링, 그리고 대학수준에서 산술의 교수법에 관심을 가지고 있다.

António Leal Duarte는 포르투갈의 Coimbra 대학 수학과에서 수학 조교수이다. 그의 주된 연구 영역은 주어진 그래프를 가지고 행렬의 역을 구하는 문제인 행렬 이론이다. 그는 수학사와 그래프 이론에 대해 깊은 관심을 가지고 있고, 포르투갈에서 수학사에 관한 논문을 써왔다. 주로 진귀한 수학책들을 읽고 모으는 것이 그가 가장 즐기는 취미이다.

Fulvia Furinghetti는 이탈리아의 Genoa 대학의 수학과에서 "진보적인 견지에서의 초등수학"의 부교수이다. 그녀는 수학교육 현장에서 수학 교사들과 연구자들의 활동들을 조정하고 있다. 그녀의 교육에 관한 연구는 수학교수의 역사를 통합하는 것이고, 증명, 수학적 신념, 교사교육과 연수에 관한 것을 다루고 있다. 그녀는 수학사의 분야에서 과거의 수학저널늘, 특히 수학 교수와 학습에 관한 문제들을 다루는 교사 또는 학생용의 저널들을 연구하고 있다.

Uwe Gellert는 1993년부터 독일의 베를린 자유 대학에서 강의를 맡아왔다. 그는 수학과 수학교육의 사회적 측면에 초점을 맞추어 민속수학과 수학사에 대해 연구하였다. 그의 박사 논문은 초등학교 교사들의 전문적인 개념들이 바탕을 두고 있는 신념들에 관한 사회문화적인 분석이다. 그는 현재 베를린 자유대학에서 교육학과와 심리학에서 부교수로 있다.

Livia Giacardi는 Turin 대학에서 수학을 가르치고 있고 수학사를 연구하고 있다. 그녀는 고대 문명에서의 수학, 라이프니츠의 무한소 미적분학, 그리고 19세기 이탈리아의 기하학 연구들을 다루는 책과 논문들을 이탈리아와 해외에서 출판하여 왔다. 그녀는 이탈리아의 학교 대수기하학의 창시자인 Corrado Segre(1863~1924)가 대학 교과용으로 쓴 40권의 노트를 비평적으로 해석하여 CD-ROM으로 내놓을 준비를 하고 있다. 그녀는 이탈리아의 다양한 과학협회의 회원으로 있다.

Lucia Grugnetti는 Parma 대학 수학과에서 Foundations of Mathematics의 부교수이다. 또한 수학교육, 수학사, 수학교육에서의 수학사를 연구하고 있으며, 2개 국어로 쓰인 Journal L'Educazione Matematica의 편집자이면서, Parma의 수학교육의 연구그룹 중의 한 곳에서 과학 카운슬러이고, RMT(Rally Mathematique Transalpin)의 조직자중 한 명이며, EMS(the European Mathematical Society)의 수학교육 위원회의 회원이다. 그녀는 1993년부터 1997년까지 CIEAEM(Commission Internationale pour l'etude et l'amelioration de l'enseignement Mathematique)의 의장으로 활동하였다.

Georges Guérette는 캐나다 퀘벡의 작은 마을에서 태어났다. 그는 30년 이상 동안 캐나다 온타리오의 Sudbury 지역의 고등학교에서 수학과 컴퓨터공학을 가르쳐왔다. 그는 특히 학생들이 수학을 학습하도록 자극하기 위한 새로운 방법을 발견하는 것과 수학 시험에서 학생들의 참여를 촉진하는데 관심을 가졌다. 그는 또한 온타리오주에서 새로운 수학 교육과정을 수행하는데 적극적으로 활동하였다.

Torkil Heiede는 1931년에 태어났다. 그는 코펜하겐 대학을 나왔고 1963년부터 1997년 은퇴할 때까지 Royal Danish School of Educational Studies에서 수학 교수로 있었다. 그는 다양한 수학 주제와 그것의 역사, 모든 단계에서 수학교육의 역사에 관하여 적극적으로 연설하고 집필하였다. 1966년 이후부터 스칸디나비아의 저널 Normat의 공동 편집자로 있었다. 그는 Con Amore Problem Group의 창시자 멤버이고, 지금은 몇 년 동안 Danish Society for the History of the Exact Sciences의 간사로 있다. 그는 MAA Notes No 40인 Vita Mathematica: Historical Research and Integration with Teaching(1996)에 "수학사와 교사"라는 논문을 기고하였다.

Gavin Hitchcock는 짐바브웨 대학에서 수학 선임강사로 있다. 그의 연구 관심사는 일반적인 위상수학과 수학사에 있다. 그는 또한 포스터와 모델, 게임, 드라마, 역사를 이용하여 수학교수에 활기를 넣는 것을 연구하고 있다. 최근 출판물로는 Ronald Calinger가 편집한 Vita Mathematica: Historical Research and Integration with Teaching(1996)의 p. 27 - p. 41에 게재된 "Dramatizing the Birth and Development of Mathematical Concepts": Two Dialogues," (MAA, 1996)와 Comparative Criticism 20(Cambridge University Press, 1998)의 p. 63 - p. 85에 게재된 "Entertaining Strangers; A Dialogue between Galileo and Descartes"가 있다.

Wann-Sheng Horng는 타이완 타이빼이의 National Taiwan Normal University에서 수학과 교수이다. 그는 전문적인 수학 역사가가 되기 위해 1980년대 말에 뉴욕의 City University에서 공부하였다. 그 이후로 그는 수학사와 수학 교수학에 관한 이슈들에 관심을 가져왔다. 그의 출판물은 주로 다음과 같이 두 가지 분야를 다루고 있다. (1) 중국 수학사, 특히 19세기에서 그것의 사회-문화적 측면 (2) 수학사의 통합, 특히 수학교수에서 다양한 수학 문화의 차이

Ian Isaacs은 서인도제도의 자메이카에서 교직을 시작하였다. 후에 그는 몇 년 동안 서인도제도 대학(The University of the West Indies)의 자메이카 캠퍼스의 교육학교에서 대학과 대학원 수업을 하였다. 그는 Caribbean Examination Council에서 몇 년 동안 시험관장으로 있었는데 거기에서 그는 중등학교를 위한 기본단계 수학 프로그램과 고등단계 수학프로그램을 개발하는데 도움을 주었다. 그는 교과서 Joint School Mathematics for the Caribbean의 공동저자 중의 한 사람이다. Ian은 후에 10년 이상 동안 오스트레일리아의 Northern Territory University에서 강사와 전임강사로 있었다. 그의 주된 관심사는 문제해결에 있으며, 몇몇 나라와 국제회의에 공헌하고 있다. 그는 서인도제도, 오스트레일리아, 그리고 최근에는 서사모아에서 교사의 수학교육 프로그램에 중요한 공헌을 하고 있다. 그는 은퇴하고 나서 지금은 오스트레일리아의 해외 자원 프로그램(아프리카의 탄자니아에서)에서 활동하고 있다.

Anne Michel-Pajus는 파리의 Lycee Claude Bernard에 있는 "Classes Préparatoires"(tertiary level)의 수학과에서 Professeur de Chaire Supérieure이다. 그녀는 파리의 Universite Denis Diderot에서 현직교사 교육을 맡고 있는데, 그곳은 그녀가 수학사와 수학인식론과 함께 수학교수에서 그것들의 사용에 관해서 일했던

IREM(Institut de Recherche sur l'Enseignement des Mathematiques)이 있는 곳이다. 그녀는 J.L.Chabert가 편집한 A History of Algorism(1999)의 저자 중의 한 사람이며, IREM에서 출판한 교사들을 위한 잡지 Mnemosyne의 공동편집자 중의 한 사람이다.

Vivekanand Mohan-Ram는 가이아나, 남아메리카, 트리니다드, 서인도제도의 바베이도스에서 시작하여 지금은 오스트레일리아의 Darwin에서 40년 넘게 교수직에 종사하고 있다. 그는 중등학교, 가이아나의 교육대학, 서인도제도대학, Caribbean Examination Council, 그리고 수학교육과 테크놀러지, 심리학을 가르치고 있는 오스트레일리아의 Northern Territory University에서 수학 교사/교육자로 활동하였다. 그는 교과서 Oxford Mathematics for the Caribbean, Book 1의 공동저자 중에 한 사람이다. 그의 주된 관심사 중의 하나는 수학 개념의 교수 학습을 촉진하는 3차원 수학모델을 구성하는 것이다. 그는 *pop-up engineering*과 기하학 개념들을 통합하는데서 생기는 장점을 설명하는 수학 워크숍에서 활동하면서 몇몇 나라와 국제적 수학 컨퍼런스에 공헌하고 있다.

Luis Moreno-Armella는 Mexico City의 Center for Research and Advanced Studies(Cinvestav)의 수학교육과에서 수학교육을 연구하는 선임연구원이다. 그는 콜럼비아 국립대학(National University of Colombia)의 수학부에서 이학사를 받았고, Cinvestav의 수학과에서 이학석사와 박사학위를 받았다. 그의 주된 연구관심사는 수학교육의 관점에서 수학사와 인식론, 수학학습에서 계산 도구의 중재적 역할에 있다. 그는 Educational Studies in Mathematics, International Journal in Mathematics for Science and Technology와 같은 잡지에 논문을 게재하였고, Springer-Verlag에서 R. Sutherland와 J. Mason이 공동 편집한 Exploiting Mental Imagery with computers in Mathematics Education과 같은 책에서 invited chapter를 집필하기도 했다.

João Filipe Queiró는 포르투갈의 Coimbra 대학 수학과에서 수학 부교수로 있다. 그의 주된 연구 분야는 행렬과 연산에서 spectral 부등식이다. 그는 수학사, 특히 포르투갈에서의 수학사에 관심을 가지고 있다. 그는 또한 포르투갈에서 대학정책을 다루어왔고, 1995년에 그 주제에 대한 책을 출판하기도 했다.

Luis Radford는 프랑스의 Strasbourg에 있는 Universite Louis Pasteur에서 박사학

위를 받았다. 그는 그의 조국인 과테말라에서 수학교사를 위한 국가적인 연수 프로그램에서 몇 년 동안 활동하였다. 현재 그는 캐나다의 온타리오에 있는 Laurentian University에서 정교수로 있다. 그는 수학 교수 학습, 인식론, 기호학, 수학사를 연구하고 있다. 현재 연구 프로젝트 중에 한 개는 대수적 사고의 다양한 역사적 형태에 대한 구성주의적·문화적 측면에 관한 연구이다.

Ann Richards는 20년 동안 중등학교에서 수학과 과학을 가르쳤고, 초등학교와 중등학교에서 수학 조언자로 3년 동안 있었다. 지난 14년 동안 그녀는 오스트레일리아의 Darwin에 있는 Northern Territory University에서 예비 초등교사 학생들과 함께 연구해왔다. 이 연구는 수학교육의 영역에 주로 속하지만 또한 과학교육과 테크놀러지 교육에도 속한다. Ann은 수학교육과 민속수학에서 시각적인 이미지인 테크놀러지의 영역에 관심이 있다.

Eleanor Robson은 옥스퍼드 대학의 Oriental Institute에서 고대 근동의 언어, 역사, 고고학을 가르치고 있다. 그녀는 All Souls College의 특별연구원이다. 수학 학위를 받은 후 그녀는 메소포타미아의 수학에 대해 연구하기 위해 cuneiformist로서 가르치기 시작하였다. 그녀의 박사 논문의 개정판은 Mesopotamian mathematics, 2100~1600BC(Clarendon Press, 1999)으로 출판되었다. 그녀는 특히 고대 중동지역에서 수학이 발달되고 기록되고 전해지는 사회적 지적 환경에 관심을 가졌다.

Man-Keung Siu는 홍콩의 대학에서 학사 학위를 받고 콜럼비아 대학에서 Hyman Bass의 지도 아래 대수의 K-theory에 관한 주제로 박사학위를 받았다. 그는 현재 그의 대학원 alma mater에서 수학 교수로 있다. 그는 대수, 순열조합론, 응용확률, 수학교육, 수학사의 분야에서 책을 출판하고 있다. Chinese Mathematical Society는 1991년 수학박람회에서 그의 책 Mathematical Proofs(1999)을 7권의 훌륭한 책 중의 한 권으로 뽑았다. 그는 1981년 수학을 보급시키기 위한 슬라이드 쇼를 만들어서 과학교육자와 수학교육자의 연방협회로부터 CASME 상을 받았다.

Frank Swetz는 펜실베니아 주립대학에서 수학과 교육학의 명예교수로 있다. 그의 연구관심사는 수학발달에서 사회의 영향과 수학의 교수와 학습에 관한 것에 초점이 맞추어져 있다. 그는 수학의 교수에서 수학사를 사용하기를 주장하고 있고, 이러한 주제로 교사들을 위한 많은 워크숍을 열고 있다. 그의 최근 출판물로는 From Five Fingers to Infinity: A Journey Through the History of Mathematics(1994)과 Learning Activities from the History of Mathematics(1994)이 있다. 현재는 3차의 마방진과 그것이 문화적, 역사적으로 갖는 의의에 관한 연구를 마무리 짓고 있다.

Constantinos Tzanakis는 1959년에 태어나서 그리스의 University of Crete의 교육부에서 수학 부교수로 있다. 그는 수학(그리스의 아테네 대학에서)과 천문학(영국의 Sussex 대학에서)을 공부하였고 이론물리학으로 박사학위(벨기에의 Universite Libre de Bruxelles에서)를 받았다. 그의 연구영역은 수리물리(통계적 메카니즘, 상대성 이론과 물리에서 기하적 방법)와 수학과 물리교육(수학과 물리의 역사와 인식론과 그것들의 교수 사이의 관계)이다.

Guillermina Waldegg는 Mexico City의 Centre for Research and Advanced Studies의 교육연구부에서 과학교육 선임연구원으로 있다. 그녀는 멕시코국립대학에서 물리학으로 이학사를 받았고, Centre for Research and Advanced Studies에서 수학교육으로 이학석사와 박사 학위를 받았다. 그녀의 주된 연구 관심사는 과학교육과 관련한 과학사와 인식론에 있다. 그녀는 특히 수의 개념, 무한, 수학적 연속성과 물리적 연속성에 관해 연구하여 왔다. 그녀의 출판물로는 연구 논문, 과학교사와 학생들을 위한 교과서가 있다. 그녀는 스페인어로 출판된 수학교육에 관한 잡지 Educacion matematica의 편집자이기도 하다.

Robin Wilson은 옥스퍼드 대학교의 Keble 대학의 특별연구원이면서 수학 선임강사로 있다. 그는 수학에서 인기 있는 해설자로서 폭넓게 알려졌고, 순열조합론, 그래프 이론으로부터 Gilbert와 Sullivan을 거쳐 수학사에 이르기까지 20권 이상의 책을 쓰고 편집해왔다. 이런 분야들의 마지막에서 그는 Let Newton be, 뫼비우스와 띠, Oxford figures을 공동편집 하였고, 현재 순열조합론의 역사에 관해 연구하고 있다. 그의 연구관심사는 순열조합론의 역사와 1840년부터 1950년까지 영국수학에 있다.

Greisy Winicki Landman은 이스라엘의 키부츠 운동의 교육학교인 Oranim에서 가르치고 있다. 그녀는 초등학교 예비교사와 중등학교 예비교사들을 가르치고 있다. 그녀는 수학교수의 교수법과 관련된 교과를 가르치고 있고, 교수 기술을 향상시키기 위하여 수학사를 사용하는 것에 관심을 가지고 있다. 또한 현재 그녀는 현직교사들과 함께 중세부터 거슬러 올라가는 헤브라이의 수학 교과서 원본의 서문을 연구하고 있다.

역자 소개 (가나다순)

계영희 : 고신대학교 정보미디어학부 수학전공 교수
김경화 : 이화여자대학교 수학과 교수
김선희 : 한국교육과정평가원 부연구위원
김성숙 : 배제대학교 수학과 교수
박창균 : 서경대학교 철학과 교수
신경희 : 전 이화여자대학교 수학교육과 교수
신은주 : 이화여자대학교 수학교육과 강사
이종희 : 이화여자대학교 수학교육과 교수
장혜원 : 진주교육대학교 수학교육과 교수
정해남 : 성신여자대학교 수학과 강사
한정순 : 한양대학교 수학과 교수
허 민 : 광운대학교 수학과 교수
홍진곤 : 건국대학교 수학교육과 교수

Using History to Teach Mathematics
수학교육에서 역사 활용하기 (하)

2006년 9월 20일 초판 인쇄
2006년 9월 25일 초판 발행

저 자 / Victor J. Katz
역 자 / 계영희 외
발행자 / 오판근
발행처 / 교우사

주 소 / 서울 동대문구 제기2동 148-19
전 화 / 925-2861, 929-4865
팩 스 / 925-2860
E-mail / kw2861 @ chollian. net
http: // www. kyowoo. co. kr
등록 / 1994. 3. 24 제6-0256호

ISBN 89-8172-639-6 (93410)

값 **18,000**원